财智睿读

U0499505

中国区域发展年度报告

周毅仁　夏成
谢雨蓉　刘悦
等◎著

（2023年）

中国财经出版传媒集团
经济科学出版社
Economic Science Press

023

图书在版编目（CIP）数据

中国区域发展年度报告. 2023 年/周毅仁等著. - -
北京：经济科学出版社，2023.12
ISBN 978 - 7 - 5218 - 5424 - 4

Ⅰ. ①中…　Ⅱ. ①周…　Ⅲ. ①区域发展 - 研究报告 -
中国 - 2023　Ⅳ. ①F127

中国国家版本馆 CIP 数据核字（2023）第 233746 号

责任编辑：于　源　刘　悦
责任校对：刘　昕
责任印制：范　艳

中国区域发展年度报告（2023 年）
ZHONGGUO QUYU FAZHAN NIANDU BAOGAO（2023 NIAN）
周毅仁　夏　成　谢雨蓉　刘　悦　等著
经济科学出版社出版、发行　新华书店经销
社址：北京市海淀区阜成路甲 28 号　邮编：100142
总编部电话：010 - 88191217　发行部电话：010 - 88191522
网址：www. esp. com. cn
电子邮箱：esp@ esp. com. cn
天猫网店：经济科学出版社旗舰店
网址：http://jjkxcbs. tmall. com
北京季蜂印刷有限公司印装
710 × 1000　16 开　18.5 印张　300000 字
2023 年 12 月第 1 版　2023 年 12 月第 1 次印刷
ISBN 978 - 7 - 5218 - 5424 - 4　定价：86.00 元
（图书出现印装问题，本社负责调换。电话：010 - 88191545）
（版权所有　侵权必究　打击盗版　举报热线：010 - 88191661
QQ：2242791300　营销中心电话：010 - 88191537
电子邮箱：dbts@ esp. com. cn）

编 委 会

前　言

千钧将一羽，轻重在平衡。党的十八大以来，以习近平同志为核心的党中央准确把握国内外大势，特别是我国发展阶段变化和改革开放新形势新任务，系统谋划和推动实施了一批重大区域发展战略，做出了关于区域发展战略的重要论述，继承和发展了马克思主义有关区域经济理论，丰富了中国特色区域经济发展理论。国家发展和改革委员会国土开发与地区经济研究所（国家发展和改革委员会区域发展战略研究中心）作为国家发展和改革委员会直属事业单位，主要承担中共中央、国务院和国家发展改革委委托的有关国土开发与区域经济相关领域的研究任务，也为国务院有关部门、各级地方政府及各类企事业单位提供咨询服务，并与有关国际组织和机构开展合作和提供咨询服务。近年来，国家发展和改革委员会国土开发与地区经济研究所围绕区域协调发展战略、区域重大战略、主体功能区战略、新型城镇化战略、乡村振兴战略、海洋经济、革命老区、民族地区、生态地区、老工业基地、资源型地区、优化国土空间发展格局以及优化重大生产力布局等，组织开展区域发展重大问题、政策法规研究，参与相关区域发展战略研究、经济社会发展规划编制、重点区域发展规划编制、相关区域政策制定等工作；围绕美丽中国建设、产业结构调整、污染治理、生态保护、应对气候变化，开展生态文明建设、绿色低碳发展、资源节约集约利用、生态产品价值实现等相关领域重大问题和政策研究；围绕共建"一带一路"、西部陆海新通道、海南自由贸易港等，开展优化区域开放布局、高水平对外开放等相关领域重大问题和政策研究等工作。在参与国家发展改革委以及地方相关的研究过程中，我所积累了大量有关区域发展的成果，为了更好宣传解读我国区域发展理论和实践，由我组织我所相关研究室结合相关研究成果开展中国区域发展年度报告撰写工作，旨在系统阐述我国区域发展的实践和重点，使广大读者更加系统全面地了解我国区域发展现状。经过全所同事的共同努力，中国区域发展年度报告（2023年）终于付梓，以飨读者。

国家发展和改革委员会国土开发与地区经济研究所所长
周毅仁
2023年11月

目　录

第一篇

总　　论

我国幅员辽阔、人口众多，长江、黄河横贯东西，秦岭、淮河分异南北，各地区基础条件差别之大在世界上是少有的，统筹区域发展是"国之大者"。2022年，在习近平新时代中国特色社会主义思想指引下，各地区立足自身比较优势，积极主动融入新发展格局，京津冀协同发展、粤港澳大湾区建设、长三角一体化发展、长江经济带发展、黄河流域生态保护和高质量发展等区域重大战略扎实推进，区域协调发展战略深入实施，东部、中部、西部、东北地区发展相对差距持续缩小，我国区域发展均衡性逐步增强，呈现出分工合理、优势互补、相得益彰的区域协调发展崭新局面。

一、2022年中国区域发展整体情况

区域协调发展是推动高质量发展的关键支撑，是实现共同富裕的内在要求，是推进中国式现代化的重要内容。在习近平新时代中国特色社会主义思想指引下，各地区立足自身比较优势，积极主动融入新发展格局，经济总量不断攀升，发展均衡性逐步增强，人民生活水平显著提高，呈现出各区域协调发展的新局面。

（一）区域板块发展平衡性持续增强

2022年，中部和西部地区生产总值分别达到26.7万亿元、25.7万亿元，

分别增长 4.0% 和 3.3%，增速分别高于东部地区 1.4 个和 0.7 个百分点，占全国的比重由 2021 年的 21.8%、21.2% 分别提高到 2022 年的 22.1%、21.4%。特别是人均地区生产总值，东部与中部、西部地区之比分别从 2021 年的 1.54、1.67 缩小至 2022 年的 1.50、1.64。从近 5 年区域经济运行来看，中西部地区主要经济指标增长情况总体好于东部地区，东北地区也呈现企稳复苏迹象，东西差距持续缩小，区域发展的协调性逐步增强。民族地区经济稳步发展。

（二）动力源地区引擎作用不断增强

2022 年，京津冀、长三角、粤港澳大湾区内地九市地区生产总值分别达 9.6 万亿元、27.6 万亿元、10.4 万亿元，经济总量超过了全国的 40%，研发经费投入总量接近全国的 60%，外贸进出口总量超过全国的 65%，发挥了全国经济"压舱石"、高质量发展动力源、改革"试验田"的重要作用。这三大地区规模经济效益明显，创新要素快速集聚，高水平人才密集，对外开放走在前列，成为我国科技创新的主要策源地和制度型开放的先行引领者。

（三）长江、黄河中华民族母亲河绿色发展水平不断提高

2022 年，长江流域国控断面优良水质比例为 94.5%，干流连续 3 年全线保持Ⅱ类水质、"微笑天使"长江江豚等旗舰物种数量增加、人与自然和谐共生成为沿江各地的靓丽风景，沿江省份经济总量占全国比重达到 46.5%，实现了生态环境保护和经济高质量发展的互利共赢。黄河干流全线达到Ⅱ类水质，流域植被覆盖度提升，青藏高原、黄土高原等生态功能区保护治理成效逐步显现，生态环境质量显著提升，实现连续 23 年不断流，流域各地迈出生态保护和高质量发展新步伐。

（四）重要功能区关键作用进一步发挥

粮食主产区有效维护了国家粮食安全，黑龙江、河南、山东、安徽、吉

林五个粮食主产区 2022 年总产量超过全国的 40%，国家黑土地保护工程扎实推进，完成东北黑土地保护性耕作 8300 多万亩。能源富集地区有效维护了国家能源安全，山西、内蒙古、陕西、新疆等能源富集地区建成一批能源资源综合开发利用基地，装机规模全球第二大的白鹤滩水电站全面投产，白鹤滩至江苏、浙江特高压直流输电工程运行，能源开发运输格局进一步优化。

（五）特殊类型地区加快振兴发展

脱贫地区加快发展，脱贫人口收入较快增长，2022 年，脱贫人口人均纯收入达到 14342 元，同比增长 14.3%，在重点工程项目中大力实施以工代赈，用好帮扶车间和乡村公益岗位等，带动脱贫人口和返乡农民工等重点群体就地就近就业，脱贫人口务工规模达 3278 万人，比 2021 年增加 133 万人。革命老区加快振兴发展，下达中央财政革命老区转移支付资金 225 亿元，启动实施 20 个革命老区重点城市与东部地区发达城市对口合作，20 个重点城市人均生产总值超过 6 万元。边境地区繁荣稳定发展水平不断提高，140 个边境县城镇居民人均可支配收入平均超过 3.6 万元。资源型地区加快转型发展，资源型城市资源产出率累计提高超过 36%，接续替代产业不断培育壮大。

（六）基本公共服务均等化水平不断提高

各地义务教育资源基本均衡，控辍保学实现动态清零，东部、中部、西部地区义务教育生师比基本持平，生均用房面积差距明显缩小。基本医疗保障实现全覆盖，中部、西部地区每千人口医疗卫生机构床位数超过东部地区，优质医疗资源扩容下沉和区域均衡布局，国家区域医疗中心全国规划布局基本完成，省级区域医疗中心建设全面铺开。社会保障体系进一步完善，参加城乡居民基本养老保险人数超过 5.4 亿人，参加基本医疗保险人数超过 13.6 亿人，实施企业职工基本养老保险全国统筹，推进失业保险、工伤保险省级统筹，完善异地就医直接结算服务。推动扩大保障性租赁住房有效供给，着力解决新市民、青年人等群体住房困难问题，全国开工建设和筹集保障性租赁住房 265 万套（间）。

（七）基础设施通达程度更加均衡

跨区域重大基础设施建设持续推进，川藏铁路全面建设取得良好开局，小洋山北侧集装箱码头（陆域部分）、平陆运河工程、南水北调中线引江补汉工程等开工建设。目前，中部、西部地区铁路营业总里程达到 9 万千米，占全国比重近 60%，交通可达性与东部差距明显缩小。西部地区在建高速公路、国省干线公路规模超过东部、中部总和，有的省份已实现各县通高速。航空运输服务已覆盖全国 92% 的地级行政单元、88% 的人口。最后一批"无电人口"用电问题得到有效解决，西部农村边远地区信息网络覆盖水平进一步提高。

（八）人民基本生活保障水平逐步接近

2022 年中部和西部地区居民人均可支配收入分别增长 6.0% 和 5.3%，快于全国居民收入增速 1.0 个和 0.3 个百分点。东部地区和东北地区居民人均可支配收入分别增长 4.5% 和 2.9%。以西部地区为 1，东部与西部地区居民人均可支配收入之比由 2021 年的 1.62 缩小至 1.61，下降 0.01，地区间居民收入相对差距继续缩小。中西部地区人均社会消费品零售总额增速快于东部地区，中部、西部地区农村低保标准显著提升。中西部地区积极承接东部产业转移，带动就近就业机会不断增加，外出农民工数量占比持续下降。

（九）区域开放水平跃上新台阶

海南自由贸易港加快制度型开放步伐，外商投资准入负面清单、跨境服务贸易负面清单出台实施，洋浦国际船籍港制度等加快建立，"一线放开、二线管住"进出口管理制度试点不断扩大，自由贸易港制度体系初步构建。自由贸易试验区、国家级新区、内陆开放型经济试验区、沿边重点开发开放试验区等发展能级持续提升。西部陆海新通道加快建设，向西开放迈出新步伐。中国国际进口博览会、中国进出口商品交易会、中国国际服务贸易交易会、中国国际投资贸易洽谈会、中国国际消费品博览会和中国—东盟博览会等重要展会成功举办。

二、2023 年区域发展重点

2023 年世界百年未有之大变局加速演进，局部冲突和动荡频发，世界经济复苏动力不足，中国经济韧性强、潜力大、活力足，长期向好的基本面依然不变，要以习近平新时代中国特色社会主义思想为指导，全面深入贯彻落实党的二十大精神，扎实推进中国式现代化，坚持稳中求进工作总基调，完整、准确、全面贯彻新发展理念，加快构建新发展格局，坚持稳中求进的工作总基调，着力推动高质量发展，更好统筹发展和安全，全面深化改革开放，坚持区域发展全国"一盘棋"，深入实施区域协调发展战略和区域重大战略，鼓励各地走合理分工、优化发展的道路，全力优化重大生产力布局，有效缩小地区发展差距，扎实推进共同富裕，积极构建优势互补、高质量发展的区域经济布局和国土空间体系，为中国式现代化建设提供坚实的区域发展支撑。

（一）积极发挥区域重大战略的引领带动作用，培育壮大更加强劲的区域发展新动能

发挥区域重大战略在推进区域协调发展中的示范引领作用，通过区域重大战略的"一马当先"带动全国区域发展的"万马奔腾"。具体有：一是充分发挥京津冀、长三角、粤港澳大湾区三大动力源地区在促进区域协调发展中的引领带动作用。不断提升京津冀、长三角、粤港澳大湾区的创新策源能力和全球资源配置能力，加快打造引领高质量发展的第一梯队，形成带动区域协调发展的核心动力源。推进京津冀、长三角、粤港澳大湾区与周边毗邻地区以及中部、西部地区创新链和产业链跨区域深度融合，培育发展若干具有战略接续作用的中心城市，推动形成更多新的增长极增长带。通过极点带动、梯次演进，将我国区域空间回旋余地大的优势转变为区域间梯次接续发展的现实，通过区域发展的多极点支撑增强我国区域发展的安全性，通过区

域发展多层次联动增强我国区域发展的协同性。牢牢牵住北京非首都功能疏解这个"牛鼻子"，推动京津冀协同发展，高标准、高质量建设雄安新区和北京城市副中心，推动协同发展成果更多更好地惠及广大群众。聚焦横琴、前海、南沙等重大平台，深化粤港澳大湾区建设，提升市场一体化水平。紧扣"一体化"和"高质量"两个关键，推动长三角一体化发展，促进科创和产业深度融合，深化长三角生态绿色一体化发展示范区等重点区域改革创新。合理确定常住人口在一般性转移支付测算分配中的权重，加大对人口净流入地区的引导支持。二是积极发挥长江、黄河联动东部、中部、西部的纽带作用。坚持生态优先、绿色发展的战略定位和共抓大保护、不搞大开发的战略导向，加强长江经济带生态环境系统保护修复，全面推动长江经济带高质量发展。坚持"以水定城、以水定地、以水定人、以水定产"，扎实推进黄河流域生态保护和高质量发展，统筹推进山水林田湖草沙综合治理、系统治理、源头治理，提升黄河流域生态系统质量。严格落实"四水四定"原则，研究制定能够有效发挥水资源刚性约束的政策制度，打好黄河流域深度节水控水攻坚战，探索推动高耗水行业强制性用水定额管理。不断优化水资源配置格局，严格水资源论证和取水许可管理。以流域作为基本空间单元，按照生态系统的整体性和资源配置的合理性，强化流域统一规划、统一治理、统一调度、统一管理，统筹流域控制性水利工程联合调度，提升流域治理管理能力和水平，从更大的区域范围和更广的领域推进山水林田湖草沙一体化治理，着力推动绿色低碳转型，全力推进高质量发展，促进港、产、城、人等多要素融合互动，促进上下游、干支流、左右岸融合互动，坚定不移走生产发展、生活富裕、生态良好的文明发展道路，通过深入实施中国"江河战略"不断提升区域发展的联动性、平衡性和协调性，切实将长江、黄河打造成为造福人民的幸福河。

（二）发挥区域协调发展战略的基础性支撑作用，探索因地制宜的区域高质量发展之路

根据四大区域板块的特点，尊重客观规律，坚持以人民为中心的发展思想，统筹发展和安全，做好新时期西部大开发、东北振兴、中部崛起、东部

加快推进现代化工作，更好促进东部、中部、西部和东北地区协调发展，不断提高发展的平衡性。具体有：一是因地制宜推动四大板块地区高质量发展。把握更大范围、更宽领域、更深层次对外开放战略机遇，推动西部地区积极参与和高质量融入共建"一带一路"，加大基础设施建设力度，大力发展特色优势产业，不断提升可持续发展能力，围绕大保护、大开放和高质量发展，促进西部开发形成新格局。从维护国家国防安全、粮食安全、生态安全、能源安全、产业安全的"五大安全"战略高度出发，全力破解东北地区体制机制障碍，激发市场主体活力和内生发展动力，创造良好人口发展环境，推动产业结构优化，不断推进东北全面振兴取得新突破。充分发挥中部地区连南接北、承东启西的区位优势，推进制造业转型升级，着力构建以先进制造业为支撑的现代产业体系，着力推动内陆高水平开放，不断开创中部地区崛起新局面。推动东部地区率先实现高质量发展，加强北京、上海、大湾区科创中心协同建设，打造具有国际影响力的创新高地，推动制造业迈向中高端，加快战略性新兴产业，引领新兴产业和现代服务业发展，建立全方位开放型经济体系，鼓励东部地区加快推进现代化。二是扎实推进建立更加有效的区域协调发展新机制。认真落实《中共中央国务院关于建立更加有效的区域协调发展新机制的意见》，加快形成统筹有力、竞争有序、绿色协调、共享共赢的区域协调发展新机制，促进区域协调发展。加快建立区域战略统筹机制，促进区域间融合互动、融通补充。健全市场一体化发展机制，推动形成全国统一开放、竞争有序的商品和要素市场。深化区域合作机制，通过区域合作增强势能、提升效能、激发潜能。优化区域互助机制，建立先富带后富和先富帮后富机制，更好统筹发达地区和欠发达地区发展，扎实推进共同富裕。健全区际利益补偿机制，重点完善对粮食主产区、生态功能区和资源型地区的利益补偿。完善基本公共服务均等化机制，建成全覆盖可持续的社会保障体系，以标准化推动区域基本公共服务均等化。创新区域政策调控机制，聚焦缩小区域差距，建立区域均衡的财政转移支付制度，加强区域政策与财政、货币、投资等政策的协调配合。健全区域发展保障机制，加快完善区域规划体系、区域发展监测评估体系和区域协调发展法律法规体系。

（三）进一步加大对特殊类型地区的支持力度，激发振兴发展内生动力

精准支持不同特殊类型地区高质量振兴发展，持续增强内生发展动力，不断增进民生福祉，开拓振兴发展新局面，确保特殊类型地区在全体人民共同富裕的道路上"不掉队"。具体有：一是加大欠发达地区帮扶力度。建立健全针对脱贫地区等欠发达地区的长效帮扶机制，开展欠发达地区振兴发展试点示范，支持欠发达地区改善基础设施和公共服务，发展特色产业，完善欠发达地区与发达地区的区域合作与利益调节机制，提升区域合作水平，探索共建园区等利益共享模式。二是因地制宜支持革命老区振兴发展。加大力度支持赣闽粤原中央苏区在革命老区高质量发展上做示范，做好革命老区重点城市对口合作，加快提升革命老区重点城市能级，推动革命老区充分挖掘红、绿两大核心资源，释放区域比较优势，实现以继承发扬红色基因为核心的高质量发展。三是提升边境地区人口与经济支撑能力。进一步加大对边境地区基础设施、公共服务、民生保障、固边兴边的支持力度，持续推进兴边富民示范城镇建设，新建一批抵边乡村和生产放牧点，大力改善边境地区生产生活条件，使边境地区有一定的人口和经济支撑，促进各民族交往交流交融，确保边疆稳固和边境安全。四是加快生态退化地区绿色转型发展。推进实施重大生态修复工程，治理恢复退化生态系统，引导资源环境可承载的特色产业与生态产业发展，缓解人地矛盾，维护生态平衡。完善区域间横向生态补偿制度，健全市场化多元化生态补偿机制。五是推动资源型地区经济转型。健全可持续发展长效机制，支持资源型地区绿色低碳循环转型，培育资源精深加工产业、发展新材料、生物科技、新一代信息技术、特色旅游等支柱产业。六是支持老工业城市加快制造业竞争优势重构和工业遗产保护利用。统筹推进"老工业"转型升级和"老城市"城市更新，促进老工业城市旧貌换新颜，让"工业锈带"变为"生活秀带"，做好产业名城和"生活秀带"工作方案落实，支持产业转型升级示范区建设。七是多措并举支持民族地区加快发展。坚持把筑牢中华民族共同体意识作为党的民族工作的主线，完善差别化区域支持政策，深化对口援疆、对口援藏工作，推动以要素流动带动

人员交往、以经贸活动带动人文交流、以产业融合发展带动社群互嵌融合，不断加强中华民族共同体建设，提升民族地区内生发展动力。

（四）优化区域开放布局，不断拓展区域发展新空间

优化区域开放布局，是推动高水平开放的应有之义，也是畅通国内国际双循环加快构建新发展格局的重要举措。要继续推动共建"一带一路"与区域协调战略、区域重大战略衔接互动，巩固东部地区开放先导地位，统筹推进中西部和东北地区高水平开放，推动沿海开放与内陆沿边开放相互促进、共同发展，稳步扩大制度型开放，加快构建开放型经济新体制，以开放纾发展之困、以开放汇合作之力、以开放聚创新之势、以开放谋共享之福，让人类命运共同体建设的阳光普照世界。具体有：一是持续巩固东部沿海地区开放先导地位。发挥好粤港澳大湾区、长三角地区、京津冀地区稳外资外贸的"压舱石"作用，持续推动货物贸易优化升级和服务贸易创新发展。高质量推动《区域全面经济伙伴关系协定》（RCEP）全面实施，坚持高质量"引进来"和高水平"走出去"并重，形成更大范围、更宽领域、更深层次的对外开放格局，通过高水平开放促进深层次改革，更好地服务和融入新发展格局，从更大区域范围以更大力度推动高质量发展，为进一步推动构建人类命运共同体而不懈努力，为高水平推进经济全球化进程贡献更多中国力量。推进海南全面深化改革开放，加快推进海南自由贸易港建设，进一步合理缩减海南自由贸易港外资准入负面清单，加快推动全岛封关运行，支持海南自贸港在中国—东盟全面战略合作中发挥更加重要的作用。继续推动浦东开发开放，用足用好新区立法权，为全国提供高水平制度供给样本。对标高水平国际经贸规则，加大上海自由贸易试验区临港新片区压力测试，支持虹桥商务区国际开放枢纽建设。推动福建高质量建设21世纪海上丝绸之路核心区，加快建成海上丝绸之路设施联通门户、制度型开放引领区、创新合作先行区、经济发展融合区、人文交流示范区。二是不断提高中西部地区开放能级。把握更大范围、更宽领域、更深层次的对外开放战略机遇，推动西部地区积极参与和融入共建"一带一路"。支持新疆发挥向西开放重要窗口作用，深化与中亚、南亚、西亚等国家和地区交流合作，打造丝绸之路经济带核心区。支持

壮美广西建设，推动云南加快建设我国面向南亚东南亚辐射中心，积极构建中国—东盟命运共同体。高水平建设西部陆海新通道，提升通道质量效益，不断拓展铁海联运班列线路，稳步发展跨境班列班车。高标准建设安徽、河南、湖北、湖南自由贸易试验区，支持有条件地区设立综合保税区、创建国家级开放口岸，着力推动内陆高水平开放。支持中欧班列加密开行班列，推动西安、成都、重庆、郑州、乌鲁木齐五大集结中心功能提升，适时研究布局一批新的集结中心。支持贵州、江西内陆开放型经济试验区建设，探索更多内陆省份开放型经济发展的好方法、好路子。三是推动东北地区打造面向东北亚开放前沿。进一步支持东北地区充分发挥沿海沿边区位优势，积极参与"中蒙俄经济走廊"建设，务实推进滨海1号线和滨海2号线建设，持续推进东北亚区域合作。全面推动长吉图开发开放先导区建设，促进辽宁沿海经济带高质量发展，加强重点开放平台建设。加强与东北亚国家高端装备、冰雪产业、节能环保、现代农业等领域合作，保持东北亚地区产业链、供应链稳定畅通。用好冰雪资源优势，有序推进冰上丝绸之路建设。四是充分发挥重要开放平台作用。高水平办好海南消博会、北京服贸会、上海进博会、广州广交会，打造各国共享机遇、扩大交流的国际平台。推动21个自贸试验区提质增效，加大对外开放压力测试力度，持续推进制度创新和复制推广。深化国际区域合作，支持边境经济合作区发展，稳步建设跨境经济合作区。

（五）完善区域创新中心布局，增强区域高质量发展内生动力

充分发挥创新是第一动力的作用，遵循创新区域高度集聚的规律，强化国际科技创新中心高位引领、综合性国际科学中心创新策源、区域科技创新中心支撑带动功能定位，形成各具特色的区域创新中心，加强区域创新高地协同联动，提高区域协同创新能力，逐步形成体系化、层次化、差异化区域创新格局。具体有：一是支持北京当好我国建设世界科技强国的"排头兵"。推动北京加快建成国际科技创新中心，以中关村科学城、怀柔科学城、未来科学城和北京经济技术开发区为主平台，以中关村国家自主创新示范区为主阵地，加速建设怀柔综合性国家科学中心，着力强化战略科技力量，提升基础研究和原始创新能力，培育高精尖产业新动能，为实现高水平科技自立自

强和科技强国建设提供强大支撑。二是支持长三角地区加快形成我国原始创新和产业创新高地。以上海国际科创中心为龙头带动，建设人工智能、生物医药、集成电路三大产业创新高地，强化苏浙皖创新优势，推动上海张江、安徽合肥综合性国家科学中心"两心同创"，扎实推进 G60 科创走廊、嘉昆太协同创新核心圈建设，打造长三角科技创新共同体，创造更多"从 0 到 1"的原创成果。三是支持粤港澳大湾区建成全球科技创新高地和新兴产业重要策源地。推动粤港澳三地深度协同，加快建设具有全球影响力的国际科技创新中心、综合性国家科学中心，瞄准世界科技和产业发展前沿，高水平建设"两廊"（广深港科技创新走廊、广珠澳科技创新走廊）、"两点"（深港河套创新极点、粤澳横琴创新极点），布局建设集成电路、5G、纳米、生物产业创新高地，打好关键核心技术攻坚战。四是稳妥有序推动成渝、西安、武汉等区域科技创新中心建设。支持成渝共建具有全国影响力的科技创新中心，协同推进西部科学城、成渝科创走廊等建设，布局国家精准医学产业创新中心和同位素及药物、生物靶向药物国家工程研究中心等高等级创新平台。推动西安区域科创中心和综合性科学中心建设方案落地实施，打造具有全球影响力的硬科技创新策源地、具有前沿引领性的新兴产业衍生地和"一带一路"顶尖人才首选地。积极推动武汉区域科创中心建设，支持武汉强化原始创新策源地功能，建设制造业创新高地。

（六）加快建设海洋强国，推进陆海统筹发展

海洋孕育了生命，联通了世界，促进了发展。我国是一个海洋大国，海域面积十分辽阔，建设海洋强国是推进中国式现代化和实现中华民族伟大复兴的重大战略任务，也是拓展区域发展新空间和保障国家安全的现实需要。我国已经进入由海洋大国向海洋强国转变的关键阶段，要坚持陆海统筹，走依海富国、依海强国、人海和谐、合作共赢的发展道路，高质量发展海洋经济、协同推进海洋生态保护和坚定维护海洋权益，扎实推进海洋强国建设。具体有：一是高质量发展海洋经济。推动海洋科技实现高水平自立自强，加强原创性、引领性科技攻关，培育壮大海洋工程装备、海洋生物医药产业，有序推进海洋油气资源开发，加快建设现代海洋产业体系，使海洋经济成为

现代化产业体系的新增长点。建设一批高质量海洋经济发展示范区和特色化海洋产业集群，全面提高北部、东部、南部三大海洋经济圈发展水平。以沿海经济带为支撑，深化与周边国家涉海合作。深化海洋经济发展试点示范，推动建设特色海洋产业集群和现代海洋城市，持续推进北部、东部、南部三大海洋经济圈扩能增效。二是协同保护海洋生态环境。坚持海洋生态环境统筹治理，探索建立沿海、流域、海域协同一体的综合治理体系，构建流域—河口—近岸海域污染防治联动机制，加快推进重点海域综合治理，推进美丽海湾保护与建设，促进人海和谐共生，打造可持续海洋生态环境。三是深度参与全球海洋治理。积极发展蓝色伙伴关系，深度参与国际海洋治理机制和相关规则制定与实施，推动建设公正合理的国际海洋秩序，推动构建海洋命运共同体。加强形势研判、风险防范和法理斗争，加强海事司法建设，坚决维护国家海洋权益。围绕建设海洋强国和实现海洋可持续发展，有序推进"海洋基本法"立法。推动构建治理手段完备、治理主体多元协调的海洋经济治理体系。

（七）优化重大生产力布局，提高区域发展的安全性和韧性

在新的历史条件下，要充分发挥我国战略纵深优势，有针对性地调整优化经济布局，积极培育一批发展基础好和发展潜力大的内陆腹地城市，促进产业布局的适度多元化，形成一系列关键产业和关键产业核心环节多元化备份基地，切实提升我国经济发展韧性、适应性和抗冲击能力。具体有：一是促进内陆中心城市高质量发展。充分发挥我国区域空间回旋余地大的优势，依托长江中游城市群、成渝地区双城经济圈、关中平原城市群等内陆优势地区，培育发展形成一批内陆中心城市，打造一批新的区域增长极。促进有为政府与有效市场的有机衔接，推动重点行业布局方案落地见效，不断优化石化、船舶、航空等重点产业布局，有序引导和规范集成电路、新型显示、新能源汽车等产业发展秩序。通过区域多极化的高质量发展促进高水平的安全，并通过高水平的安全保障高质量的发展，实现高质量发展和高水平安全的良性互动。二是促进区域产业集群化发展。依托相关省份的产业发展平台和对外开放平台，加快完善市场化、法治化、国际化营商环境，积极吸引优质外

资资源，留住并不断吸引"链主"型企业在内陆腹地优势地区发展，促进国际产业链、供应链在本地集聚，不断提升产业链、供应链的自主性和可控性，增强应对极端情况的抗冲击能力，提升区域发展的韧性和安全性。推动出台关于加快发展先进制造业集群的意见，推动产业迈向中高端，提升产业链供应链韧性和安全水平，形成协同创新、人才集聚、降本增效等规模效应和竞争优势。

（八）壮大县域经济，打造一批区域高质量发展新增长点

"郡县治则天下安，县域兴则国家强人民富"，县域发挥着承上启下的重要功能，是发展经济、保障民生、维护稳定的重要基础，是区域经济高质量发展的重要支撑点，也是我国经济发展和社会治理的基本单元以及促进城乡融合发展的重要纽带，要以发展壮大县域经济为重要抓手，加快培育区域高质量发展增长点。具体有：一是研究编制支持县域经济高质量发展的指导意见。明确县域功能定位和发展目标，因地制宜培育壮大特色富民产业，加快完善基础设施，统筹提升城乡公共服务水平，增进民生福祉。二是优化资源配置增强县域高质量发展内生动力。结合实际深化放权赋能强县改革，探索"省直管县""市县同权"，提升县域资源配置能力，扭转部分县域生产要素外流现象，加强财政、金融政策支持，夯实产业发展基础。三是推进以县城为重要载体的城镇化建设。因地制宜补齐县城短板弱项，增强县城综合承载能力，积极吸纳农业转移人口就地就近城镇化。强化县城产业支撑，稳定扩大就业岗位，吸引和留住人才。四是加强协调联动促进城乡融合发展。推进县域经济积极融入城市群、都市圈建设。健全城乡融合发展体制机制，促进城乡设施服务衔接共享，要素双向有序流动，推动形成工农互促、城乡互补、协调发展、共同繁荣的新型工农城乡关系。

（九）规范推进区域协调发展立法工作，不断提升区域治理能力

推进区域协调发展立法工作是促进区域协调发展的重要保障，是落实全面依法治国的重要体现，也是推进区域治理体系和治理能力现代化的内在要

求。具体有：一是研究编制区域协调发展促进条例。加快建立健全区域协调发展领域的法律法规体系，不断提升区域治理体系和治理能力现代化和法治化水平。认真梳理和系统总结《中华人民共和国长江保护法》《中华人民共和国海南自由贸易港法》《中华人民共和国黄河保护法》等相关法律在实施中积累的成功经验和有益做法，研究编制区域协调发展促进条例，逐步把有关指导区域规划共绘、生态共保、环境共治、设施共联、产业共兴、社会共享等相关领域的政策措施上升到法律层面并固定下来，使区域协调发展"有法可依""有规可依"，不断提升区域协调发展的规范化和法治化水平。二是鼓励地方开展区域协调发展立法工作。推广地方围绕国家级新区、赤水河流域等方面开展的立法工作，把有关地方深化区域合作、促进协同发展的有益经验和成功做法提炼形成针对性强、务实管用的法律条文。通过推进区域发展多领域多层次的立法工作，逐步形成区域协调发展促进条例与重点区域、重点领域的单行法有机衔接、相互配合的区域协调发展法律法规体系。

第二篇

区域重大战略

一、京津冀协同发展

京津冀是全国人口密集、经济活力高、创新能力强的区域之一。推动京津冀协同发展，是以习近平同志为核心的党中央在新时代条件下做出的重大决策部署，是促进区域协调发展的重大国家战略。在习近平总书记亲自谋划、亲自部署、亲自推动下，京津冀协同发展从谋思路、打基础、寻突破，到滚石上山、爬坡过坎、攻坚克难，谱写了新时代高质量发展的新篇章。展望未来，京津冀要认真学习领会、深入贯彻落实习近平总书记重要讲话精神，以更加奋发有为的精神状态推进各项工作，推动京津冀协同发展不断迈上新台阶。

（一）京津冀协同发展的成效

1. 区域经济实力持续增强

京津冀三省份面对复杂多变的内外部环境，围绕《京津冀协同发展规划纲要》确定的阶段性目标任务，扎实做好"六稳"工作，全面落实"六保"任务，区域经济实力持续增强。

经济总量突破 10 万亿元。2022 年，京津冀地区生产总值（GDP）达到 10.03 万亿元，按现价计算，是 2014 年的 1.7 倍。其中，北京、河北超过 4 万亿元，分别为 4.16 万亿元和 4.24 万亿元，分别是 2014 年的 1.8 倍和 1.7

倍，天津为 1.63 万亿元，是 2014 年的 1.5 倍（见图 2 - 1）。

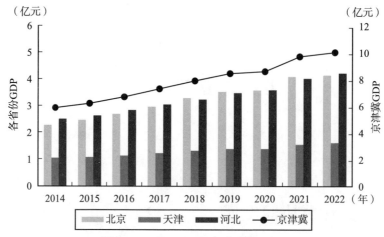

图 2 - 1　2014～2022 年京津冀 GDP

资料来源：中经网统计数据库及作者计算。

产业结构不断演变优化。京津冀三次产业结构由 2014 年的 5.9∶34.9∶59.2 演变为 2022 年的 4.8∶29.6∶65.6，第三产业比重增加 6.4 个百分点。其中，京津冀三省份第三产业比重分别为 83.8%、61.3%、49.4%，分别比 2014 年增加 5.9 个、12.0 个、12.2 个百分点（见图 2 - 2）。

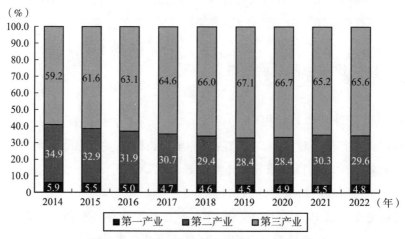

图 2 - 2　2014～2022 年京津冀三次产业结构

资料来源：中经网统计数据库及作者计算。

城乡居民收入差距缩小。2022 年，京津冀三省份居民人均可支配收入分别为 77415 元、48976 元、30867 元，与 2014 年相比，年均名义分别增长 7.2%、6.8%、8.0%。其中，京津冀三省份农村居民人均可支配收入名义年均增速分别为 7.9%、6.9%、8.4%，高于城镇居民 0.8 个、0.2 个、1.4 个百分点。京津冀三省份城乡居民收入比分别比 2014 年减少 0.15、0.03、0.24。

2. 区域创新能力不断增强

京津冀三省份深入实施创新驱动发展战略，依靠创新提高发展质量，持续加大创新投入，培育壮大创新主体，大力发展高新技术产业，高质量发展迈出坚实步伐。

研发投入强度创造新高。2021 年，京津冀三省份科学研究与试验发展（R&D）经费内部支出合计达到 3949.1 亿元，是 2014 年的 1.9 倍，占全国的 14.1%。其中，京津冀三省份 R&D 经费内部支出分别为 2629.3 亿元、574.3 亿元、745.5 亿元，分别是 2014 年的 2.1 倍、1.2 倍、2.4 倍。京津冀 R&D 投入强度达到 4.07%，比 2014 年增加 0.59 个百分点，9 年来持续高于全国 R&D 投入强度 1 个百分点以上（见图 2-3）。

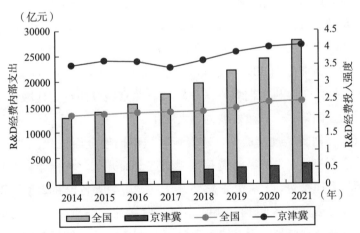

图 2-3 2014~2021 年京津冀 R&D 经费内部支出及投入强度

资料来源：中经网统计数据库及作者计算。

高新技术产业快速发展。北京数字经济增加值由 2015 年的 8719.4 亿元上升至 2022 年的 17330.2 亿元，占 GDP 的比重超 4 成，提高 6.4 个百分点。天津高技术制造业增加值占规模以上工业增加值的比重达到 14.2%，比 2014 年上升 1.9 个百分点。河北高新技术产业增加值占规模以上工业增加值的比重为 20.6%，比 2014 年上升 7.5 个百分点。

创新主体快速成长壮大。2022 年，在工业和信息化部认定的第四批"专精特新"小巨人企业中，京津冀三省份合计 535 家（北京 334 家、天津 64 家、河北 137 家），占全国的 12.3%。京津冀生命健康集群和保定市电力及新能源高端设备集群入选国家先进制造业集群，其中北京大兴区、天津经开区和河北石家庄市共同申报的京津冀生命健康集群是目前国内唯一跨省的先进制造业产业集群。

3. 协同发展格局更加紧密

京津冀三省份牢牢把握北京非首都功能疏解"牛鼻子"，高标准高质量建设河北雄安新区和北京城市副中心，加快推进通州与北三县一体化发展，在交通、生态、产业三个重点领域率先突破基础上，积极寻求民生领域突破，全面构建起协同发展新格局。

非首都功能有序疏解。坚持从源头上严控非首都功能增量，修订实施新版新增产业禁止和限制目录，截至 2022 年底累计不予办理新设立或变更登记业务超 2.44 万件。开展"疏解整治促提升"专项行动，2017 年以来累计疏解提质一般制造业企业 2093 家，区域性专业市场和物流中心 640 个，23 所市属高校、医疗卫生机构向城六区外转移。北京城乡建设用地减量 120 平方千米，成为全国第一个减量发展的超大城市。

北京新"两翼"加速成型。雄安新区城市框架全面拉开，"四纵三横"高速公路全面建成，"四纵两横"区域轨道全面开工，承接非首都功能疏解标志性项目有序推进，3 家央企总部开工建设，4 所高校和 2 家医院选址落位，央企设立各类分支机构达 140 多家，白洋淀"华北之肾"功能加快恢复，千年秀林有序铺展，森林覆盖率提高至 34%。北京城市副中心规划体系加速落地，北京城市副中心站综合交通枢纽施工如火如荼，城市绿心三大建筑——剧院、图书馆、博物馆工程拔地而起，北京学校、人大附中等陆续入驻，北京友谊医院、人民医院等逐步落户，央企二三级企业、市属国企及跨国企业总部等加快入驻，首批搬迁的6家市属国企总部全部开工建设。

通州与北三县协同发展。生态环境改善成效显著，潮白河干流近22年首次全线水流贯通，主要河流断面监测水质达标率达100%。交通一体化建设稳步推进，建成跨潮白河桥梁5座、跨界道路10条，开通跨界公交22条线路，北京首条跨省份轨道交通平谷线启动建设，串联通州与北三县的京唐京滨城际铁路开通运营。产业转移承接逐步成型，连续4年举办项目推介洽谈会，累计签约项目160余个。持续提升"区域通办"服务能力，北三县317项政务服务事项可在通州窗口办理。民生红利不断释放，通州33所学校与北三县51所学校建立合作关系，潞河医院、通州区妇幼保健院、东直门医院通州院区等与北三县医疗机构组建医联体。

重点领域实现新突破。交通一体化逐渐变成现实，京津冀核心区1小时交通圈、相邻城市间1.5小时交通圈基本形成，"轨道上的京津冀"主骨架形成，2022年京津冀营运性铁路总里程达10848千米，比2014年增长38.3%，高速公路总里程10585.5千米，比2014年增长32.6%。生态环境质量持续改善，2022年京津冀三省份 $PM_{2.5}$ 平均浓度为37微克/立方米，比2014年降低60.2%，国家地表水考核断面全面消除劣V类，生态系统质量和稳定性持续提高。产业转移有序推进，2022年天津吸引京、冀投资额为1989.4亿元，占全部引进内资的53.8%，2017年以来累计为8731.9亿元，河北承接京、津转入基本单位4395个，2014年以来累计转入4.39万个，其中近8成为北京转入。

公共服务共建共享加快。京津冀三省份5000余家定点医疗机构纳入互认范围，医疗机构实现跨省异地就医普通门诊费用直接结算。先后推出四批179项事项名称、办理标准、申请材料、办理时间相统一的"同事同标"事项，实现"无差别受理、同标准办理"。开展结对帮扶、学校联盟等多种形式的跨省教育合作，北京景山学校、潞河中学、八中等学校在津冀多地设立分校。京张体育文化旅游带加快建设，推出"十佳精品体育赛事""十佳体育旅游线路"等52个体育旅游精品项目，打造体育文化旅游融合发展新名片。

（二）京津冀协同发展的问题

1. 协同发展机制仍需深化

京津冀协同发展过程中，顶层设计及框架协议偏多，触及体制机制的行动方案略显不足，导致区域治理体系的协同性有待提升，距离预期效果存在差距。如在产业转移促进机制上，现阶段执行的《京津冀协同发展产业转移对接企业税收收入分享办法》缺少具体实施细则，且确定的门槛偏高，适用范围偏窄，难以激发京津企业，尤其是北京企业的主动性；又如在协同创新激励机制上，科技创新成果转化应用模式还需要继续充实，成果输出地与输入地的利益分配机制调整仍需进一步深入；再如在生态治理机制上，目前的生态保护补偿机制还未完全解决政府补偿与市场补偿、直接成本和机会成本等的关系问题。此外，京津冀三省份单一部门和领域的协调机制多，但多部门、多层次、多方式的联动机制偏少，综合配套改革尚未实现，部分设想和举措推进相对缓慢。

2. 产业深度融合仍有空间

目前，北京产业发展以科技服务、高端制造、金融商贸、软件信息等为主，但受产业发展阶段、产业层次水平差异等多重因素影响，北京的创新成果到津、冀落地转化的数量和质量有待提升，且产业上下游配套优势不明显，区域产业链断链、缺链现象明显，有研究显示，北京企业重要产品关键零部件在京津冀"零配套"比例高达 28%。受长期以来形成的行政区经济的影响，京津冀三省份在产业协同过程中"以我为主"的意识依然存在，长此以往不仅影响京津冀三省份产业竞争力的提升，也不利于打造具有明显区域特色的世界级产业集群。

3. 政府市场边界仍要厘清

现阶段，京津冀三省份"有形的手"更有力、更有为，"无形的手"的作用发挥还不够充分，强调以行政手段配置资源、市场难以有效发挥作用的情况依然存在，政府职能错位、越位、缺位现象仍有发生，使协同发展过程中的不协调时有发生。如河北各地市承接一般性制造业、区域性物流基地、区域性批发市场，主要是以行政手段搭建承接平台完成，措施相对单一，且建设的平台中不乏功能相似的平台。此外，与长三角、粤港澳大湾区相比，京津冀三省份市场化和国际化程度不够高，统一要素市场建设滞后于协同发展需要，资源互通、资质互认、政策互惠仍有不少完善空间，政府发展经济的着力点尚未完全转到破除障碍激发市场主体活力上。

4. 政策资源差距仍然存在

由于京、津两座直辖市配置资源的优势，使其得到的政策支持力度高于河北，产生一定的政策落差。而由于行政级别的存在，河北各地市在调动和获取资源的能力同样与京、津存在明显差距，导致资源配置难以达到最优状态，即京津冀三省份在资源配置上存在较大差距。如在重大生产力布局调整中，河北很难争取到国家级的重大工程项目，只能依照自身资源禀赋发展，而煤炭、铁矿等资源优势又使河北产业结构偏重、能耗强度偏高，在推动新旧动能转换中与京、津的差距难以有效缩小。此外，受制于自身财政资源，河北的政策执行力与京、津也难以相比。

(三) 京津冀协同发展的展望

1. 牢牢牵住疏解非首都功能这个"牛鼻子"

坚持控增量和疏存量相结合，内部功能重组和向外疏解转移两手抓，有力、有序、有效推进疏解工作。着力抓好标志性项目向外疏解，接续谋划新一批启动疏解的在京央企总部及二级、三级子公司或创新业务板块等。继续完善疏解激励约束政策体系，充分发挥市场机制作用，通过市场化、法治化手段增强向外疏解的内生动力。严格落实新版产业禁限目录，进一步从源头上严控北京非首都功能增量。

2. 推动"新两翼"建设取得更大突破

处理北京城市副中心与雄安新区的关系，"两翼"协同发力，有效解决北京"大城市病"问题。处理好与中心城区的关系，实现以副辅主、主副共兴。加快推进新一批北京市属行政企事业单位迁入副中心，腾出的空间主要用于加强对首都核心功能的服务保障。处理好与周边地区的关系，带动周边交界地区高质量发展。

3. 加强协同创新和产业协作

在实现高水平科技自立自强中发挥示范带动作用，加快建设北京国际科技创新中心和高水平人才高地，着力打造自主创新的重要源头和原始创新的主要策源地。构建产学研协作新模式，提升科技成果区域内转化效率和比重。强化企业的创新主体地位，形成一批有自主知识产权和国际竞争力的创新型领军企业。巩固壮大实体经济根基，把集成电路、网络安全、生物医药、电力装备、安全应急装备等战略性新兴产业发展作为重中之重，着力打造世界级先进制造业集群。

4. 推动重点领域取得新突破

加快推进公共服务共建共享，强化就业优先政策，促进京津冀地区更加充分更高质量就业。推动京津优质中小学基础教育资源同河北共享，深化区域内高校师资队伍、学科建设、成果转化等方面合作。推进医联体建设，推动京津养老项目向河北具备条件的地区延伸布局。持续抓好北方防沙带等生态保护和修复重点工程建设，持续推进绿色生态屏障建设等重大生态工程。

5. 深入推进区域内部协同

加快推进交通等基础设施建设，唱好京津"双城记"，在建设京津冀世界级城市群中发挥辐射带动和高端引领作用。把北京科技创新优势和天津先进制造研发优势结合起来，加强关键核心技术联合攻关，共建京津冀国家技术创新中心，提升科技创新增长引擎能力。河北发挥环京津的地缘优势，打造联通京津的经济廊道，北京、天津持续深化对河北的帮扶，带动河北有条件的地区更好地承接京津科技溢出效应和产业转移。进一步推进体制机制改革和扩大对外开放，下大气力优化营商环境，积极同国内外其他地区沟通对接，打造全国对外开放高地。

二、长江经济带发展

长江经济带发展战略是习近平总书记站在历史和全局的高度，从新的实际出发，亲自谋划、亲自部署、亲自推动的区域重大战略。长江经济带覆盖沿江11个省份，横跨我国东、中、西三大板块，人口规模和经济总量占据全国的"半壁江山"，生态地位突出，发展潜力巨大，是我国经济重心所在、活力所在。

在各方共同努力下，长江经济带生态环境保护和经济社会发展取得明显成效。2022年，长江经济带国控断面优良水质比例为94.5%，比2015年上升了27.5个百分点；长江经济带沿线省份经济总量占全国比重达到46.5%，比2015年增加1.4个百分点，实现了生态环境保护和经济高质量发展的互利共赢。

（一）长江经济带发展进展成效

长江经济带发展战略实施以来，沿江省份和有关部门持续推进长江生态环境保护修复，促进经济社会发展全面绿色转型，力度之大、规模之广、影响之深，前所未有，取得了显著成就，集中表现在以下六个方面。

1. 生态环境保护成效斐然

污染治理是长江大保护的首要任务。沿江省份和有关部门深刻认识到长江生态环境问题的严重性，坚持把修复长江生态环境摆在压倒性位置，让"一江碧水向东流"盛景再现。

"4+1"工程取得重大成果。城镇污水垃圾、化工污染、农业面源污染、船舶污染和尾矿库污染治理短板加快补齐，一批重点难点生态环境综合整治行动取得明显成效。目前，沿江城市生活污水集中收集率稳步提升，城市县城集中式垃圾处理设施实现全覆盖。沿江关停、搬迁、升级、重组一批不符合环境排放标准的化工企业，长江干流沿线省级及以上化工园区基本实现污水达标排放。畜禽粪污综合利用率提高至78.1%，化肥农药使用量持续保持负增长。内河主要港口基本实现船舶污染物接收转运处置电子联单闭环管理。长江干流岸线三千米及主要支流岸线一千米范围内停用超过3年的尾矿库完成闭库。

岸线整治系列行动成效显著。岸线空间有序恢复。1361座非法码头彻底整改，非法采砂杜绝，非法航运得到整顿，岸线得以重塑，两岸绿色生态廊道逐步形成。沿岸生态环境持续改善。生态系统有效恢复，完成长江干流和主要支流两岸 10 千米范围内废弃露天矿山生态修复治理 1.3 万公顷；受侵占高价值生态区域有序腾退，拆除位于自然保护区核心区或缓冲区的 125 个项目；通过长江上中游及三峡库区、丹江口库区、洞庭湖、鄱阳湖等重点区域水土流失综合防治和生态清洁小流域建设实施，治理水土流失面积达到 2.65 万平方千米。

长江"十年禁渔"攻坚战效果明显。退捕渔民安置保障基本到位。截至2022 年末，中央和地方累计落实补偿补助资金为 269.98 亿元，有力保障了禁捕退捕资金需求。16 万多名有就业能力和就业需求的退捕渔民转产就业，实现应帮尽帮；22 万多名符合参保条件的退捕渔民参加基本养老保险，实现应保尽保。长江水生生物多样性逐步恢复。长江江豚数量有所回升。根据农业农村部组织开展的 2022 年全流域长江江豚科学考察，长江江豚种群数量为1249 头，与 2017 年 1012 头相比，5 年数量增加 23.42%，年均增长率为4.3%，实现了历史性转折，止跌回升。鱼类种类和资源量逐步提升。2022年长江流域重点水域监测到鱼类 193 种，比 2020 年的 168 种增加了 25 种。长江刀鱼能够溯河洄游到历史上最远的水域洞庭湖，多年未见的鳤鱼在长江中游及洞庭湖出现频率增加。

2. 绿色发展动能持续增强

着力探索绿色生产生活方式，沿江省份加快构建以绿色为底色的产业体系，推动经济社会发展全面绿色转型。

产业加快绿色化、高端化、智能化。沿江省份立足本地产业发展实际，主动顺应新一轮科技革命和产业变革趋势，产业加速转型升级，产业链供应链安全稳定保障水平持续提升。例如，江苏关停了一批排放不达标、有安全隐患的化工企业，位于长江海门段的临江新区，曾经以化工为主的工业园区如今变为 200 多家生物创新医药企业聚集的高科技产业园区，各类高技术人才也纷至沓来。

创新驱动发展优势逐步彰显。2015～2022 年，长江经济带研发投入强度从 2.0% 提升到 2.52%，超过法国（2.35%）、荷兰（2.32%）等创新型国家。科技创新中心和综合性科学中心加快建设，张江、合肥综合性国家科学中心布局建设上海光源、超导托卡马克核聚变实验装置等重大科技基础设施，成渝地区揭榜实施"新型研发机构科教融合培养产业创新人才"等改革试点任务。近期，新华社报道，有"人造太阳"之称的合肥全超导托卡马克核聚变实验装置（EAST）创造了新的世界纪录，成功实现稳态高约束模式等离子体运行403秒，对探索未来的聚变堆前沿物理问题，提升核聚变能源经济性、可行性，加快实现聚变发电具有重要意义。

绿色发展试点示范取得积极成效。上海崇明、湖北武汉、重庆广阳岛、江西九江、湖南岳阳、浙江丽水、江西抚州探索一批可复制、可推广的经验模式。例如，上海崇明大力发展生态经济，全力打造"农旅、花旅、文旅、康旅、体旅"等构成的"多旅"融合产业。再如，浙江丽水当地把绿色生态作为最大财富和品牌，这几年逐步实现从"绿起来"到"富起来"，生态环境状况指数连续位居浙江第一，人均地区生产总值跃上1万美元台阶。

3. 综合运输功能加速提升

以黄金水道为主动脉、以沿江铁路为骨干，各种运输方式统筹规划、协同发展的局面初步形成。

江黄金水道功能显著提升。长江干支线高等级航道里程达上万千米，实现5万吨级海轮直达南京、万吨级船舶直达武汉、3000吨级船舶直达重庆、2000吨级船舶直达宜宾。上海洋山港四期建成全球最大规模、自动化程度最高的集装箱码头，宁波舟山港成为唯一吞吐量超11亿吨的世界第一大港。

综合交通网络日益完善。沿江高铁规划建设有序推进。2022年底铁路、高铁通车里程分别达4.84万千米、1.81万千米，比2015年分别新增1.38万千米、1.05万千米。14个长江干线港口铁水联运项目全部开工建设。公路网络布局持续优化。一批未贯通路段加快建设。2022年高速公路里程达到7万千米，比2015年增加2.2万千米。民航基础设施进一步完善。成都天府、芜宣等机场先后建成投运，建成亚洲第一个专业性货运枢纽机场——鄂州花湖机场。

运输服务质量持续提升。江海运输功能不断拓展，宁波舟山港江海联运货物吞吐量从2015年的1.96亿吨增长到2022年的3.7亿吨，增长89%。铁水联运规模不断扩大，14个长江干线重点铁水联运设施联通项目已全部开工建设并已建成8个。

4. 对外开放水平走在前列

长江经济带各省份立足各自优势与特色，加快对外开放步伐，对全国稳外贸稳外资做出重要贡献，在构建陆海内外联动、东西双向互济的全面开放新格局方面走在前列。

各地开放优势明显形成。长三角的制度型开放引领作用进一步发挥。特别是上海自贸试验区及其临港新片区，在外资准入前国民待遇加负面清单管理、国际贸易"单一窗口"、自由贸易账户等重大制度创新方面，为全国积累了新经验、探索了新路径。云南面向南亚东南亚的辐射中心建设成效明显，朝着区域性国际经济贸易中心、科技创新中心、金融服务中心和人文交流中心迈出坚实步伐。重庆、成都、武汉、长沙、南昌、贵阳等内陆开放新高地涌现，通过深度融入共建"一带一路"，将开放后方变为开放前沿。

与共建"一带一路"融合成效显现。中欧班列贸易规模不断扩大，西部陆海新通道建设加快推进，已成为沿江省份融入共建"一带一路"的两大主要贸易和物流通道。新冠疫情全球大流行期间，世界贸易深度衰退，中欧班列逆势而上，运行突破"万列"，向欧洲各国运送了大量抗疫和生活物资，成为名副其实的"生命通道"。各省份与"一带一路"共建国家的贸易和投资规模稳步增长，在共建国家建设的境外经贸合作区和产业园区持续发展，促进了当地工业化城镇化进程，带来就业等民生的改善，有力地推动了民心相通。

对外开放条件进一步改善。目前全国共设立 21 个自贸试验区，长江经济带已布局 9 个。各自贸试验区加大制度创新力度，很多都是首创性质的，对长江经济带乃至全国高水平开放发挥了重要的"排头兵"和"试验田"作用。比如，上海自贸试验区历史性地推出我国第一张外资准入负面清单，重庆自贸试验区首创铁路提单信用证融资结算等。综合保税区建设稳步推进，九江港、黄石港、武汉港和重庆港等口岸扩大开放，长江经济带口岸布局进一步优化。

5. 人民生活水平明显改善

长江经济带东中西部加强水、路、港、岸、产、城等各方面协同，基础设施互联互通加快推进，产业转型升级取得积极进展，新型城镇化持续推进，经济保持稳定增长势头，流域基本公共服务均等化扎实推进，人民生活水平明显提高。

区域发展差距进一步缩小。上中下游发展差距逐步减小，2016～2022年中上游地区生产总值与下游地区之比从89.6%提高到92.8%。《长江经济带协调性均衡发展指数报告（2022－2023）》显示，长江经济带协调性均衡发展总指数与长江经济带经济社会发展现状基本保持一致，与2021年同期相比，指数上升的城市有56个，占比为50.9%。总体呈现"下游保持稳定、中游发力前行、上游略有下滑"的向好变化趋势。

下游地区资金、技术、劳动密集型产业向中上游地区有序转移。近年来，长江经济带累计搬、改、关、转化工企业8091家；电子信息、装备制造等产业规模占全国比重均超过50%。长江经济带沿线，基础研究、关键技术攻关等方面在全国的地位凸显，数字经济、电子信息、生物医药、航空航天等产业领跑全国。同在长江经济带上的浙江和贵州，在加工、制造业等方面促进人流、物流跨区域流动。浙江宁波投建的、年产10万吨铝制品精深加工企业落户贵州兴仁巴铃重工业园区，为当地提供200余个就业岗位，给当地带来每年8000多万元税收。

跨区域协同发展稳步推进。长江中游城市涵盖湖北、湖南、江西30余个城市，常住人口超过1.3亿人，通过跨省域合作、产业科创协同等一系列举措，山水相依的长江中游城市群告别曾经"单打独斗"的局面，协同发展步伐加快，发展动能持续增强，地区生产总值占全国比重稳步提高，正逐步成为我国高质量发展的重要增长极。

6. 体制机制效能充分发挥

长江经济带作为流域经济，涉及水、路、港、岸、产、城和生物、湿地、环境等多个方面。推动长江经济带发展领导小组办公室会同有关部门、企业和上中下游地区，协同推进长江保护各项制度的建立与实施，充分发挥统筹协调、督促落实的职能，积极构建共抓大保护的新格局。

落实长江保护法，建立国家长江流域协调机制、长江流域信息共享机制。《中华人民共和国长江保护法》是我国第一部流域保护法，自2021年3月1日实施以来，各有关方面认真贯彻落实长江保护法，推动长江大保护和绿色高质量发展取得明显成效。

建立负面清单管理体系，进一步筑牢长江生态屏障。2022 年，《长江经济带发展负面清单指南（试行，2022 年版）》印发实施，从岸线、河段、区域、产业等方面划出 10 项负面清单，推动沿江省份结合自身实际制定详细具体的实施细则，进一步为长江经济带绿色发展强化制度保障。

有效的协调联动机制加速形成。中央和地方之间、沿江各省份之间、中央各部门之间，多层次协同发展释放出巨大合力，支撑长江经济带发展行稳致远。推动长江经济带发展领导小组办公室有关负责人表示，要积极支持配合各民主党派中央、无党派人士开展长江生态环境保护民主监督，汇聚合力共同推进长江大保护工作。

（二）长江经济带发展存在问题

当前，世界百年未有之大变局加速演进，新一轮科技革命和产业变革深入发展，国际力量对比深刻调整，世界经济复苏乏力，我国发展进入战略机遇和风险挑战并存、不确定难预料因素增多时期，长江经济带发展面临比以往更为复杂的形势和更高的要求，应准确把握长江经济带存在的突出问题。

1. 生态环境保护的基础还不牢固

污染物排放基数大，历史遗留问题突出。从 2021 年的数据来看，长江经济带废水主要污染物排放占全国仍在一半左右。长江"三磷"问题仍未完全解决，历史遗留磷石膏存量较大。电解锰污染问题比较突出，工矿污染遗留问题多。部分流域煤矿废水治理项目效果不明显，仍有一些矿井废水直排。土壤重金属污染治理任务比较艰巨。

2. 综合运输体系存在中梗阻和衔接不畅

从三峡船闸设计能力来看，2011 年就已经饱和，相当于提前 19 年达到设计通过能力。各种运输方式一体化水平不高，没有充分实现运力衔接和组织协同，联程运输发展滞后，各种交通方式组合效应有待加强；长江沿岸铁路货运和多式联运整体协调机制发展滞后，铁水联运基础设施网络体系尚不完整，"连而不畅"问题仍较突出。

3. 沿海沿江沿边和内陆开放协同性不强

中上游地区对外开放水平总体偏低，占全国外贸比重很小，特别是与沿海发达省份之间的差距显著。2022年，长江经济带外贸的78%集中在长三角。长江中上游经济外向度低，经济总量占全国的22%，外贸却只有全国的10%，出口结构整体水平不高，产品附加值较低资源等初级产品、简单加工、机电产品等技术含量不高的低附加值产品仍占出口贸易的主导地位。对外开放平台通道还有欠缺，西部陆海新通道不畅，渝贵铁路因客运需求难以发挥货运功能。

4. 新旧动能接续转换任务艰巨

长江经济带内部创新能力差异巨大，长江中上游地区创新能力不足，中上游地区研发经费投入强度全部低于全国。产业结构调整和传统产业转型升级发展任重道远，长江经济带仍然面临工业结构中高新技术产业占比偏低、传统工业占比偏高的问题，工业结构呈现"大而不强"的弱点，以"技"制胜的高端企业少，以"贸"取胜的低端企业多，围绕产业链部署创新链、围绕创新链布局产业链的能力还有待提升。

5. 上中下游区域协调发展有待加强

城乡区域发展差距仍然较大，上中下游地区基础设施、公共服务和人民生活水平的协调性不强，区域协商合作"虚多实少"，长江下游地区对中上游地区的协调带动作用有待进一步提升。2022年，长江上游、长江中游、下游长三角人均地区生产总值分别为6.71万元、7.92万元、12.26万元。上游、中游仅为下游的54.7%和64.6%。在不考虑直辖市的情况下，最高省份（江苏）与最低省份（贵州）的倍差达到2.76倍。

（三）长江经济带发展未来展望

在全面推动长江经济带高质量发展的新征程上建新功，要坚持共抓大保护、不搞大开发的战略导向和生态优先、绿色发展的战略定位，聚焦"五新三主"战略使命，全力推动长江经济带在服务构建新发展格局、推动高质量发展和推进中国式现代化上走在前列。

1. 奋力谱写生态优先绿色发展新篇章

党的二十大报告强调，要站在人与自然和谐共生的高度谋划发展。这要求长江经济带持之以恒加强生态环境系统保护修复。一是坚持问题导向，持续推进生态环境突出问题整改。深入实施污染治理"4＋1"工程，补齐环境设施短板弱项。推动水环境治理范围由干流向支流和重要湖泊拓展、治理重点由常规性指标向特征污染物延伸。二是加强长江生物多样性保护。党的二十大报告强调，要继续做好长江十年禁渔工作，健全打击非法捕捞行为的长效机制，确保渔民退得出、稳得住、能致富，研究解决部分流域鱼类数量泛滥的新问题。三是推进安澜长江建设。加强长江流域水资源统一管理和调配，进一步完善长江流域防洪减灾体系。四是完善生态环境综合管控体系。深入贯彻落实《中华人民共和国长江保护法》，发挥国家长江流域协调机制作用，实施好长江流域水生态考核机制，严格执行负面清单管理制度。五是建立生态产品价值实现机制。围绕"度量难""交易难""变现难""抵押难"等问题开展试点探索，率先在长江经济带走出一条新路子。结合新形势新要求，深入推动绿色发展示范地区，探索一批可复制、可推广的经验做法。积极支持赤水河、乌江、嘉陵江等支流流域开展生态产品价值实现实践探索。

2. 深入持续打造区域协调发展新样板

党的二十大报告提出，要坚持创新在我国现代化建设全局中的核心地位，加快实施创新驱动发展战略。长江经济带是我国具有创新活力的区域之一，这就要求长江经济带加快推动产业基础高级化、产业链现代化，加大关键核心技术攻关力度，在创新驱动发展领域走在全国前列。具体有：一是强化自主创新能力建设。加快建设上海具有全球影响力的科技创新中心，积极支持合肥综合性国家科学中心、成渝综合性科学中心建设。推动沿江省份建设运行好高水平创新平台。二是推动产业链供应链现代化。接续实施增强制造业核心竞争力行动，指导沿江省份围绕高端新材料、机械装备、高端药品和医疗器械等领域，培育壮大先进制造业。开展国家战略性新兴产业集群发展工程的顶层设计，推动战略性新兴产业融合集群发展。促进数字经济和实体经济深度融合。三是优化重点产业布局。持续优化沿江石化、钢铁等重点产业空间布局,推动重点领域节能降碳改造升级。推动产业有序安全转移,巩固提升长江经济带在电子信息、汽车、生物医药、化工、轻纺等领域的全产业链竞争力。

3. 高质量构筑高水平对外开放新高地

党的二十大报告提出,要推进高水平对外开放,增强国内国际两个市场两种资源联动效应,提升贸易投资合作质量和水平。这就要求长江经济带发挥东西双向开放优势,推动东西互济、陆海联动,推进长江经济带深度融入"一带一路"建设。具体有:一是强化长三角引领带动作用。加快长三角制度型开放,加大上海及苏皖浙自贸试验区改革探索力度,推动上海"五个中心"建设,加快形成与国际投资、贸易通行规则相衔接的制度体系。二是推进内陆开放型高地建设。重点抓好中欧班列和西部陆海新通道建设,开工建设黄桶至百色等铁路。高质量建设长江经济带内陆省份 7 个自贸试验区,依托中老、中缅、中越通道提升云南等沿边省份对外开放水平。

4. 扎扎实实塑造创新驱动发展新优势

党的二十大报告提出,要坚持城乡融合发展,推进以人为核心的新型城镇化,促进区域协调发展。要加快建设交通强国,构建现代化基础设施体系。这就要求长江经济带必须树立"一盘棋"思想,加强上中下游协同联动发展,以城市群、都市圈为依托促进大中小城市和城镇协同联动。具体有:一是以标志性工程为抓手,提升区域融通水平。规划建设三峡水运新通道,整体推进沿江高铁项目。加快扩容改造沪蓉、沪渝、沪昆、杭瑞等高速公路拥堵路段。扩容改造重庆、贵阳、武汉、长沙等枢纽机场,完善货运枢纽机场的集疏运系统。二是聚焦多层次融合,提高城市群一体化发展水平。从城市群对外交通、城市群交通、都市圈交通、城市交通四个层次,推进干线铁路、城际铁路、市域(郊)铁路、城市轨道交通"四网融合"。三是强化需求牵引,提升综合运输服务水平。加快发展旅客联程联运,以铁水联运和江海联运为重点,推动长江干线主要港口全面接入疏港铁路,完善港口集疏运体系,着力打通"最后一公里",推进大宗货物和中长途货物运输"公转铁""公转水"。

5. 生动绘就山水人城和谐相融新画卷

党的二十大报告提出，要推进文化自信自强，铸就社会主义文化新辉煌。这就要求深入挖掘长江文化的新时代价值，打造具有长江特色的文化产业和城乡风貌，不断提升文化软实力和文化影响力。具体有：一是加强长江文化遗产保护。打造一批彰显长江文化特色的"文化遗产之窗"，积极推进巴蜀文化、荆楚文化、吴越文化保护传承。加强长江流域文明探源和文物保护利用，推进长江沿线非遗保护传承。大力宣扬中国共产党人精神谱系，传承弘扬红船精神、井冈山精神、长征精神等精神。二是打造山水人文交融的特色风貌。打造一批具有自然山水特色和历史人文内涵的滨江城市、小城镇和美丽乡村，推动将长江历史文化、山水文化与城乡建设有机结合。三是推动长江文化与旅游有机融合发展。统筹推进长征、大运河国家文化公园建设，打造一条集中展示中华优秀传统文化、革命精神和山水人城和谐相融景观的长江文化黄金旅游带。

三、粤港澳大湾区建设

建设粤港澳大湾区，是习近平总书记亲自谋划、亲自部署、亲自推动的重大国家战略。2017 年 7 月 1 日，习近平总书记在香港亲自见证了标志着粤港澳大湾区建设正式启动的《深化粤港澳合作推进大湾区建设框架协议》签署。2017 年 3 月，粤港澳大湾区建设首次被写入政府工作报告，正式上升为国家战略。经过 6 年多的建设，特别是 2019 年 2 月《粤港澳大湾区发展规划纲要》正式发布以来，粤港澳大湾区综合实力显著增强，国际一流湾区和世界级城市群建设迈出坚实步伐，粤港澳合作更加深入，三地民众获得感显著提升。但同时，粤港澳大湾区也面临动力引擎作用减弱、科创策源能力有待提升、规则标准对接不足、国际竞争力不强等问题。下一步，粤港澳大湾区应锚定"新发展格局的战略支点、高质量发展的示范地、中国式现代化的引领地"的新定位，聚焦科技创新、粤港澳合作、对内对外开放等重点领域加大发力，切实提升高质量发展能力及发挥示范带动作用。

（一）粤港澳大湾区建设进展成效

1. 经济总量稳步提升，具有国际竞争力的现代产业体系加快形成

经济规模持续壮大。2017～2022 年，在全球经济形势充满不确定性的背景下，粤港澳大湾区经济增长势头良好，GDP 从 10.2 万亿元快速增长并突破 13.0 万亿元（见图 2 - 4）；其中，广深港三地生产总值占粤港澳大湾区比重从 65.3% 波动上升至 65.6%，是粤港澳大湾区经济发展重要增长极。

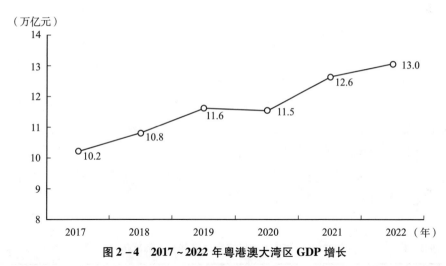

（万亿元）

图 2 - 4　2017～2022 年粤港澳大湾区 GDP 增长

资料来源：根据《广东统计年鉴》及香港特区政府统计处、澳门统计暨普查局数据整理计算。

产业结构明显提升。2017～2022 年，粤港澳大湾区第二产业增加值从 33467 亿元增长至 45205 亿元，占比从 32.8% 提升至 35.1%，增长 2.3 个百分点；第三产业增加值从 67510 亿元增长至 81917 亿元，占比从 66.1% 下降至 63.5%，降低 2.6 个百分点（见图 2 -5）。

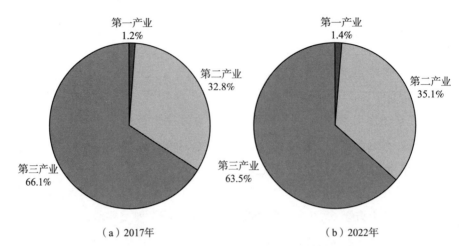

（a）2017年　　　　　　　　　　　　　（b）2022年

图 2 - 5　2017 年、2022 年粤港澳大湾区三次产业结构对比

资料来源：根据《广东统计年鉴》及香港特区政府统计处、澳门统计暨普查局数据整理计算。

　　战略性新兴产业集群不断壮大。粤港澳大湾区先进制造业快速发展，目前已形成了以生物制药、高端装备制造、人工智能、新材料等高新技术产业为主导的战略性新兴产业集群，具有国际影响力的珠江东岸电子信息产业带已初具规模，西岸的高端装备制造带正加快构建。在 2022 年 11 月工信部公布的 45 个国家先进制造业集群中，广东省共有 7 个入围并全部位于珠三角地区（见表 2 - 1）。

表 2 - 1　　　　　　　　2022 年粤港澳大湾区国家先进制造业集群情况

所在城市	国家先进制造业集群
深圳	深圳市新一代信息通信集群
广州、佛山、惠州	广州市、佛山市、惠州市超高清视频和智能家电集群
东莞	东莞市智能移动终端集群
广州、深圳、佛山、东莞	广州市、深圳市、佛山市、东莞市智能装备集群
深圳	深圳市先进电池材料集群
深圳、广州	深圳市、广州市高端医疗器械集群
佛山、东莞	佛山市、东莞市泛家居集群

资料来源：根据工信部公开数据整理。

现代服务业加快发展。粤港澳大湾区生产性服务业正向专业化和价值链高端延伸发展；海洋经济快速崛起，海洋运输业、海工装备制造业发展迅速。

2. 国际科创中心建设稳步推进，科技创新动力源地位日益突出

科技创新布局逐步完善。近年来，粤港澳大湾区聚焦材料、生命、信息、海洋、能源等重点学科领域，不断推动综合性国家科学中心建设，综合性国家科学中心先行启动区深圳光明科学城、东莞松山湖科学城加快建设，以广深港、广珠澳科创走廊和河套、横琴创新极点为主体的"两廊两点"架构体系不断完善。世界一流重大科技基础设施集群加速成型，散裂中子源、强流重离子加速器、加速器驱动嬗变研究装置、人类细胞谱系、合成生物研究装置、脑解析与脑模拟装置等一批重大科技基础设施陆续建成运营。

科创平台支撑作用不断增强。近年来，鹏城国家实验室、广州国家实验室、粤港澳联合实验室以及珠海澳大科技研究院等科研平台相继挂牌运作。截至 2023 年 5 月，粤港澳大湾区已建成 34 家国家级和 71 省级国际科技合作基地、20 家粤港澳联合实验室；建成省级新型研发机构超 200 家，占广东省的约 80%，成为高水平科技创新平台的生力军。

科技创新资源加快集聚。根据 2023 年 4 月胡润研究院发布的《2023 全球独角兽榜》，全球独角兽企业数量达到 1361 家，其中，粤港澳大湾区有 63 家独角兽企业，较前一年增加 12 家，是疫情前 30 家的两倍多。高水平人才高地建设扎实推进，一批科技领军人才和高水平创新团队扎根广东，全职在粤工作两院院士达 135 人，研发人员数量达 130 万人。2022 年，广东全省科技信贷金额超 1.76 万亿元，对科技创新金融服务水平稳步提高。

综合科技创新水平明显提升。2017～2022 年，广东省研发经费支出从 2338 亿元快速增长至 4200 亿元，年均增速达到 12.4%，高出全国同期增速 0.5 个百分点。2022 年，广东省研发投入强度达到 3.26%，高出全国研发投入强度 0.71 个百分点（见表 2-2）；高新技术企业数量增加到 6.9 万家，研发投入、研发人员数量、发明专利有效量、PCT 国际专利申请量、高新技术企业数量等主要科技指标均保持全国首位。截至目前，粤港澳大湾区创新综合能力连续 6 年位居全国第一，"深圳—香港—广州"科技集群全球创新指数排名连续 3 年位居第二。

表 2 - 2　　　　　　　2017 ~ 2022 年广东及珠三角地区科研经费支出及强度

指标	地区	2017 年	2018 年	2019 年	2020 年	2021 年	2022 年
科研经费支出 （亿元）	全国	17606	19678	22144	24393	27956	30870
	广东	2338	2719	3099	3480	4002	4200
	珠三角	2225	2603	2963	3334	3827	—
科研投入强度（%）	全国	2.12	2.14	2.24	2.41	2.43	2.55
	广东	2.55	2.72	2.87	3.13	3.22	3.26
	珠三角	2.97	3.24	3.40	3.71	3.80	—

资料来源：根据国家统计局数据及《广东统计年鉴》整理；"—"表示数据缺失。

3. 粤港澳重大合作平台加快建设，"以点带面"推动粤港澳大湾区建设向纵深推进

三大平台改革创新引领作用不断增强。近年来，为破解粤港澳三地融合发展瓶颈，党中央先后赋予广东建设横琴、前海、南沙三大平台，打造粤港澳大湾区高水平人才高地等重大机遇，扎实推动横琴、前海、南沙三个平台重大政策、重大改革、重大任务落地落实，为广东高质量发展注入强劲动力。

横琴服务澳门经济适度多元发展的作用不断增强。自挂牌建设以来，横琴粤澳深度合作区紧紧围绕促进澳门经济适度多元发展这条主线，坚定不移推动琴澳一体化发展，取得良好成效。2022 年，横琴粤澳深度合作区科技研发和高端制造、中医药、文旅会展商贸三大产业营收合计首次突破百亿元。澳资澳企明显增长，截至 2023 年 6 月初，横琴合作区实有澳资企业超过 5700户，较合作区挂牌前增长 23.98%。澳门居民持续融入，合作区内生活就业的澳门居民达到 6763 人，现有澳门籍学生 199 人；澳门居民在合作区参加内地城乡居民养老、医疗保险达到 4172 人次。重大政策相继落地，2023 年 4月企业及个人所得税"双 15%"优惠政策和澳门居民个人所得税优惠政策、《横琴粤澳深度合作区发展促进条例》等已印发实施，为合作区发展注入新的动能。

前海制度创新助力现代服务业提速发展。2023 年以来，前海深港现代服务业合作区加快港深西部铁路等规划建设，联合香港商务及经济发展局出台

《关于协同打造前海深港知识产权创新高地的十六条措施》,对香港人民、香港企业、香港机构吸引集聚能力不断提升。截至 2023 年 6 月,前海共吸引1.1 万家外资企业落户,其中港资企业 9790 家、世界 500 强投资企业 371 家。2022 年,前海综保区进出口总额 2352.2 亿元,增长 48.8%,单位面积产值全国第一,237 家机构入驻前海深港国际金融城;2023 年第一季度,前海实际使用港资 11.85 亿美元,占深圳市的 60%。

南沙进一步深化面向世界的粤港澳全面合作。截至 2022 年底,南沙已累计落户港澳企业 2787 家、投资总额 1016.71 亿美元;香港科技园南沙孵化基地、新鸿基庆盛枢纽站场综合体等项目加快建设。目前,南沙全区集聚高层次和骨干人才 2 万余人,实现 3 年翻两番。2022 年,南沙新增上市公司 4 家(累计 14 家),新签约项目 299 个,总投资额 6882 亿元,创历史新高。

4. 基础设施互联互通加速推进,大湾区"1 小时生活圈"基本形成

世界级机场群和港口群正在加快形成。航空方面,以广州白云国际机场、深圳宝安国际机场、香港国际机场三大国际航空枢纽为引领的世界级机场群迅速崛起,机场群旅客吞吐能力超过 2.2 亿人次,位居世界四大湾区首位。航运枢纽方面,粤港澳大湾区拥有香港港、广州港、深圳港、珠海港、东莞港等沿海港口,以及佛山港、肇庆港等内河港口,港口集装箱年通过能力约为 8500 万标准箱,同样位居世界四大湾区首位;2023 年 6 月,"大湾区组合港"的"深圳蛇口—江门高新"线路正式开通,"大湾区组合港"线路实现粤港澳大湾区内地九市全覆盖,助力提升大湾区港口全球竞争力。

"轨道上的大湾区"正在加快形成。2020 年,粤港澳大湾区城际铁路建设规划得到批复,广州、深圳等都市圈加快推进地铁、城际铁路建设。截至 2022 年底,广东省铁路运营里程达 5328 千米,其中高速铁路运营里程约 2367 千米(含运行速度 ≥200 千米/小时的城际铁路),位居全国前列。其中,粤港澳大湾区城市群的铁路运营里程约 2500 千米,高铁里程 1430千米。

跨区域互联互通明显提升。广深港高铁、港珠澳大桥等大型跨境基础设施相继开通,粤港澳三地口岸通关效率大幅提升,创新实施"一站式通关""合作查验、一次放行"等便利通关模式,湾区居民出行更加快捷。2023年,深中通道项目全线合龙对接;截至目前,跨珠江口通道已经建成 5 条,

黄茅海跨海大桥、狮子洋通道等项目建设加紧推进，架起了大湾区横向"黄金走廊"。

5. 制度规则衔接不断深化，开放型经济新体制加快形成

粤港澳制度规则标准加快衔接。近年来，广东着力推进"湾区通"工程，促使粤港澳三地规则衔接、机制对接不断深化，开放型经济新体制加快形成。在《内地与香港关于建立更紧密经贸关系的安排》（CEPA）框架下对港澳实施更短的负面清单，基本实现与港澳服务贸易自由化，港澳企业在法律、会计、建筑等领域投资营商享受国民待遇。港澳企业商事登记实现"一网通办"，企业开办时间压缩到 1 个工作日内办结。金融市场互联互通有序推进，"深港通"、债券"南向通""跨境理财通"等落地实施，人民币成为粤港澳跨境收支第一大结算货币。

宜居、宜业、宜游优质生活圈逐步形成。自粤港澳大湾区建设启动以来，粤港澳三地就业、创业、教育、医疗、社保、环保等领域合作不断推进并取得新突破，切实增强民众在大湾区建设中的获得感，宜居、宜业、宜游的优质生活圈加快形成。职业资格认可、标准衔接范围持续拓展。在医师、教师、导游等八个领域，以单边认可带动双向互认，3000 多名港澳专业人士取得内地注册执业资格。2023 年上半年，粤港澳三地在深圳共同公布 110 项"湾区标准"，涵盖食品、粤菜、中医药、交通、养老、物流等 25 个领域，其中加快基础设施互联互通类 14 项，构建具有国际竞争力的现代化产业体系类 16 项，建设宜居、宜业、宜游的优质生活圈类 80 项。

对外开放水平稳步提升。推进与港澳规则衔接机制对接是粤港澳大湾区推动与国际市场规则标准接轨的重要途径。目前，粤港澳三地规则机制"软联通"稳步推进。近日，广东发布了首批 20 个粤港澳大湾区规则衔接机制对接典型案例，涉及企业信用互认、港澳律师到内地执业、科研资金跨境流动、湾区社保融合、跨境商事登记等领域。2012～2022 年，广东省实际利用外资超 1.4 万亿元，高技术制造业外资占比从 2012 年的 20% 提升至 2022 年的 41%。2022 年，粤港澳大湾区内地 9 市进出口总值 7.94 万亿元人民币，占广东省进出口总值的 95.6%，其中深圳外贸进出口达 3.67 万亿元人民币，占广东省外贸进出口近五成，出口规模连续第 30 年居内地外贸城市首位。

（二）粤港澳大湾区建设存在的问题

1. 高质量发展动力引擎作用面临挑战

近年来，受外贸发展严峻等因素影响，粤港澳大湾区经济发展动力有所弱化，对全国经济发展引擎带动作用出现一定下滑。2017～2022年，粤港澳大湾区地区生产总值在全国占比从11.9%下降至10.6%，下滑了1.3个百分点，对全国经济增长支撑作用有所下降（见图2-6）。2023年上半年，受全球经济疲软和国际形势变化加剧的影响，粤港澳大湾区内地九市整体进出口下行压力继续加大，并呈现"冷热不均"的态势，广深两座城市分别实现了8.8%和3.7%的正增长，惠州实现1.7%的正增长，其余城市大多为负增长，直接影响了大湾区经济增速。2023年上半年，广东省GDP增速仅为5.0%，低于全国平均发展水平。

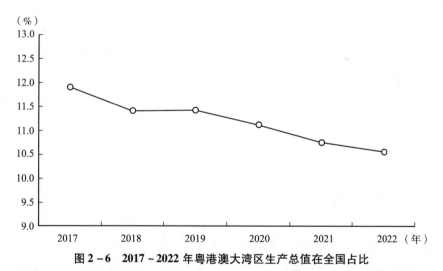

图2-6　2017～2022年粤港澳大湾区生产总值在全国占比

资料来源：根据《中国统计年鉴》《广东统计年鉴》及香港特区政府统计处、澳门统计暨普查局数据整理。

2. 科技创新策源能力有待进一步增强

作为定位为具有全球影响力的国际科技创新中心，与其他世界级湾区以及京津冀、长三角地区对比，粤港澳大湾区科技创新力量偏弱，相关领域学科支撑较弱且人才梯队建设不完善，对国际、国内协作和辐射作用不明显。珠三角九市基础研究普遍投入不足，对事关产业安全的"卡脖子"关键核心技术仍然高度依赖发达国家。同时，粤港澳产学研尚未形成真正合力，由于粤港澳三地高校、科研院所、企业的产学研合作信息不对称，导致港澳高水平基础研究及相关成果和内地完善的产业链优势未能有效结合，科技成果转化率不高。特别是，香港地区、澳门地区缺乏制造业，一些大学尽管有新材料、电子信息、智能制造、生物技术、大数据等专业，但缺乏产业应用场景。

3. 规则标准对接不足制约国际竞争力提升

一方面，受行政管理机制、地方市场分割、规则标准等因素制约，特别是粤港澳两种制度、三个关税区、三种货币等制度差异影响，粤港澳大湾区在土地、人口、资本、技术、数据等关键要素流动方面面临众多问题，堵点、痛点、难点问题并存，严重制约了粤港澳大湾区经济一体化发展，并对其参与国内大循环、融入新发展格局的水平和质量带来影响。另一方面，粤港澳大湾区在经贸规则及技术标准等领域对接严重不足，在金融、文化等"软联通"领域国际合作水平不高，对我国提高全球经济及金融治理领域发言权支撑不足。特别是对标《全面与进步跨太平洋伙伴关系协定》（CPTPP）等更高标准的国际经贸规则，粤港澳大湾区特别是内地九市在金融、电信、跨境电商、专业服务等领域的开放程度与港澳乃至国际先进水平仍有一定差距，还未形成面向世界开展竞争的能力。

（三）粤港澳大湾区建设展望

1. 构建具有全球影响力的国际科技创新中心

构建国家战略科技力量的第一梯队。争取国家实验室布局，重组国家重点实验室，优化提升各类创新基地，率先发展新型研究型大学、新型研发机构。适应大科学时代创新活动特点，布局竞合导向型科技基础设施，面向国家重大需求，建设战略导向型科技基础设施。

着力加强基础研究和应用基础研究。瞄准前沿强化基础研究，力争实现引领性原创成果重大突破，探索建立新学科。探索建立包容和支持非共识创新项目的机制，培育拓展未来学科。打牢应用基础研究根基，促进关键共性技术创新，研发高端科研仪器设备，提高科研装备自给水平。

开展更加开放包容的国际科技合作。聚焦量子计算、激光技术等优势领域，主动发起全球性创新议题，助力中国科技创新国际影响力提高。提高全球配置创新资源能力，促进资源双向有序流动，丰富和深化国际国内科学共同体创新对话，打造综合前沿的科研网络核心。

完善知识产权和技术标准运用保护。细化知识产权创造、运用、交易制度规则，将知识产权转化为市场价值。探索差别化的区域知识产权政策，改进知识产权归属制度，加强海外知识产权维权援助。发挥基础通用标准研制过程中的示范引领作用，推动优势技术成为国际标准。

2. 加快推进重大开放合作平台建设

抓深粤港澳重大合作平台建设。加快推动实施横琴合作区总体发展规划，实施横琴合作区发展促进条例，聚焦促进澳门经济适度多元发展，支持横琴培育壮大科技研发和高端制造、中医药等澳门品牌工业、文旅会展商贸、现代金融等重点产业，推动"分线管理"和澳门新街坊建设，提升琴澳一体化发展水平。支持新一轮前海总体发展规划获批实施，推动前海合作区条例修订，抓好前海深港国际金融城、国际人才港和风投创投集聚区建设，规划建设港深西部铁路、前海口岸。出台支持政策推动南沙加速发展，加快编制实施新一轮南沙总体发展规划，推动出台南沙条例，支持南沙探索设立法定机构，开展土地管理综合改革试点，推动设立大湾区国际商业银行，加快推进大湾区航运联合交易中心建设，建设中国企业"走出去"综合服务基地，加快打造立足湾区、协同港澳、面向世界的重大战略性平台。

打造粤港澳高水平合作试点示范平台。全面准确贯彻"一国两制"方针，对接香港"北部都会区"发展策略、澳门"1＋4"适度多元发展策略，支持香港地区、澳门地区更好融入国家发展大局。依托横琴、深港口岸经济带等已有载体，谋划建设港珠澳大桥经济区和深港珠澳口岸经济带、率先推进口岸通关制度规则衔接、提升人流、物流等要素流通效率，拓展深化科技创新、文旅会展、高端商务、金融等领域合作。

大力促进湾区内部一体化发展。发挥香港—深圳、广州—佛山、澳门—

珠海极点带动作用，深化港深、澳珠全方位合作，加快广佛同城化建设，辐射带动周边区域发展。以推动实现共同富裕为引领，加快完善珠江口东西两岸联系通道，梳理推广一批跨区域合作和城乡融合发展试点做法和经验，探索对标湾区最优最高标准建立统一制度规则标准体系，不断破除湾区内部要素流通壁垒。推进大湾区珠江口一体化高质量发展试点示范，引领打造环珠江口 100 千米"黄金内湾"。

3. 全方位促进粤港澳三地融合发展

推进现代化基础设施互联互通。加快建设"轨道上的大湾区"和世界级港口群、机场群，加快"数字湾区"建设，促进人员、货物、资金、数据等高效便捷流动。推进皇岗口岸重建，加快深江高铁、广佛环城际等项目建设，做好深圳枢纽西丽站、广州东站改造等项目前期工作，加快打造"轨道上的大湾区"。

推动三地规则衔接、机制对接。深入实施"湾区通"工程，开展跨境"保险通"，实施好"澳车北上"，加快推动"港车北上"，加快建设"数字湾区"，继续抓好湾区标准和认证、职业资格认可、内地科研人才签注和政务服务跨境通办等工作。

推动深化民生领域合作。促进粤港澳三地民生融通和人文交流，持续完善便利港澳居民生活、学习、就业的政策服务体系，拓展公共服务领域合作，高质量建设大湾区国际教育示范区、港澳青年创新创业基地，为港澳居民在粤发展提供更加便利条件，打造宜居、宜业、宜游优质生活圈。健全规划政策实施体系，建立重点项目清单及建设保障机制，确保每年有一批可见、可知、可感的标志性成果。

4. 加快打造新发展格局的战略支点

打造高水平对外开放门户枢纽。着眼强化对"一带一路"建设示范引领作用，加快推进全球交通门户枢纽、跨境金融服务平台、国际法律服务和商事争议解决机制等建设，提升对国内企业开展海外经贸投资合作的服务支撑能力，打造共建"一带一路"国际合作门户。深入推进制度型开放，发挥自贸试验区改革"试验田"作用，对接用好《区域全面经济伙伴关系协定》（RCEP）等国际经贸规则，携手港澳抱团"出海"，用好三地重大展会平台，联手开拓国际市场、参与全球竞争。加快研究出台一批稳外贸措施，探索推进"跨境电商＋产业带"等模式，全力稳定加工贸易份额，加快培育外贸新增长点。

构建国内国际产业梯度转移组织枢纽。强化大湾区与京津冀、长三角、海南自由贸易港等区域重大战略的联动发展，深化对内经济联系、增加经济纵深。强化提升"链主"企业和境外经贸合作示范区在产业链组织中的作用，引导适合中西部发展需要的产业及生产环节优先向国内转移，支撑国内产业转型升级，拓展国际产业多元合作渠道，重点推动与东盟、日本、韩国探索构建区域产业链分工体系，加快构建国内企业主导、内外产业链式互动、安全稳定高效的生产网络。

不断提升大湾区市场一体化水平。着眼在构建高水平社会主义市场经济体制上率先取得新突破，重点加强与港澳的规则衔接、机制对接，在科技创新、要素市场化、投融资、营商环境建设等重点领域研究推出更多改革举措。率先落实"RCEP"和超前谋划对接"CPTPP"，优先推动契合上述协定方向但内地与港澳技术标准规则差异领域的对接，进一步降低对港澳专业服务机构及人才在资质认定、许可、执业范围等领域的限制，探索推动知识产权、数据等领域规则标准对接路径，提升对国内制度型开放引领作用。继续推进服务业扩大开放，探索教育、文化、金融业多领域的开放。

加快建设国际一流营商环境。进一步健全营商环境制度体系，构建刚柔并济的营商环境法律制度，严格规范涉企行政执法，加强经营主体权益保护，完善企业信用机制，推进法治化营商环境建设。参照世界银行最新发布的宜商环境评估体系，从企业准入、获取经营场所、市政公用服务接入、金融服务、国际贸易、税务服务、促进市场竞争等领域对标世界一流湾区，进一步优化国际化、法治化、便利化的营商环境。

四、长三角一体化发展

2018年11月，习近平总书记在首届中国国际进口博览会上宣布，支持长江三角洲区域一体化发展并上升为国家战略。长三角地区紧扣一体化和高质量两个关键词，围绕"一极三区一高地"战略定位，推动各项工作取得了积极进展，科技协同创新和产业发展领跑全国，长三角生态绿色一体化发展示范区、临港新片区、虹桥国际开放枢纽、皖北承接产业转移集聚区等建设稳步推进，共同富裕示范和社会主义现代化建设走在全国前列。

（一）长三角一体化发展的进展成效

1. 长三角科技创新引领作用突出

一是重大科技平台载体的引领成效明显。上海张江、安徽合肥两大综合性国家科学中心携手推进"两心同创"，深入开展关键核心技术联合攻关，发挥了引领示范作用。长三角科技资源共享服务平台已集聚 4 万余台大型科学仪器、22 台大科学装置、2377 个服务机构和 3180 家科研基地。长三角国家技术创新中心拥有国内合作高校院所 79 家，专业研究所和平台 93 家，海外顶级机构合作 78 家，企业联合创新中心 320 家，研发人员 1.5 万余人。G60 科创走廊的综合发展水平接近国际创新集群水平，九个城市已占全国地区生产总值的 1/15、地方财政收入的 1/12、高新技术企业的 1/10、科创板上市企业的 1/5。沿沪宁产业创新带建设进入新阶段，2022 年 3 月，国家发展改革委印发实施《沿沪宁产业创新带建设方案》。

二是科技创新共同体建设取得积极进展。2022 年 7 月，科技部和三省一市共同发布了《长三角科技创新共同体联合攻关合作机制》，建立部省（市）协同的组织协调机制、产业创新融合的组织实施机制、绩效创新导向的成果评价机制、多元主体参与的资金投入机制。2022 年 8 月，《三省一市共建长三角科技创新共同体行动方案（2022—2025 年）》出台，提出到 2025 年初步建成具有全球影响力的科技创新高地。

三是科技创新成果转化明显加快。长三角科技创新券自 2021 年初开始实行通用通兑，2022 年出台了《关于促进长三角科技创新券发展的实施意见》。目前，已有超过 2000 家企业在长三角平台上申请科技创新券超过 6700 万元，购买 4800 多次创新服务。2022 年，沪苏浙皖共同建设了长三角国家科技成果转移转化示范区联盟，长三角一体化技术交易市场网络更加完善。其中，江苏省向沪浙皖输出的技术合同超 9300 项，成交额超 307 亿元；吸纳沪浙皖的技术合同超 8700 项，成交额超 830 亿元。

2. 重点功能平台建设取得明显进展

一是上海临港新片区制度型开放体系总体形成。2019 年临港新片区挂牌成立。目前，临港新片区总体方案的重点任务基本完成，以"五自由一便利"为核心的制度型开放体系加快形成，洋山特殊综合保税区已封关运作。2022 年，临港新片区条例正式实施，制定了建设"智慧、低碳、韧性"城市行动方案（2022—2025 年）和加快发展新兴金融业行动方案，与迪拜杰贝阿里自贸区签订了战略合作协议，大飞机园总装配套、中芯国际临港基地等重大项目相继开工建设。

二是虹桥国际开放枢纽建设加快推进。2021 年 2 月，国务院批复虹桥国际开放枢纽建设总体方案以来，"一核""两带"协同开放格局加快构建，高质量发展态势更凸显。目前，虹桥国际枢纽已累计吸引集聚各类总部企业和机构 500 余家。其中，虹桥国际中央商务区 2022 年外商投资实际到位金额增长 1 倍，全年吸引重点投资近 1300 亿元，增长超 60%。

三是长三角生态绿色一体化发展示范区建设积极推进。自 2019 年 10 月获国务院批复以来，示范区在不破行政隶属的前提下打破行政壁垒，形成了112 项具有开创性的一体化制度创新成果。示范区重点项目建设加快推进，仅 2022 年 11 月就开工了 13 个重点项目，总投资额 206.1 亿元。2023 年 2 月，国务院批复同意《长三角生态绿色一体化发展示范区国土空间总体规划（2021—2035 年）》。通过一体化发展，元荡湖面已恢复碧波荡漾，太浦河跨省界断面水质连续 3 年年均值达到 Ⅱ 类以上。

四是皖北承接产业转移取得重大进展。2022 年 4 月，安徽出台《推进落实沪苏浙城市结对合作帮扶皖北城市工作方案》，要求八市依托省级以上开发区，采取股份合作、委托管理、"园中园"等模式与帮扶城市共建省际产业合作园区，探索建立成本分担和利益共享机制。2022 年以来，沪苏浙城市与皖北城市互访对接 600 余次。2022 年，阜阳合肥现代产业园新签约亿元以上项目 26 个，总投资 155.5 亿元，省外亿元招商引资到位资金增长 65.1%。

3. 2022 年长三角主要产业在疫情中得到快速恢复发展

一是新能源汽车受疫情冲击后快速恢复增长。2019～2022 年，长三角汽车产量从 535.5 万辆增至 696.4 万辆，占全国的比重从 20.9% 增至 25.3%。其中，2022 年长三角新能源汽车产量达 280 万辆，占全国产量近 1/2、占全球 1/4。2022 年，尽管遭受了疫情严重冲击，但呈现出较强的发展韧性，相对全国汽车产业，长三角汽车产业恢复更快；相对本地其他制造业，汽车产业恢复更快；相对传统汽车，新能源汽车受冲击较小、恢复更快（郭叶波、夏成等，2023）。

二是电子信息产业持续保持龙头地位。2022 年长三角地区集成电路营业收入为 7235 亿元，在全国占比超过 60%，较 2019 年增加 14.14%。其中，设计业、制造业、封测业分别占全国的 57%、51% 和 78%。特别是上海浦东地区，已经形成了 EDA 工具、高端芯片设计、先进晶圆制造、高端封测服务、装备材料为一体的集成电路全产业链，代表了国内集成电路产业最高水平。

三是生物医药产业保持我国"排头兵"地位。目前，长三角生物医药产业贡献了全国 30% 的产值、30% 的药品销售额、70% 的国产一类新药。长三角已占全国医药百强企业的三成。2022 年 5 月，国家发展改革委制定"十四五"生物经济规划后，上海、南京、杭州、苏州、合肥等城市纷纷推出生物医药产业高质量发展政策。上海张江生物医药创新引领核心区，已成为我国生物医药产业创新的策源地，全国新批准的新药有 1/3 来自张江。

四是三省一市的数字经济规模均位列全国前十。根据国家网信办数据，江苏、浙江、上海、安徽分别位列全国数字经济第一、第三、第四、第八名。上海作为区域中心城市，引领长三角数字经济一体化发展。南京是全国第一个软件名城，拥有新型显示、信息通信设备、物理网领域三个"千亿级产业"。杭州数字经济核心产业对经济增长的贡献率超过 50%。合肥位列全国人工智能城市榜单第五。

4. 基础设施互联互通水平进一步提升

一是世界级港口群正在加速构建。以上海、宁波舟山港为核心，南京、杭州、苏州等 16 个港口为骨干，其他港口共同发展的世界级港口群总体格局基本形成。2022 年，长三角港口集装箱吞吐量占全国比重约 38%。

二是世界级机场群正在加速形成。长三角已建成机场 24 座，未来将达 32 座机场，可比肩拥有 25 座机场的纽约湾区。2022 年，长三角机场货邮吞吐量占全国比重约35%。2023年2月，江苏和上海共同签署了《深化推动"两场"同步建设合作协议》和《"两场"建设涉及南通市的属地工作协议》，上海和江苏将在南通市共建机场。

三是城际互联互通水平持续提高。截至2022年底，长三角高铁营业里程达6704.4千米、占全国的16%，上海、南京、杭州等城市间基本实现城际客运高频次1~1.5小时快速通达。2023年6月，苏州轨道交通11号线正式投入运营，并与上海轨道交通11号线实现无缝换乘，长三角核心城市间首次实现地铁系统跨省互联互通。杭州湾跨海铁路大桥这一世界级超级工程正在加快建设。长三角高速公路规模达1.67万千米，高速公路的路网密度位居全国前列。

四是新型基础设施建设领跑全国。长三角区域量子保密通信骨干网络线路总里程约2860千米，形成了以合肥、上海为核心节点，链接南京、杭州、无锡、金华、芜湖等城市的环网。2022年2月，国家发展改革委批复同意在长三角地区启动建设全国一体化算力网络国家枢纽节点。2023年6月，长三角生态绿色一体化示范区执委会等五家单位达成了"合作共建全国一体化算力网络长三角国家枢纽节点协议"。

5. 在共同富裕示范和社会主义现代化建设引领方面走在全国前列

一是浙江高质量发展建设共同富裕示范区取得重要进展。2021年5月，党中央、国务院印发《关于支持浙江高质量发展建设共同富裕示范区的意见》。2021年7月、2022年6月和2023年5月，浙江高质量发展建设共同富裕示范区首批、第二批、第三批试点名单被公布，试点单位达93个。目前，浙江已形成共富工坊、亩均论英雄、数字经济"一号工程""两进两回"行动、农村科技特派员制度、山海协作、培育壮大产业工人队伍、帮扶残疾人就业增收、医疗共同体、掌上办事等促进共同富裕的典型经验。2021~2022年，浙江城乡协调发展水平位居全国前列，城乡居民收入倍差从2.04缩小到1.94。

二是浦东社会主义现代化建设引领区的示范作用突出。2022年，浦东新区着力强化工作统筹机制，加快落实中央关于支持引领区的意见，实施方案明确的450项具体任务全部取得进展，一批标志性成果相继落地。积极探索了市场准营承诺即入制改革，率先开展"文体旅一证通"、环评排污"两证合一"等首创性改革试点。2022 年，新增专精特新企业 127 家、科创板上市企业 12 家，新认定高新技术企业 1800 家，每万人口高价值发明专利拥有量达 52 件。2022 年出台浦东新区法规 9 部，累计 15 部。

（二）长三角一体化发展存在的问题

1. 2022 年长三角地区占全国经济总量比重略有下降

2018～2022 年，长三角地区的地区生产总值从 22.12 万亿元增至 29.03 万亿元，占全国的比重从 24.20%下降到 24.12%。分省份来看，此期间，上海占全国的比重下降了 0.23 个百分点，而江苏省、浙江省、安徽省分别增加了 0.01 个、0.11 个、0.02 个百分点。2022 年，长三角地区特别是上海市遭受了新冠疫情的严重冲击，在较大程度影响了经济增长速度，导致占全国经济总量的比重较 2021 年下降了 0.18 个百分点（见表 2－3）。

表 2－3　　　　2018～2022 年长三角的地区生产总值及其占全国比重

项目	地区	2018 年	2019 年	2020 年	2021 年	2022 年
地区生产总值（亿元）	长三角	221233	235952	244522	277652	290289
	上海市	36012	37988	38963	43653	44653
	江苏省	93208	98657	102808	117392	122876
	浙江省	58003	62462	64689	74041	77715
	安徽省	34011	36846	38062	42565	45045
占全国比重（%）	长三角	24.20	24.02	24.21	24.30	24.12
	上海市	3.94	3.87	3.86	3.82	3.71
	江苏省	10.20	10.04	10.18	10.28	10.21
	浙江省	6.35	6.36	6.41	6.48	6.46
	安徽省	3.72	3.75	3.77	3.73	3.74

2. 部分产业链供应链的"卡脖子"环节依然受制于人

尽管长三角产业链供应链发展水平已走在全国前列，但与服务和支撑全国提升产业链供应链韧性和安全水平的迫切要求相比尚有差距，自主创新策源能力和带动全国创新能力有待加强，部分行业的关键生产设备、核心零部件、关键材料、关键工艺等依然无法实现自主可控。长三角高技术产业链上游供给依然面临受制于人的困境，集成电路、新能源汽车等多个关键节点相继面临"断供"及"失序"危机，内部结构的脆弱性在外部风险的影响下进一步放大（马征远等，2022）。

3. 稳外资稳外贸压力加大，部分产业开始向国外加快转移

近年来，长三角地区的土地、劳动力、资源环境等成本开始上升，一些对成本敏感的项目不断向长江中上游地区或南亚东南亚地区转移。特别是受中美经贸摩擦影响，外商投资企业转单现象开始加快，其出口增速明显放缓。2018～2022年，长三角外商投资企业出口额增长缓慢，占长三角境内货源地出口总额的比重从43.9%下降到34.7%，下降了9.2个百分点。2022年，由于叠加了长三角疫情造成的停工停产，部分外贸订单向国外转移，特别是向东南亚地区的转移有所加快（见表2-4）。

表2-4　　2018～2022年长三角的外商投资企业货物出口额及其占比

项目	地区	2018年	2019年	2020年	2021年	2022年
外资企业货物出口额（亿美元）	长三角	4227	4011	3827	4612	4606
	上海市	1344	1237	1191	1410	1405
	江苏省	2243	2157	2023	2414	2409
	浙江省	532	504	487	631	634
	安徽省	107	112	126	157	158
外资企业货物出口额占境内货源地出口总额比重（%）	长三角	43.9	42.1	39.7	37.4	34.7
	上海市	74.2	72.7	71.2	69.7	67.9
	江苏省	53.8	53.5	50.9	47.8	44.3
	浙江省	16.2	14.9	13.8	13.8	12.7
	安徽省	29.4	28.2	26.3	23.6	20.3

（三）长三角一体化发展的未来展望

1. 共同推动科技创新与产业发展深度融合

聚焦国家战略需求，深入实施长三角科技创新共同体联合攻关计划，促进 G60 科创走廊、沿沪宁产业创新带协同联动，率先构建自立自强的多元主体协同创新体系，着力突破集成电路、大飞机发动机、量子技术等关键核心技术，加快实现自立自强的高水平科技供给。依托城市群和都市圈，构建稳定高效的产业链供应链跨区域协同保障体系，以长三角地区为试点区域，研究制定科技创新策源地与重大产业基地协调发展规划，推动创新链、产业链、资金链、人才链一体部署、深度融合，加快推进科技成果产业化孵化和转化应用。构建完善产业链供应链畅通保供机制，进一步优化城市群生产力布局，强化重要产品生产战略备份，增强产业集群发展韧性，全面提升长三角产业链供应链韧性和安全水平。

2. 共同提升在高水平双向开放中的示范引领作用

着眼服务国家发展大局，充分发挥长三角一体化发展优势，用好各类开放平台载体，更好发挥在高水平对外和对内开放的门户枢纽作用。一方面，加强推进长三角一体化发展同共建"一带一路"有机衔接，更好发挥中国国际进口博览会、中国和中东欧"16＋1"经贸合作示范区、国际友好城市等重大平台载体作用，统筹推进区域协同创新和"一带一路"科技合作，统筹推进国内产业转移和"一带一路"产业合作，统筹推进自由贸易试验区和境外经贸合作区建设，统筹推进硬联通和软联通建设，在携手推动共建"一带一路"高质量发展中争做畅通国内国际双循环的强劲引擎、深化国内国际科技产业合作的引领者、推动要素型开放和制度型开放的先行者（郭叶波，2023）。另一方面，加强长三角对国内相关地区的辐射带动作用。加强长三角地区与长江经济带中上游的合作，引导相关先进适用技术向长江中游城市群、成渝地区双城经济圈等转移。深化上海与云南、浙江与四川、江苏与陕西和青海的对口帮扶关系，创新长三角对口支援新疆、西藏的工作方式，健全从输血转向造血的长效机制，全面提升产业、技术、人才、市场等帮扶和支援效益，在东西部协作和对口支援中更好展现长三角的历史担当和示范作用。

3. 提升基础设施互联互通水平

加快建设世界级港口群和世界级机场群，建设洋山港区小洋山北侧集装箱码头，推进舟山江海联运服务中心、洋浦枢纽港建设，加快推进上海和江苏在南通市共建机场进程。统筹长三角城市群的高速公路、高速铁路、城际铁路等规划建设，加快建设上海经宁波至合浦沿海高铁和沪苏湖、通苏嘉甬等城际铁路，适度加密进出上海、南京、杭州、合肥等中心城市的迂回线、联络线、辅助线，高效推进轨道上的长三角建设。统筹跨区域能源基础设施建设，加强舟山等国家石油储备基地建设，完善石油、天然气等互联互通网络，建设浙江、江苏等海上风电基地，提高电力系统互补互济和智能调节能力。建设长三角智慧物流体系，加强长三角的国家物流枢纽和邮政国际寄递中心建设，优化上海等中心城市与城市郊区、周边中小城市的物流、仓储设施布局，重塑重点供应链畅通保障体系。

4. 加快建设幸福宜居长三角

坚持"人民城市人民建、人民城市为人民"的理念，稳步推进新型城镇化建设，扎实推进城市更新共商共建共享，合理安排生产、生活、生态空间，努力扩大公共空间，不断推动城市空间结构优化和品质提升，让老百姓有休闲、健身、娱乐的地方，让城市成为老百姓宜业宜居的乐园。在合力办好杭州2023年亚运会之后，建立健全后亚运会时代大型赛事场馆长效运营机制，适时出台普惠性政策，提高赛后利用率，使亚运基因进一步融入城市文化，迎合民生需求，回归群众体育，扩大社会效益。建设具备风尚引领和自我迭代的消费大市场，建设世界级商圈，勇当国潮国货复兴"排头兵"（刘保奎、郭叶波等，2022）。强化生态环境共保联治，实施新一轮太湖流域水环境综合治理，推动加快形成减污降碳的产业结构，着力推进城市污水处理提质增效，推进太湖地区农业绿色发展。依托长三角生态绿色一体化发展示范区，完善生态产品价值实现机制，加强标准、规则、项目、机制协同共建，形成若干显示度高、示范性强的生态产品价值转化高地，打造一批生态产品价值实现标杆项目。健全共建共治共享的社会治理制度，提高数字化、精细化、协同化治理水平，提高长三角居民异地工作生活保障能力（刘志强，2023）。

五、黄河流域生态保护和高质量发展

进入新发展阶段，党中央将黄河流域生态保护和高质量发展上升为国家战略，是有效协调黄河流域生态保护和经济发展关系的科学抉择，将对黄河流域长远发展产生历史性影响。总结战略实施的最新进展、问题挑战并提出下一步重点任务展望，对于扎实推进黄河流域生态保护和高质量发展具有重要意义。

（一）黄河流域生态保护和高质量发展进展成效

随着黄河流域生态保护和高质量发展战略的深入实施，黄河保护治理的顶层设计加快完善，沿黄各省（区、市）共抓大保护、协同大治理的局面初步形成，幸福安澜黄河建设取得新成绩，水资源集约节约利用水平明显提升，产业高质量发展取得新成效。

1. "1＋N＋X"规划政策体系不断完善

黄河流域生态保护和高质量发展已经形成"1＋N＋X"规划政策体系，即明确建立以国家发展规划为统领，以专项规划、区域规划为支撑，以一系列政策举措为保障的规划政策体系。

一是中共中央、国务院印发《黄河流域生态保护和高质量发展规划纲要》（以下简称《规划纲要》）。《规划纲要》作为当前和今后一个时期黄河流域生态保护和高质量发展的纲领性文件，为制定实施相关规划方案、政策措施和建设相关工程项目提供了重要依据。

二是各部委及沿黄省（区、市）制定出台多部规划或实施方案。深入落实贯彻《规划纲要》，国家相关部委制定出台《黄河流域生态环境保护规划》《黄河流域淤地坝建设和坡耕地水土流失综合治理"十四五"实施方案》《黄河流域生态保护和高质量发展水安全保障规划》《黄河文化保护传承弘扬规划》《黄河流域生态保护和高质量发展科技创新实施方案》《黄河国家文化公园建设保护规划》等。国家发展改革委印发《支持宁夏建设黄河流域生态保护和高质量发展先行区实施方案》。沿黄河九省份省级黄河流域生态保护和高质量发展规划均已印发实施，推动战略实施的"四梁八柱"基本构建。

三是依托《中华人民共和国黄河保护法》形成一系列政策保障措施。明确组织开展自然资源状况调查，建立资源基础数据库。健全监测网络体系，建立黄河流域信息共享系统、智慧黄河信息共享平台。明确包括财政、税收、金融、价格、生态保护补偿等在内的支持政策。设立黄河流域最严格法律责任制度，通过在现有法律基础上补充细化有关规定、提高罚款额度、增加处罚方式等手段，提升了法律制度的权威性和震慑力。

2. 山水林田湖草沙系统保护修复取得新进展

黄河流域生态保护与高质量发展上升为国家战略以来，通过加快建设黄河生态廊道、构建流域横向生态补偿机制、推进国家公园建设，流域共抓大保护取得了明显成效。

一是国家公园建设有序推进。三江源国家公园植被生态质量整体改善，固碳释氧量增加，扎陵湖和鄂陵湖水体面积增大，局部湖泊形成高原湖链，水源涵养能力提升。祁连山国家公园荒漠化土地面积进一步减少，自2000年以来，植被净初级生产力和植被覆盖度平均每年分别增加2.75克碳/平方米和0.24%。若尔盖国家公园和黄河口国家公园的申报创建工作正在积极稳步推进。

二是黄河生态廊道建设成效显著。至2022年3月，三北防护林工程累积造林3014万公顷，工程区森林覆盖率已达13.57%，生态保护成效显著。黄土高原植被覆盖度由21世纪初的30%上升至目前的60%以上。山东一体化推进修山、增绿、扩湿、整地，针对泰山、沂蒙山、尼山、沂山和南四湖、东平湖、黄河三角洲等重点生态区域组织实施生态保护和修复项目210多个，生态修复治理面积超过300万亩。河南至2021年底已实现黄河右岸710千米生态廊道全线贯通，流域造林10.7万亩。山西持续推进"两山七河一流域"生态修复治理合作，实施重要生态系统保护和修复重大工程、山水林田湖草沙一体化保护和修复工程。

三是流域横向生态补偿机制逐步建立。在国家层面，财政部、生态环境部、水利部和国家林草局联合印发《支持引导黄河全流域建立横向生态补偿机制试点实施方案》，明确了试点范围期限、主要措施和组织保障。在地方层面，2021 年 4 月，山东、河南两省份签订黄河流域（豫鲁段）横向生态保护补偿协议，搭建起黄河流域省际政府间首个"权责对等、共建共享"的协作保护机制。2022 年，山东拨付河南生态补偿资金 1.26 亿元。

3. 协同推进大治理取得新突破

黄河流域生态系统的整体性以及流域生态服务功能的公共性，决定了协同治理的必要性。近年来，黄河流域通过统筹水中岸上、干支流，水土流失和水质明显好转。

一是协同推进水沙关系调节和水土保持治理。黄土高原地区水土流失面积已由监测以来最严重的 45 万平方千米减少到 23.13 万平方千米，黄河输沙量大幅减少。陕西通过工程措施、林草措施双管齐下，省内黄河流域年均入黄泥沙量已由 2000 年前的 8 亿多吨减至 2022 年的 2.68 亿吨，下降 2/3。甘肃自党的十八大以来，累计完成沙化土地综合治理 2100 多万亩，据全国第六次荒漠化和沙化监测结果，甘肃荒漠化和沙化土地分别比 2014 年减少 2627 平方千米和 1045 平方千米。

二是统筹干支流污染治理推动水质好转。2022 年 1～6 月，黄河流域地表水Ⅰ～Ⅲ类水质断面比例达 82.4%，同比上升 5.8%。随着内蒙古采取多项措施对乌梁素海流域实施全流域、系统化综合治理，目前水质总体稳定在 Ⅴ类、局部区域优于Ⅴ类，水面面积稳定在 293 平方千米，周边草原生态修复面积 6 万亩；完成海堤路修缮 123.8 千米。山西大力实施"一泓清水入黄河"工程，2022 年山西省 94 个地表水国考断面中，水质优良断面 81 个，优良水体比例跃升至 87.1%。截至 2022 年，黄河干流山东段连续 7 年实现国控断面Ⅱ类水体比例 100%，6 个国控断面优良水体比例首次达到 100%。

三是持续向重要生态区域补水。1972～1999 年的 28 年，黄河有 22 年出现断流，其中 1997 年断流 226 天，断流河道 704 千米，从入海口一直上延至河南开封。为缓解下游断流形势，黄河水利委员会从 1999 年开始实施黄河水量统一调度，自 2002 年起启动黄河调水调沙，自 2008 年起实施生态调度，此后至 2022 年的 15 年累计向黄河三角洲国家级自然保护区、乌梁素海生态补水 12.49 亿立方米、36.48 亿立方米。2019 年启动的引黄入冀补淀工程年可向白洋淀补水 1.1 亿立方米。至 2023 年，黄河已实现连续 23 年未断流。

4. 幸福安澜黄河建设取得新成绩

流域上中下游地区把系统治理综合治理和居民增收致富结合起来，在治沙防洪的同时，持续巩固拓展脱贫攻坚成果。

一是通过信息技术运用和多部门联动有效提升应对洪涝灾害的能力。2021年郑州市"7·20"特大暴雨灾害中，通过运用数字智能等手段进行动态监测、实时分析，及时调度盘石头水库、白沙水库等的下泄流量，跨流域协同调度宿鸭湖、出山店等20多座大中型水库，蓄滞结合，拦洪削峰，在险情面前赢得主动，多部门联动开展监测预报、抢险救灾和恢复重建工作，经受住了特大洪水冲击。

二是中游加快推进淤地坝建设和坡耕地治理。截至2023年6月，黄土高原地区共有淤地坝约5.8万座，其中，大中型坝约1.8万座。累计拦截泥沙74亿吨，淤成坝地128.7万亩，70%的坝地已成为水肥条件较好的农田，亩均产粮350~500千克。同时，近1万座淤地坝以坝代路，方便了当地群众出行。统筹推进坡耕地治理与农业转型，部分地区结合配套建设蓄水池、水窖、排灌沟渠以及坡面水系等小型水利水保工程，在改善生态同时培育了特色产业，如甘肃定西土豆、静宁苹果等，榆林高西沟、定西花岔等特色小流域及庄浪、彭阳梯田等亮丽风景线。

三是下游持续推进滩区治理。河南推进黄河堤防建设、河道整治、滩区治理，已建成501千米标准化堤防、98处控导工程，完成30万滩区居民迁建任务，同时积极发展富民产业，确保群众搬得出、稳得住、能致富。山东自2017年投入超370亿元，全面启动涉及济南、淄博、东营、济宁、泰安、滨州、菏泽七个市，17个县共60.62万人的黄河滩区居民迁建工作，因地制宜设计了外迁安置、就近就地筑村台、旧村台和临时撤离道路改造提升以及筑堤保护等五种迁建方式。

5. 水资源节约集约利用水平稳步提升

沿黄各省（区、市）坚持"以水定城、以水定地、以水定人、以水定产"，强化农业节水，推进非常规水利用，水资源节约集约利用取得新提升。

一是推动农牧业节水增效。2021年黄河流域亩均灌溉用水量比2019年下降11.6%。山东省2016~2021年农田有效灌溉面积从7742万亩增加到

8000 万亩左右，但农业用水量则较 2016 年减少了 7.6 亿立方米。宁夏"十三五"时期以来通过不断完善农田水利设施，推动高效节水用水，农业灌溉面积扩大 156 万亩，农业亩均灌溉用水量下降 31.6%，农田灌溉水有效利用系数提高了 11 个百分点。宁夏秦汉渠灌溉水量从 1997 年 17.65 亿立方米的峰值，下降至 2021 年的 10.19 亿立方米。

二是强化工业节水减排。2021 年黄河流域万元 GDP 用水量、万元工业增加值用水量分别比 2019 年下降 19.5%、35.6%。宁夏持续推进工业节水增效行动，至 2023 年 3 月全自治区重点用水行业规模以上节水型企业超过 90%，规模以上工业用水重复利用率达到 96.7%，万元工业增加值用水量下降到 21.3 立方米，优于全国平均水平。2022 年宁夏中国石化长城能源化工（宁夏）有限公司、银川经济技术开发区分获重点用水企业、园区水效领跑者。河南开展"水效领跑者"活动、推动节水技术装备升级改造，至 2021 年初全省计划或已开展工业污水资源化利用项目共计 44 个，总投资 17.4 亿元，规模以上工业用水重复利用率提高到 91%。

三是加快城镇节水降损。山东省全力推进城市排水"两个清零、一个提标"，截至 2022 年底，全省累计 34.4% 的城市污水处理厂完成提标改造，年利用城市再生水 32.09 亿吨，比 2021 年增长 1.04 亿吨，国家节水型城市数量达到 25 个，稳居全国首位。河南省深入贯彻落实《国家节水行动方案》，如期完成阶段性目标，截至 2022 年底，55 个黄河流域县（市、区）中 35 个达到节水型社会标准，达标率 62.5%。大力开展节水载体建设，山东省累计建成省级"节水型企业"184 家、"节水型单位"519 家、"节水型居民小区"296 个。

6. 产业绿色高质量发展取得新成效

随着黄河流域生态保护和高质量发展战略深入实施，黄河流域产业绿色化、低碳化转型步伐明显加快，粮食、能源生产保供功能更加突出，在国家产业发展和产业安全中的地位越发凸显。

一是粮食安全保障地位越发突出。黄河流域围绕小麦和玉米育种、高效节水农业、设施农业、畜禽改良等开展技术创新攻关和推广应用，农业科技进步贡献率不断提升，先后批复了陕西杨凌、山东黄河三角洲、山西晋中、内蒙古巴彦淖尔四个国家级农业高新技术产业示范区。2015~2020 年，流域粮食种植面积在全国占比上升 0.3 个百分点，粮食产量占比上升 1.3 个百分点。2020 年,黄河流域农副食品加工业、食品制造业规模分别达到 6937 亿元和 3449 亿元,在全国占比分别为 14.2% 和 17.9%。

二是能源安全保障地位不断提高。全国 14 个大型煤炭基地有 9 个分布在黄河流域,9 个以电力外送为主的千万千瓦级清洁高效大型煤电基地有 6 个分布在黄河流域。煤炭产量快速增长、高度集聚。2021 年,沿黄八省份原煤产量达到 32.6 亿吨,约占全国比重的 80%;沿黄八省份(不含四川)原油产量总计达到 6438.7 万吨,占全国的 1/3;天然气产量总计达到 782.7 亿立方米,约占全国的 38%;加快推进以沙漠、戈壁、荒漠地区为重点的大型风电光伏基地项目建设,风电装机约 1.50 亿千瓦,太阳能发电装机约 1.15 亿千瓦,占全国装机量比重分别达到 46% 和 38%。

三是在保障全国基础产品供应中发挥重要作用。黄河流域集聚了全国 100% 的煤制油、85% 的煤制烯烃、50% 的甲醇制烯烃项目,生产了全国 47.3% 的纯碱、44.2% 的化肥、32.0% 的初级塑料,生产了全国 24.1% 的生铁、23.0% 的粗钢和 21.4% 的钢材,铜、锌、铅产量约占全国的 1/3,铝产量约占全国的 2/3,镁产量约占全国的 85%,镍产量约占全国的 75%。

四是新兴产业快速发展。陕西、山东、河南、山西等省份新兴产业增加值年均增速达到或超过 10%。航空装备方面,仅陕西的行业资产规模、生产总值、人才总量和科技成果等占全国比重均超过 1/3,西安阎良承担了大型运输机、轰六系列、飞豹系列、运 20 等重点型号研制生产任务,形成了国内主要机型飞机总装能力。在数字经济方面,沿黄各省份计算机等电子信息产业规模扩大,在全国占比以及在黄河流域工业总体占比都在提升,分别从 2015 年的 5.4% 和 2.5% 提升至 2020 年的 5.9% 和 4.9%。2021 年山东、河南两省份数字经济规模超过 1 万亿元,陕西、甘肃、山西、内蒙古等省份数字经济发展速度超过全国平均水平。在医药制造方面,2020 年,黄河流域医药制造业生产规模达 3050 亿元,全国占比达 12.2%,主要集中在山东(6.1%)、陕西(2.5%)、河南(1.8%),2022 年全国生物医药产业园区百强榜中有 17 家园区位于沿黄省份。

(二)黄河流域生态保护和高质量发展存在问题

也应看到,黄河以有限的水资源和脆弱的生态系统支撑全流域多年来的粗放式发展模式，复杂的水沙关系加剧了生态治理难度，历史"欠账"多、治理能力不足导致黄河流域仍突出存在生态脆弱区分布面积广大、水资源供需矛盾和水环境风险仍突出以及产业绿色化高端化发展相对滞后等突出问题。

1. 生态脆弱区分布面积广大、类型众多

中上游荒漠化、沙漠化土地集中分布，区域气候干旱异常，年降水量最低仅为 200 毫米，黄土高原地仍有 23 万平方千米水土流失面积有待重点治理。水沙关系失调导致上游宁蒙河段淤积形成新悬河，下游地上悬河长近 800 千米，局部河段发育出"二级悬河"，近 300 千米游荡型河段风险突出，危及防洪大堤安全。下游滩区防洪工程与经济发展冲突明显，"人水争地"现象普遍，河道行洪受影响严重。现有水沙调控体系尚未发挥出整体合力，下游防洪工程建设短板明显，小浪底—花园口区间尚存 1.8 万平方千米无工程控制区，洪水预见期短。

2. 水资源供需矛盾和水环境风险突出

黄河水资源总量仅占全国 2%，全域人均水资源量 530 立方米，远低于国际现行严重缺水标准（1000 立方米/人），流域水资源开发利用率高达 80%，已远超一般流域生态警戒线。部分地区仍存在水资源粗放利用现象，农田实际灌溉面积还不足设计面积的 30%，灌区中仍然存在着大量的中低产田，宁夏、内蒙古河套灌区和下游引黄灌区漫灌用水量占总灌溉用水量的 80% 左右。能源产业耗水约占黄河流域工业耗水的 1/3，流域煤炭耗水量达 51 亿立方米，煤电行业耗水量也高达 13 亿立方米，现代煤化工行业用水总量约为 5.3 亿立方米/年，尤其是宁夏、内蒙古、陕西、山西地区用水量偏高，占黄河工业用水的比例达 9%～18%。

3. 产业绿色化高端化发展相对滞后

采掘业和资源初加工产业结构单一且占比过高，在黄河流域 76 个地级市中，有 38 个是资源型城市，比重高达 50%。产业结构呈现明显的重化工倾向，截至 2020 年底，黄河流域煤化工产业碳排放量占全国同行业碳排放总量 70% 以上。新兴产业处于起步阶段，多数省份新兴产业规模较小且缺乏具有行业领军企业，即使是相对领先的陕西和河南（因山东省经济相对发达的胶东半岛地区不在黄河流域，所以此处未考虑山东省），2020 年高技术制造业增加值占规模以上工业增加值的比重分别为 9.7% 和 10%，低于全国平均水平 4.2 个和 3.9 个百分点。创新平台载体偏少，在全国 168 个国家高新技术产业开发区中，黄河流域 76 个地级市只有 32 个，占全国的 19%，在全国 23 个国家自主创新示范区，黄河流域 76 个地级市只有 4 个，占全国的 17%。

（三）黄河流域生态保护和高质量发展未来展望

进入新发展阶段，黄河战略在水资源利用、生态环境保护、发展方式转变、文化保护传承等方面也有更高要求。要围绕生态保护和高质量发展这两大关键主题，强化关键领域举措创新和落实，为扎实推进黄河流域生态保护和高质量发展提供坚实保障。

1. 加快提升黄河流域水资源高效利用水平

把水资源作为最大的刚性约束，坚持以水定城、以水定地、以水定人、以水定产，严格用水总量控制，统筹生产、生活、生态用水，大力推进农业、工业、城镇等领域节水。

一是优化黄河"八七"分水方案。坚持生态优先，在总体上保持黄河"八七"分水方案稳定的情形下，结合当前沿黄各省（区、市）生态现状及经济发展情况，进行"大稳定、小调整"。随着南水北调东、中两线的通水以及入黄泥沙的减少，考虑将分配给海河流域和淮河流域的部分水量以及预留冲沙水量中的部分水量，调剂给黄河流域缺水省份。鼓励下游地区更多使用南水北调东线和中线工程供水，腾出适当水量用于增加生态流量和保障中上游省份生活等基本用水需求。

二是研究开展水权交易试点。结合优化后的黄河分水方案，在严格控制用水增量的前提下，探索黄河流域节约或节余水权的市场配置机制，逐步建立黄河流域统一的水权交易系统，引导开展集中交易，并将水权交易逐步纳入公共资源交易平台体系，推广合同节水管理模式。

三是构建大水网增强流域水资源调配能力。推动沿黄各省（区、市）要构建省（区）、市、县三级水网，进一步提高水资源供给质量、效率和水平，切实提高水资源要素与其他社会经济要素的适配性，大幅增强区域水资源调控保障能力，有效保证黄河上中游地区的生活用水、重点城市群和关键区域的工业用水，以及现代农业和流域内河流生态用水。

2. 因地制宜推进上中下游差异化生态保护

应充分考虑上游、中游、下游的差异，在黄河源头及上游以恢复和稳定生态系统为主要，在中游加强水土流失防治和污染治理，使经济建设与生态保护同步进行，在下游注重推动集约集聚发展，推动实现新旧动能转换、高质量发展。

一是加大对生态环境脆弱的上游地区的生态保护监管。加强对三江源、祁连山、甘南山地等重要水源涵养生态功能区的保护监管，强化对毁林开荒、无序采矿、过度放牧等行为的限制与管控，引导要求其在严守开发红线的前提下合理进行产业布局。针对河套灌区、汾渭平原等粮食主产区，有序推动退耕还林还草，降低自然环境压力。大力优化农业结构，引导上游地区农业专业化、规模化和现代化发展，切实提高农业生产效率与发展质量。

二是加大对自然资源相对密集的中游地区的污染治理监管。强化水土保持及污染治理，加强水库建设管理、修筑梯田、治沙防洪，积极防止水土流失。着力降低中游地区企业生产对生态环境的负面影响，有针对性地加大对污染严重支流及重点区域的污染治理力度。进一步增强能源开发利用和调配能力，积极培育接续替代产业。自然资源密集的中游地区应加快传统产业升级步伐。

三是鼓励引导地理区位优越的下游地区进行集聚集约发展。重点加强对河南、山东等下游地区开发区的建设布局，进一步明确开发区功能定位，引导企业入园入区集聚发展，提升园区基础设施和公共服务水平，指导推进内部企业开展节水型器具（设施设备）及供水管网改造、实施串联用水、使用非常规水源、实施"智慧节水"数字化改造等工作。重点做好黄河三角洲高效生态经济区的经济开发与生态保护协调工作。

3. 加大流域科技创新资源布局力度

发挥创新的核心驱动作用，通过创新驱动推进黄河流域传统产业的改造升级和战略性新兴产业培育壮大，完善黄河流域产业创新绿色发展的激励机制，支撑黄河流域高质量发展。

一是建设高能级创新平台。支持郑洛新国家自主创新示范区、兰白国家自主创新示范区、山东半岛国家自主创新示范区建设提质增效，研究建设呼包鄂国家自主创新示范区。发挥杨凌农业高新技术产业示范区、山东黄河三角洲农业高新技术产业示范区、山西晋中国家农业高新技术产业示范区、内蒙古巴彦淖尔国家农业高新技术产业示范区示范作用，加强农业科技自主创新、集成创新和推广应用。推动有条件的地区全面提升与京津冀、长三角、粤港澳大湾区等创新高地合作水平，支持宁夏建设东西部科技合作示范区和协同创新共同体。

二是聚焦前沿技术加强科技攻关。支持西安、济南、郑州、兰州、呼和浩特等地发挥科研资源集聚优势，开展量子科学、脑科学、合成生物学及深海科学等重大原创性研究，在高端装备、新能源、新材料、新一代信息技术、人工智能、现代海洋、现代农牧业、生态环保等重点产业领域组织实施重大关键技术攻关项目。依托第二次青藏高原科考，加强气候变化、生态系统变迁对黄河流域影响的研究，积极做好成果转化应用。深入开展节水、生态修复、污染治理、循环经济、清洁生产等领域应用研究。

三是完善科技成果高效转化平台体系。鼓励沿黄地区建设国家科技成果转移转化示范区。围绕传统产业转型升级和新兴产业培育的重点领域、关键环节，依托高校、科研院所和重点企业，组建一批产业创新中心、技术创新中心、工程研究中心等产学研转化平台，支持建设专业小试、中试与检验检测基地。大力发展技术交易服务，组建黄河流域技术转移联盟，布局建设一批技术转移机构。加快完善科技成果转化配套政策措施，深化科技成果使用权、处置权和收益权改革。完善科技金融和投融资支持体系，支持设立科技成果转化引导基金。

4. 加快建设特色优势现代产业体系

立足资源、要素禀赋和发展基础，实现能源化工业和装备制造业转型发展，加快培育机器人、新能源装备、航空航天装备、新材料、电子信息等新兴动能，构建有地域特色的现代产业体系，推动流域实体经济绿色崛起。

一是能源化工产业科学适度发展。推动产业结构调整，结合碳达峰和碳中和要求，科学调控石油化工、煤化工等传统化工行业产业规模，有序推进炼化项目"降油增化"。动态更新石化行业鼓励推广应用的技术和产品目录，加快以先进适用技术改造提升烯烃、芳烃原料结构，加快煤制化学品、煤制油气向高附加值产品延伸。统筹项目布局，推进新建石化化工项目向资源环境优势基地集中，推动现代煤化工产业示范区转型升级。持续推进城镇人口密集区危险化学品生产企业搬迁改造。引导化工项目进区入园，推动化工园区规范发展。

二是促进钢铁产业安全稳定发展。坚决遏制钢铁冶炼项目盲目建设，严格落实产能置换、项目备案、环评、排污许可、能评等法律法规、政策规定，不得以机械加工、铸造、铁合金等名义新增钢铁产能。鼓励钢铁冶炼项目依托现有生产基地集聚发展。引导企业开发高品质特种钢、核心基础零部件用钢等关键品种，重点发展高品质特殊钢、高端装备用特种合金钢、核心基础零部件用钢等小批量、多品种关键钢材，加速推动汽车用钢、矿山用钢、储氢用钢等高品质特殊钢产品的市场推广和应用。

三是积极培育新兴产业新增长点。以轨道交通装备、机器人、新能源装备、高档仪器设备、航空航天等基础好、潜力大的新兴高端装备为重点，加快壮大高端制造业发展新动能。推动黄河流域机床及基础制造装备、石油化工装备、工程机械、农机装备等传统优势装备制造业向智能化、高端化转型。把握新兴产业重点领域需求，积极发展精深加工和高附加值新材料品种，重视布局石墨烯、增材制造材料、纳米材料、超导材料、极端环境材料等颠覆性和原创性领域。构建特色电子信息制造产业集群，依托国家"东数西算"工程，加快发展大数据与云计算产业。加快推动现代中药传承发展。

5. 深入推进黄河文化保护传承各项工作

习近平总书记指出，要深入挖掘黄河文化蕴含的时代价值，讲好"黄河故事"，延续历史文脉，坚定文化自信，为实现中华民族伟大复兴的中国梦凝聚精神力量。明确了黄河文化保护传承弘扬的初心使命，各项工作都要秉持这一初心使命。

一是加快建设黄河国家文化公园。加强文物和文化遗产保护传承，严格落实保护为主、抢救第一。分类建设管控保护、主题展示、文旅融合、传统利用四类重点功能区，形成"一廊引领、七区联动、八带支撑"总体空间布局。建设一批能够体现中华民族根与魂的山水文化景观和标志性文化遗产，加快建设黄河文化博物馆、黄河流域非物质文化遗产保护展示中心、黄河悬河文化展示馆等，打造民族性世界性兼容黄河文化名片。

二是深入挖掘黄河文化中蕴含的文化价值。社会主义先进文化、革命文

化、中华优秀传统文化在黄河文化中均有丰富体现，例如在黄河之滨繁衍生
存表现出的吃苦耐劳、坚韧不拔精神；以水为师、道法自然的天人合一精神；
开疆扩土、民族融合过程中的兼容并蓄特质；黄河保护治理过程中的方略演
变、科技进步以及以人民为中心的治理理念等。系统梳理、挖掘黄河文化中
的时代价值，是坚定文化自信的重要举措。

三是加强黄河文化国际传播。黄河文化是中华文明乃至人类文明的重要
标志，黄河保护治理是推动中外文明交流互鉴的重要通道。要立足黄河文化
提炼中华文明的精神标识和文化精髓，向全球宣介中华文明的优秀基因，打
造对外文化交流铭牌和窗口，为提升黄河文化影响力，构建中国话语和叙事
体系、深化人类命运共同体的理论基础提供支撑。

参 考 文 献

［1］瓣瓣同心共谋发展京津冀经济总量突破 10 万亿——数说京津冀协
同发展九年成效系列之一 ［EB/OL］.（2023 - 02 - 20）［2023 - 06 - 01］.
http：//tjj. beijing. gov. cn/zxfbu/202302/t20230220_2920149. html.

［2］房珊杉. 北京市制造业高质量发展研究 ［J］. 北方经济，2022，411
（2）：34 - 37.

［3］工信部赛迪研究院. 《长三角 G60 科创走廊建设方案》二〇二二年
阶段性评估报告 ［R］. 2022 - 11.

［4］郭叶波，夏成，张舰. 后疫情时代提升长三角地区汽车产业链发展
韧性研究 ［J］. 中国物价，2023（6）：46 - 49.

［5］郭叶波. 长三角一体化发展同共建"一带一路"统筹衔接的战略思
考 ［J］. 中国物价，2023（10）：46 - 49.

［6］国家发展改革委关于印发浙江高质量发展建设共同富裕示范区第一
批典型经验的通知.

［7］国家工业信息安全发展研究中心. 2022 长三角数字经济发展报告
［R］. 2023 - 04.

［8］国家网信办. 数字中国发展报告（2021 年）［R］. 2022 - 07.

[9] 坚持高质量发展创新驱动力增强——数说京津冀协同发展九年成效系列之二 [EB/OL]. (2023 - 02 - 20) [2023 - 06 - 01]. http：//tjj. beijing. gov. cn/zxfbu/202302/t20230220_2920160. html.

[10] 江苏省科技战略研究院. 江苏支撑国家科技自立自强战略路径的思考 [R]. 2021 - 12.

[11] 刘保奎，郭叶波，张舰，等. 长三角地区服务引领新发展格局的战略重点 [J]. 宏观经济管理，2022 (2)：21 - 28.

[12] 刘志强. 推动长三角一体化发展不断取得新成效 [N]. 人民日报，2023 - 06 - 16 (006).

[13] 马征远，刘樱霞，王琼，等. 新发展格局下长三角产业链协同发展的挑战及应对 [J]. 科技导报，2022，40 (17)：15 - 23.

[14] 推动北京市通州区与河北省三河、大厂、香河三县市一体化高质量发展——国家发展改革委负责同志答问 [EB/OL]. (2023 - 01 - 29) [2023 - 06 - 01]. https：//www. gov. cn/zhengce/2023 - 01/29/content_5739 077. htm.

[15] 武义青，冷宣荣. 京津冀协同发展八年回顾与展望 [J]. 经济与管理，2022，36 (2)：1 - 7.

[16] 习近平在河北考察并主持召开深入推进京津冀协同发展座谈会 [EB/OL]. (2023 - 05 - 12) [2023 - 06 - 01]. https：//www. gov. cn/yaowen/liebiao/202305/content_6857496. htm.

[17] 浙江省发展改革委 (省委社建委) 督导处、浙江省发展规划研究院社会所. 浙江共同富裕试点的创新实践路 [J]. 浙江经济，2023 (6)：50 - 53.

[18] 重点领域率先突破协同发展战略格局日渐清晰——数说京津冀协同发展九年成效系列之三 [EB/OL]. (2023 - 02 - 21) [2023 - 06 - 01]. http：//tjj. beijing. gov. cn/zxfbu/202302/t20230221_2920694. html.

[19] 重点区域加速协同彰显示范引领效果——数说京津冀协同发展九年成效系列之四 [EB/OL]. (2023 - 02 - 22) [2023 - 06 - 01]. http：//tjj. beijing. gov. cn/zxfbu/202302/t20230222_2921508. html.

第三篇

区域协调发展战略

一、西部大开发

2000 年 1 月,国务院西部地区开发领导小组首次召开西部地区开发会议,研究提出加快西部地区发展总体方案,西部大开发战略框架初步形成。2010 年 10 月,国务院发布的《国务院关于实施西部大开发若干政策措施的通知》,为西部大开发战略后续推进奠定了政策保障。2002 年,国家计委、国务院西部开发办联合发布了《"十五"西部开发总体规划》,标志着西部大开发战略正式进入实施阶段。在西部大开发战略实施过程中,国务院、国家发展改革委陆续提出了多个政策性文件和五年发展规划。

经过 20 多年的持续推进,西部地区经济社会发展取得了显著成效,为决胜全面建成小康社会奠定了坚实基础,扩展了国家发展的战略回旋空间。同时受自然本底条件差、经济基础薄弱、基础设施网络不完善等因素的制约,西部地区经济社会发展仍面临诸多矛盾和问题。

进入新发展阶段,党中央高度重视西部地区发展的可持续性,出台了《中共中央国务院关于新时代推进西部大开发形成新格局的指导意见》,为推进西部地区与全国同步实现社会主义现代建设目标,注入了新动力。

（一）西部大开发主要成效

1. 经济地位稳步提高

西部大开发战略实施以来，西部地区经济发展有了明显起色，在全国区域经济格局中地位稳步提高。2000 ~ 2021 年，西部地区 GDP 总量由 16654.62 亿元增长到 239710.1 亿元，扩大了 13.4 倍。GDP 全国占比由 2000 年的 16.81% 提高到 2021 年的 21.15%。在金融危机期间，西部地区逆势而上，在全国 GDP 占比冲到 21.58%，对我国抵御金融危机做出了突出贡献（见图 3 - 1）。

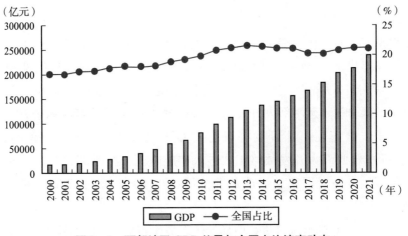

图 3 - 1　西部地区 GDP 总量与全国占比演变动态

从增长速度来看，从"十五"时期到"十三五"时期，西部地区经济增长速度一直领先全国平均水平 2 个百分点左右。在"十二五"期间，我国经济发展进入调整期，增长速度有所回调，西部地区经济发展也进入调整路径，增长速度相比前两个五年计划明显回落。

经过 20 多年的发展，西部地区内部发展格局也有所调整。2000 年，西部地区经济总量从大到小的排列次序是四川、广西、云南、陕西、重庆、内蒙古、新疆、贵州、甘肃、宁夏、青海、西藏；2021 年，西部地区经济总量从大到小的排列次序是四川、陕西、重庆、云南、广西、内蒙古、贵州、新疆、甘肃、宁夏、青海、西藏。第一位和后四位省份位序一直保持稳定，第二位到第八位省份位序变化较为明显。

2. 投资拉动成效显著

随着西部大开发战略的全面展开，西部地区固定资产投资步入快速增长轨道，对于拉动西部地区乃至全国经济发展均发挥了巨大作用。2000～2021年西部地区固定资产投资由6110.72亿元增长到202036.6亿元，总规模扩大了32倍，远超GDP规模扩大幅度，显示出明显的投资拉动特征。固定资产投资全国占比由2000年的18.56%提高到2021年的36.54%，堪称此阶段我国投资扩展最为强劲的区域。进入2017年以来，西部地区固定资产投资在全国占比一直稳定在36%以上的水平（见图3-2）。

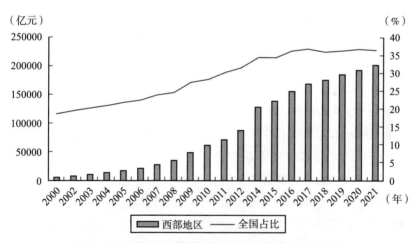

图3-2　西部地区固定资产投资与全国占比演变动态

从增长速度来看，2000～2021年西部地区固定资产投资年增长速度高达18.13%，比全国同期平均水平高出近4个百分点。西部地区固定资产投资增长格局显示出相对明显的分化现象。2000～2021年，西部地区只有广西、陕西、贵州、重庆、云南五个省份固定资产投资增速在区域平均水平之上，其他七个省份固定资产投资增速均未达到区域平均水平，甘肃、宁夏、新疆此阶段固定资产投资增速仅略高于全国平均水平，是西部地区投资增长相对乏力的省份。

3. 居民生活明显提升

西部地区区域经济的持续发展不仅有效拓展了我国宏观经济发展的战略空间，更为居民生活条件的稳步改善奠定了坚实基础。统计数据显示，2000～2021 年，西部地区城镇和农村居民人均可支配收入分别从 5846.21 元、1661.03元增长到 40582.2 元、15608.2 元，21 年间分别扩大了 5.9 倍和 8.4 倍。同时，西部地区城镇和农村居民人均可支配收入与全国平均水平的相对差距也明显缩小，占全国平均水平的比例分别从 2000 年的 67.39%、73.31% 提高到2021 年的 85.59%、82.45%。值得关注的是，2017 年以来，西部地区城镇居民可支配收入超过了东北地区，与中部地区几乎是并驾齐驱。

在城乡居民收入不断增长的同时，近年来西部地区精准脱贫攻坚战也取得重大战果。目前，西部地区农村贫困人口大幅减少，贫困发生率已经下降到 10% 以下。"两基"攻坚计划如期完成，"两基"人口覆盖率达 100%。农村三级卫生机构建设稳步推进，新型农村合作医疗制度参合率明显提高；覆盖城乡的社会保障体系初步建立，社会保障覆盖面不断扩大。

4. 外向经济持续拓展

西部大开发战略的深入实施不仅促进了西部地区的资源开发和区域市场开拓，也为融入国际市场提供了机遇。"一带一路"倡议的顺利推进，使西部地区外向型经济发展出现了新起色。2000～2021 年，西部地区进出口总额、进口额、出口额始终保持强势增长势头，年均增长幅度均超过 32%，高于全国平均水平、东部地区近 6 个百分点，高于东北地区 10 个百分点左右，与中部地区基本持平。在西部大开发"10 + 2"的省份格局中，重庆、四川、广西、云南、陕西的外向型发展优势更为明显，进出口增长速度明显高于西部地区平均水平。

对外贸易的高速增长带动了外商投资的涌入。2000～2021 年西部地区外商投资企业数量从 15732 家增长到 54839 家，在全国占比达到 8.26%，提高一个百分点；外商投资企业投资额从 496 亿美元增至 19270 亿美元，在全国占比达 10.73%，提高 4.7 个百分点。

5. 发展差距趋于缩小

缩小东部、西部之间的发展差距，是实施西部大开发战略的重要目标。

经过 20 多年的不断发展，西部地区经济实力持续增强，其他区域发展差距总体上趋于缩小，甚至出现"反超"。

2000 年，西部地区人均 GDP 为 4687 元，占全国平均水平、东部地区、中部地区、东北地区比重分别为 67.28%、41.25%、83.24%、51.26%，在四大板块中处于垫底状态。2021 年，西部地区人均 GDP 提高到 62619 元，占全国平均水平、东部地区、中部地区、东北地区比重分别提高到 77.34%、59.85%、91.23%、109.38%，"反超"东北地区。

6. 交通网络不断完善

西部大开发战略实施初期，交通基础设施网络建设就成为投资建设的重点领域。随着重点交通项目的陆续建成，西部地区交通运输网络不断拓展加密，空间可达性大幅提升。

党的十八大以来，我国西部地区交通发展按下了"快进键"。到 2021 年底，西部铁路营业里程已经超过了 6 万千米，占全国比重超过 40%，高铁已连接西部大部分省会（首府）城市和 70% 以上的大城市。

公路方面，"五纵七横"国道主干线西部路段于 2010 年就已全面建成，基本形成了以大城市为中心、中小城市为支点的路网骨架。到 2021 年底，公路通车总里程达 226.61 万千米，占全国公路总里程的 42.9%，其中，高速公路 6.986 千米，占全国高速公路总里程的 41.3%。

航空方面，重庆、成都、西安、昆明、贵阳、拉萨、西宁、银川、乌鲁木齐、呼和浩特、南宁、桂林等重点城市干线机场建设布局基本完成，截至 2020 年底，西部地区拥有民用机场 124 个，占全国比重达 51.45%，成为我国机场布局最集中区域。

7. 生态屏障得到巩固

西部大开发战略实施 20 多年来，西部地区生态环境建设取得长足进展，退耕还林、天然林保护、京津风沙源治理、退牧还草等生态工程先后实施，林草植被恢复增加，水土流失逐步减少，风沙危害不断减轻，长江上游、黄河上中游等重点流域生态环境明显改善。目前，西部地区设立了 37 个生态文明先行示范区，生态补偿机制初步建立。退耕还林还草面积累计超过 1.26 亿亩，森林覆盖率进一步提高。草原、湿地等重要生态系统得到有效保护和恢复，地区生态环境明显改善，国家生态安全屏障功能得到进一步强化。

8. 东西合作全面推进

在西部大开发战略实施初期，国家启动了西气东输、西电东送等一批具有重要影响的能源供应工程，对东部沿海地区能源安全保障具有重要意义。随着西部地区发展空间的不断拓展，东部地区人才、投资等向西部地区流动的规模不断扩大，为西部地区发展提供了充足动能。经过多年的实践探索，东西部间产业转移承接顺利推进，形成了"东部企业＋西部资源""东部市场＋西部产品""东部总部＋西部基地""东部研发＋西部制造"等多种模式。在此前的脱贫攻坚战中，东部经济相对发达的江苏等九省份，对口帮扶西部经济相对欠发达地区，通过优化东西部资源配置，极大地推动了西部欠发达地区经济社会的快速发展。

（二）西部大开发存在的问题

1. 城镇化滞后

西部地区目前城镇化率为 58.25%，比全国平均水平仍低 6 个百分点，是四大板块城镇水平最低区域。其中，广西、云南、贵州、甘肃四省份的城镇化率比全国平均水平低近 10 个百分点，西藏的城镇化率比全国平均水平低近 30 个百分点。城镇化相对滞后，在一定程度上影响了城乡关系格局，形成了明显二元结构特征。2021 年，西部地区城乡收入比为 2.6∶1，在四大板块中最高，是我国二元结构最具代表性的区域。从省域视角来看，我国城乡收入比前 7 位的省份都在西部地区。在未来较长时期，推进西部地区城镇率进程、缩小西部地区城乡差别，仍任重道远。

2. 节能减排压任务艰巨

西部地区多数省份工业结构以重工业为主，具有高消耗、高排放特征。根据统计数据，2020 年西部地区 GDP 占全国比重为 21%，但化学需氧量、氨氮、二氧化硫、氮氧化物排放量全国占比分别为 31%、32%、44%、29%，用电量全国占比为 29%，均明显高于 GDP 全国占比。在遵循国家现有产业目录中的鼓励类产业目录基础上，西部各省（区、市）各具特色制定了鼓励类产业目录。预计在今后一段时期，将有大批重化工产业新项目落地西部地区，西部地区未来节能减排压力将持续加大，节能减排形势更为复杂。

3. 地方财力薄弱未根本扭转

2021 年西部地区人均财政收入为 5709 元，虽然略高于中部地区和东北地区，但仍低于全国平均水平。当前，西部地区人均财政收入占全国平均水平和东部地区比重分别为 72% 和 50%，地方财力薄弱状态仍没有得到根本扭转。在西部地区 "10 + 2" 省份中，仅内蒙古人均财政收入高于全国平均水平，其他 11 省份人均财政收入均低于全国平均水平。其中，广西人均财政收入全国最低，仅为全国平均水平的 45%；甘肃人均财政收入处于全国倒数第二位，为全国平均水平的 51%。

4. 数字基础设施发展能力弱

根据工信部研究机构测算结果，大多数西部省份数字基础设施指数明显落后于广东、江苏、浙江、福建、山东、北京、上海等东部沿海省份。除四川外，其他 11 个西部省份数字基础设施指数均在全国平均水平之下，其中大部分西部省份数字基础设施指标不及广东省数字基础设施指数的 1/2，部分西部省份数字基础设施指数不及广东省的 1/3。

数字经济既是驱动我国经济高质量发展的新引擎，又是区域竞争的 "新赛道"。数字基础设施发展能力的不足，可能会成为影响东西部区域协调发展的新因素。

5. 产业层次偏低

西部地区资源型产业占比高，以传统煤、钢、电、化和农副产品加工为主体，产业链条短，资源加工深度和综合利用程度低。西部地区主导产业多处于价值链中端，竞争优势不明显。西部地区多数省份高新技术产业发展滞后，是区域产业体系现代化的主要短板。2021 年，西部地区高新技术产业营业收入占地区规模以上工业营业收入比重为 13%，比全国平均水平低 3 个百分点，比东部地区低 6 个百分点。在西部地区 12 个省份中，只有重庆、四川高新技术产业发展状态高于全国平均水平，其他省份与全国平均水平差距十分明显。

6. 创新能力有待增强

西部地区有研发机构的企业占比为 10.61%，比全国平均水平、东部地区和中部地区分别低 13 个、19 个、8 个百分点，略高于东北地区。西部地区新产品销售主营业务收入占比仅为 9.81%，比全国平均水平、东部地区、中部地区、东北地区分别低 7 个、10 个、5 个、4 个百分点。整体上来看，西部地区创新乏力现象仍比较突出。

创新投入相对不足，是西部地区创新乏力的一个重要原因。2006～2021年，除陕西外，西部地区其他省份研发投入强度均低于全国平均水平，其中多数省份与全国平均水平的差距仍然比较明显。与北上广等东部省份比较，差距更大（见表 3 – 1）。

表 3 – 1　　　　　西部地区研发投入强度与全国对比演变动态　　　　单位：%

地区	2006年	2010年	2011年	2012年	2013年	2014年	2015年	2016年	2017年	2018年	2019年	2020年	2021年
全国	1.42	1.76	1.84	1.91	2	2.02	2.06	2.1	2.12	2.14	2.24	2.41	2.43
陕西	2.24	2.15	1.99	2.03	2.15	2.11	2.2	2.2	2.15	2.22	2.27	2.42	2.35
重庆	1.06	1.27	1.28	1.38	1.35	1.38	1.54	1.68	1.82	1.9	1.99	2.11	2.16
四川	1.25	1.54	1.4	1.47	1.51	1.56	1.66	1.69	1.68	1.72	1.88	2.17	2.26
贵州	0.64	0.65	0.64	0.62	0.59	0.6	0.59	0.62	0.7	0.79	0.86	0.91	0.92
云南	0.52	0.61	0.63	0.62	0.62	0.61	0.73	0.81	0.85	0.9	0.95	1	1.04
西藏	0.17	0.29	0.19	0.25	0.28	0.25	0.3	0.19	0.21	0.24	0.26	0.23	0.29
甘肃	1.05	1.02	0.97	1.12	1.11	1.18	1.26	1.26	1.2	1.2	1.26	1.22	1.26
青海	0.52	0.74	0.75	0.86	0.8	0.78	0.58	0.62	0.73	0.63	0.7	0.71	0.8
宁夏	0.7	0.68	0.73	0.86	0.9	0.96	0.99	1.08	1.22	1.3	1.45	1.52	1.56
新疆	0.28	0.49	0.5	0.54	0.54	0.53	0.56	0.59	0.51	0.5	0.47	0.45	0.49
内蒙古	0.34	0.55	0.59	0.97	1.03	1	1.05	1.07	0.89	0.8	0.86	0.93	0.93
广西	0.38	0.66	0.69	0.86	0.87	0.82	0.72	0.73	0.8	0.74	0.79	0.78	0.81

（三）西部大开发展望

2019 年 3 月，中共中央、国务院通过《中共中央国务院关于新时代推进西部大开发形成新格局的指导意见》，为西部大开发战略的深入推进提供了新的政策支持。推动西部地区由前期的数量型增长向质量型增长转变，是新一轮西部大开发重要的政策目标。在新发展阶段，西部地区需要深入调整发展思路，围绕区域发展的规律和国家政策要求，选准突破口，明确主攻方向，努力化解影响西部地区可持续发展的短板制约。

1. 强化新基础设施建设

经过 20 多年的大规模建设，西部地区交通、能源、水利、市政等传统基础设施保障水平有了显著提升。但是新基础设施建设规模与东部地区仍存在明显差距，是制约西部地区高质量发展的新短板。在新发展阶段，西部地区应加强以数字基础设施为代表的新型现代化基础建设，大力提高大数据、5G、区块链、新一代互联网新基础设施供给能力，为数字经济、智能制造、网络经济等新业态发展提供支撑。

在国家层面，应坚持均衡普惠原则，加大对西部地区数字化转型支持力度，推动区域间"数字红利"共享，不断缩小区域"数字鸿沟"。国债资金应加大对西部地区数字基础设施建设支持力度，支持西部省份高起点规划 5G基站、工业互联网、物联网等新基础设施网络。充分发挥长三角、珠三角和京津冀地区数字转型先发优势，引导三个地区主要城市与中西部地区主要城市建立对口协作机制，通过数字产业对接和数字平台共建，带动西部地区共享"数字红利"。

2. 加快提升创新发展能力

区域推进创新发展的前提是加大创新投入和强化人才保障。在新一轮西部大开发中，西部地区各级政府应高度重视创新投入和人才保障的重要性，加快完善相关制度体系。首先，西部地区应进一步优化人才政策环境，扭转人才外流趋势。深入落实中共中央《关于深化人才发展体制机制改革的意见》精神，积极构建特殊的研发人才引入渠道，探索稳定队伍、激活存量的有效措施，逐步提高西部地区人才保有水平。务实推进西部地区人才发展体制改革，研究制定研发人才的收入激励政策。其次，政府引导与市场主导并重，提高西部地区研发投入水平。充分发挥政府财政科技支出的引导作用，完善相关政策体系，切实为利用市场机制配置研发资源创造条件，为西部地区市场主体、科研院所、高校的研发活动提供充分的资金保障，尽快扭转西部地区研发投入强度长期低于全国平均水平的状态。

3. 全方位推进区域协作

西部大开发战略实施 20 多年来，西部地区与东部地区在能源保障、产业转移承接、脱贫攻坚等领域的协作取得实质性进展，东西部地区发展差距出现了缩小趋势。

在新一轮西部大开发中，西部地区在东西部协作领域应积极作为，推进东西部地区协作再上新台阶。西部地区各省份要结合新时期国家区域发展重大战略部署，发挥自身资源优势、产业基础优势和市场优势，主动对接长三角、粤港澳、京津冀等重要城市群，强化与长江经济带沿线城市全方位合作。挖掘拓展中部地区投资新渠道及产业发展新空间，积极与上述地区开展创新共同体构建、飞地园区建设、销售网络布局等合作，借力锻造产业链供应链长板，补齐产业链供应链短板，为畅通国内大循环提供"西部方案"。

4. 推进高水平对外开放

西部地区开放发展要与国家"一带一路"倡议相配合，充分发挥自身优势、用好政策支持，持续强化与"一带一路"共建国家合作成果，为自身实现开放型经济发展创造广阔空间。借鉴"自贸试验区"开放模式，支持西部相关省份建设一批高水平开发试验区，增加西部地区对外交流渠道，加深西部地区与外商交流与合作程度，提高西部地区吸收外商直接投资水平。推动西部地区接轨国际制度规则，结合全球贸易投资规则标准体系的新变化，全面开展投资开放创新、区域合作创新、政府管理服务创新等一系列制度创新，建立具有西部特色的开放型经济新体制。依托西部地区主要省份对外投资合作基础，围绕产能合作、资源开发、技术输出等重点领域，设计一批重大合作项目。支持西部民营企业不断加强国际交流，走国际化发展道路，培育更多的跨国公司。

5. 提高生态环境承载能力

西部地区生态环境本底相对脆弱，承载能力有限。西部大开发战略实施20多年来，区域资源开发规模、基础设施建设规模、资源加工产业规模持续扩大，城镇化进程也在提速，对生态环境造成一定程度冲击和压力。在新一轮的西部大开发中，西部地区政府应以高质量发展为主线，树立绿色发展理念，不断加大生态环境保护与修复力度，优先规划建设一批环境治理基础，启动实施新一轮退耕还林工程，巩固和扩大退耕还林成果，推动形成全方位、多层次的生态文明示范建设格局。

二、东北全面振兴

东北在国家发展全局中具有重要战略地位，立足全面振兴、全方位振兴，新时代推动东北振兴各项工作是从维护国家国防安全、粮食安全、生态安全、能源安全、产业安全的战略高度系统谋划、统筹推进、整体实施、重点突破。东北全面振兴所取得的进展成效是多方面、多层面和全局性的，既体现在纵向维度走出困难时期、不断迈向新台阶，又体现在横向维度"不掉队"、与全国及其他地区发展保持基本同步。但同时也应该看到，东北地区发展还面临一系列突出矛盾和问题，推动东北全面振兴需要高度关注这些矛盾和问题并加以解决。

（一）东北全面振兴的进展成效

1. 推进东北全面振兴的体制机制和政策框架体系逐步建立健全

近年来，东北振兴工作机制不断完善，加快凝聚各方合力。按照党中央部署，中央统筹、省负总责、市县抓落实的东北振兴工作机制逐步建立健全，国务院振兴东北地区等老工业基地领导小组在研究审议重大政策和重点规划、协调解决重大问题、督促推进重大事项等方面发挥了重要的统筹领导作用。为进一步加强对东北振兴工作的统筹协调和督促落实，在国务院振兴东北地区等老工业基地领导小组下，东北振兴省部联席落实推进工作机制于 2021 年建立，增强了相关地方和部门单位的对接、相关部门单位之间的沟通，推动东北振兴工作合力得到提升。东北三省一区作为推进东北振兴的责任主体，不断细化实化本地区深入推进东北振兴的重点任务，确保各项政策落地见效。支持东北振兴"1 + N + X"系列的政策体系不断完善，《东北全面振兴"十四五"实施方案》印发实施，在与近年来已出台的东北全面振兴重要政策文件衔接的基础上，对东北全面振兴重点任务进行细化、实化、具体化，以条目形式明确了"十四五"时期东北全面振兴的重点任务、重点政策、重点项目。

2. 经济发展水平和质量迈上新台阶

经济总量持续增长，城镇化率明显高于全国平均水平。黑、吉、辽三省份实现地区生产总值于 2019 年突破 5 万亿元大关，2022 年为 5.8 万亿元、较 2013 年增长 43.1%，人均地区生产总值 6.0 万元，常住人口城镇化率为 68.6%、比全国平均水平高 3.4 个百分点。产业结构和发展水平不断提升，创新发展动能逐步增强。黑、吉、辽三省份 2015 年实现了产业结构由"二三一"向"三二一"的转变，2022 年一二三产业占比分别为 13.6%、36.3%、50.1%。装备制造业结构布局不断优化，高端装备制造业发展较快，经济发展逐步从量稳向质增转变。其中，"东北智造"成为引领东北经济发展的新"增长极"，航空航天、新材料、汽车制造、装备制造、机器人、生物医药及集成电路等产业发展势头较好。创新主体发展较为活跃，2021 年黑、吉、辽三省份高新技术企业数量约有 1.4 万家，较 2020 年增长 9.5%。另外，农业作为东北地区的优势特色产业，黑、吉、辽三省份农业机械化水平均达到 65% 以上，明显高于全国平均水平。创新发展和开放合作平台加快搭建和发展壮大，大连金普、长春、哈尔滨国家级新区加快建设，中德（沈阳）高端装备制造产业园、中韩（长春）国际合作示范区、中日（大连）地方发展合作示范区先后批复设立，沈抚改革创新示范区主要经济指标基本实现"三年再造"，一系列重大平台成为东北地区新的区域增长点。

3. 维护国家安全的保障作用持续增强

东北地区深入实施"藏粮于地、藏粮于技"战略，大力保护黑土地，粮食综合生产能力不断提高，国家粮食安全"压舱石"地位更加巩固。近年来，黑、吉、辽三省份粮食产量占全国的 1/5 以上，商品粮量约占 1/4，粮食调出量约占 1/3。2022 年，东北三省份粮食总产量达 2866 亿斤，占全国的20.9%，实现"十九连丰"。近年来东北地区不断激发创新驱动内生动力，深度开发"原字号"、改造升级"老字号"、培育壮大"新字号"，加快推进装备制造业等升级提质，推动石化、冶金、农产品深加工等行业补链、延链、强链，科技成果转化取得新进展，新兴产业不断发展壮大，产业发展基础及创新能力持续改善，大国重器的产业根基进一步夯实。东北地区能源资源丰富，2021 年黑、吉、辽三省份原油产量为 4414 万吨，占全国的 22.2%。中俄原油管道、中俄东线天然气管道、扎鲁特至青州 ±800 千伏特高压直流输电工程等一批重要能源通道加快建设，为我国经济社会发展提供了重要能源保障。同时，作为中国风能、光能较为富集的地区之一，东北三省近年来围绕资源优势加速布局清洁能源，绿色电能在东北能源供给中扮演更加重要的角色。东北地区贯彻落实"绿水青山就是金山银山、冰天雪地也是金山银山"理念，山水林田湖草冰治理成效显著，森林、湿地、草原等重要生态功能区保护不断加强，北方生态安全屏障持续巩固，绿色发展优势进一步凸显。

4. 重点领域改革深入推进

国资国企等重点领域改革深入推进，营商环境持续优化。大力推进"最多跑一次"，推行告知承诺制，实行"双随机、一公开"监管，营商环境不断改善。一些企业家表示，"投资不过山海关"已是过去时。国有经济在东北经济中举足轻重，近年来相关各方积极落实《加快推进东北地区国有企业改革专项工作方案》《深化东北地区国有企业混合所有制改革实施方案》等重要政策文件，国企改革成效显著，相关央企和东北地区国有企业在改革发展方面开拓了新局面，涌现出一大批改革好案例和好做法，也推动了东北地区经济企稳回升。一重集团营业收入从 2016 年的 32 亿元增长到 2020 年的390 亿元，经营效益实现扭亏为盈；红旗 2021 年品牌新车销量超过 30 万辆，同比大幅增长超过 50%；鞍钢集团、本钢集团、沈鼓集团、哈电集团等一大批大国重器狠抓"三项制度"改革，均实现了节本增效。国有企业"三供一业"分离移交、厂办大集体改革任务基本完成，国有林场、林区改革全面完成。

5. 民生保障水平持续改善

脱贫攻坚取得决定性胜利，截至 2020 年，建档立卡贫困人口 158.2 万户、427.7 万人全部脱贫，50 个国家级贫困县全部"摘帽"。老旧小区改造、棚户区改造等保障性安居工程顺利推进，2012～2021 年，黑、吉、辽三省份完成老旧小区改造约 8290 个，1000 多万棚户区居民"出棚进楼"，超 247 万人改善了居住条件，全面实现了"县县通 5G""村村通宽带"。聚焦为民、便民、安民，开展了一系列公共服务工程，就业、社保、教育、医疗等社会事业不断发展。黑、吉、辽三省份 2020～2022 年 3 年新增城镇就业分别为 139.8 万人、116.7 万人和 83.2 万人。近年来，吉林每年将新增财力的 30% 以上用于民生；黑龙江每千人口医疗卫生机构床位数从 2012 年的 4.79 张增加到 2021 年的 8.34 张；辽宁劳动年龄人口平均受教育年限 2021 年已提高至 11 年，居全国前列。人民生活水平不断提高，黑、吉、辽三省份居民人均可支配收入由 2013 年的 17893 元提高到 2022 年的 31625 元，年均复合增长率 6.5%，让广大人民群众更好地共享振兴发展成果。

（二）东北振兴存在的问题

1. 需要进一步破除的体制机制障碍和思想观念短板仍然较多

东北全面振兴仍面临体制机制和思想观念等方面的较大束缚。具体有：一是国有企业改革有待深化。企业改制、建立现代企业法人治理结构、推进股份制改革等方面的改革需要进一步深化，部分国有企业包袱依然沉重，机制不活。国企资产仍集中在资源开发、装备制造等传统产业，知名品牌偏少，部分产品处于产业链、价值链中低端，企业数字化、网络化、智能化水平相对较低。部分国企在一定程度上存在产业布局过宽过散、资源配置不合理，优势产业和核心主业不突出的问题。二是市场化改革亟待深入。政府调控经济的主导性较强，服务意识相对薄弱，市场化程度不够高，营商环境虽已取得显著成就，但距离有利于企业不断产生和成长壮大的要求还有较大差距。国家级试点试验中首创性、标志性改革举措不够，央企与地方经济融合度偏低，军民融合的优势未能充分发挥；开发区管理体制改革不到位，厂办大集体改革、"僵尸企业"处置等问题还没有彻底解决。三是社会思想观念不够解放。干部队伍思想观念、能力素质与新形势新任务要求还不够适应，治理效能存在差距，便企利民措施还不够完善，企业和群众的获得感不强，干事创业的积极性有待进一步释放。

2. 产业结构不优创新发展能力不强问题仍较为突出

产业和创新发展水平和层次不高，对经济高质量发展的支撑作用仍然不强。具体有：一是三次产业结构不够合理。2022 年，东北地区第一产业占比较全国高 6.3 个百分点，第二产业、第三产业占比较全国低 3.6 个、2.7 个百分点，东北地区经历过快去工业化过程，不利于经济的平稳健康发展。2012～2022 年，第二产业占比下降 9.8 个百分点，同期全国层面只下降了5.5 个百分点。工业领域重工业比重偏高，2021 年，东北三省重工业增加值占工业比重仍在 70% 以上。二是新兴产业和服务业发展相对滞后。黑、吉、辽三省份服务业增加值占比低于全国。在服务业内部，餐饮、住宿、交通运输等传统服务业比重偏高，生产性服务业发展缓慢，金融服务业保障实体经济发展功能较弱。战略性新兴产业发育不足、规模较小，高技术产业规模占比、企业数量占比、主营业务收入占比、利润总额占比等数据均低于全国平均水平。三是产业链不全。专业化分工程度偏低，在整机制造、组装、部件制造和检测方面未形成竞争力强的全产业链条，优势产业集群缺乏，深加工、精加工产品较少，产品附加值偏低，最终产品比例低，产业多处于价值链中低端。四是创新能力不适应高质量发展需要。例如，创新投入不足，2021年，黑、吉、辽三省研发投入强度分别为 1.31%、1.39% 和 2.18%，而同期全国为 2.44%。

3. 要素集聚和保障功能仍然需要加强

人才、技术、资金等要素集聚能力较低且外流问题较为突出，东北振兴发展缺乏有力的要素保障。具体有：一是人才外流现象较为严重。受经济不景气，研发条件、收入水平较差，人才政策落实不到位，缺乏差别化激励机制，缺乏公平的用人环境等影响，本地高端人才以及大学以上优秀毕业生流失现象严重，外地人才引进困难。《中国科技人才发展报告（2020）》显示，2015～2019 年，黑龙江和吉林两省份 R&D 人员全时当量的年均增幅分别为

－5.9% 和 －3.7%，辽宁为 4.0%，有所回升，但仍低于全国平均水平。以东北地区发展势头较好的沈阳为例，近年来两院院士人数持续走低，国家级专家增速缓慢。2016～2018 年，东北大学留辽率分别为 27.6%、24.1%、21.6%；辽宁大学留辽率分别为 56.3%、51.2%、48.6%；沈阳工业大学（中央校区）留辽率分别为 61.2%、49.7%、39.4%，均出现逐年下降现象。二是科技成果转化能力弱。东北地区布局了大量的科研院所和高等院校，科教实力较强，但科技成果向现实生产力的转化渠道不够通畅，成果就地转化率偏低。如沈阳市科技成果本地转化率约为全国平均水平的一半，技术输出金额是输入金额的 2 倍多，大量科技成果流向长三角、珠三角等区域，科技创新投入对本地产业发展和经济增长的贡献率偏低。三是投资环境和营商环境仍相对不优，对资金、资本的吸引能力不高。由北京大学光华管理学院、武汉大学经济与管理学院相关研究人员共同完成的《中国省份营商环境研究报告2020》显示，黑、吉、辽、蒙四省份营商环境在全国 31 个省份排名中靠后，其中，东北三省处于"落后"梯队；2022 年黑、吉、辽三省份民间投资增速分别为 －9.8%、－22.1%、－7.6%，分别比全国增速低 10.7 个、23.0 个、8.5 个百分点。

4. 养老等民生保障压力和政府债务负担较大

受历史原因、发展动力不足等因素影响，东北地区民生历史"欠账"较多，就业、养老保障等民生问题较为突出。如养老负担较重，养老金先后出现缺口。2010～2020 年，东北地区人口减少了 1099.8 万人，降幅高达10.04%。流出人口以青壮年劳动力为主，青年人外流与少子化叠加，老龄化水平快速攀升，2020 年，65 岁及以上人口的比重为 16.39%，较 2010 年提高了 7.26 个百分点，高于全国平均水平。养老保险基金缺口不断扩大，养老保险缺口风险不断积聚，黑、吉、辽三省份先后出现养老保险刚性收支缺口。地方政府债务负担较重，还本付息压力较大。受经济相对较弱影响，东北地区财政收入少、自给率低，收支缺口大。2021 年，黑、吉、辽三省份财政自给率分别仅为 25.5%、46.9%、30.9%。政府性债务余额高，还债压力大。辽宁、吉林两省份 2022 年综合偿债率（地方债还本付息/地方综合财力）分别为 25.8%、20.7%，黑龙江同样偏高，鹤岗成为近年来全国首个财政重整的地级市。

（三）东北全面振兴的展望

1. 以推动全面振兴、全方位振兴实现高质量发展

2018年9月，习近平总书记在沈阳召开的深入推进东北振兴座谈会上强调，"新时代东北振兴是全面振兴、全方位振兴，要从统筹推进'五位一体'总体布局、协调推进'四个全面'战略布局的角度去把握，重塑环境、重振雄风，形成对国家重大战略的坚强支撑"。这一重要论述，为东北振兴提出了更高要求，远远超出并深化了此前提出的"东北地区等老工业基地振兴"战略的内涵和外延。"全面振兴"意味着在空间上突破老工业基地的范围，在内容上不仅局限于体制机制改革、产业结构调整、经济社会协调和资源枯竭型城市转型等方面，更多是要推动整个东北地区在产业发展、城市建设、对外开放、民生保障、生态保护等方面的振兴。"全方位振兴"是立体的振兴，既包括经济、社会的振兴，又统筹政治、文化、生态的振兴，协调推进社会主义现代化、全面深化改革、全面依法治国、全面从严治党等方面的工作，在各个方向上均实现振兴。全面振兴、全方位振兴是高质量发展的内在要求。

一方面，全面振兴、全方位振兴是高质量发展的内在要求。与全国其他地区相比，东北地区在全国的经济占比不断下降，产业发展、民生保障、体制机制改革等方面还面临一系列亟待解决的问题。在新的历史阶段，高质量发展成为全面建设社会主义现代化国家的首要任务，必须完整、准确、全面贯彻新发展理念，统筹推动东北地区全面振兴、全方位振兴，以更大决心、下更大力气推动质量变革、效率变革、动力变革，加快实现高质量发展，正是解决这些问题的关键之所在。另一方面，要围绕以优化营商环境为基础，全面深化改革；以培育壮大新动能为重点，激发创新驱动内生动力；科学统筹精准施策，构建协调发展新格局；更好地支持生态建设和粮食生产，巩固提升绿色发展优势；深度融入共建"一带一路"，建设开放合作高地；更加关注补齐民生领域短板，让人民群众共享东北振兴成果等"六项重点工作"推动全面振兴、全方位振兴。

2. 统筹发展与安全不断增强维护国家"五大安全"能力

"五大安全"是对东北振兴的时代定位。习近平总书记在沈阳座谈会上强调，"东北地区是我国重要的工业和农业基地，维护国家国防安全、粮食安全、生态安全、能源安全、产业安全的战略地位十分重要，关乎国家发展大局"。"五大安全"战略地位的提出，主要是基于统筹发展和安全的理念，从构建优势互补、高质量发展的区域经济布局的角度，要求增强经济发展优势区域的经济和人口承载能力，增强重要功能性区域的粮食安全、生态安全、边疆安全等方面的保障能力。这意味着中央不再简单以 GDP 增长作为考核内容，而是从"全国一盘棋"的角度来确定不同区域的定位，强调各地发挥优势，保障特殊功能。对于东北地区而言，筑牢发展根基维护国家"五大安全"，成为今后一段时期的首要任务。

一方面，东北地区具备维护国家"五大安全"的战略优势。东北地区是我国北方的生态屏障、国家粮食的"压舱石"，守护着东北边疆安全，也是我国重要的石油、天然气产地和重要的矿产资源产地，作为新中国工业的摇篮和我国重要的工业与农业基地，拥有一批关系国民经济命脉和国家安全的战略性产业，资源、产业、科教、人才、基础设施等支撑能力较强，发展空间和潜力巨大，尤其是在装备制造业等方面承继着最优良的基因和血脉。另一方面，要从战略高度夯实"五大安全"根基。加快健全强边固防机制，做强大国重器的国防工业体系，推动国防设施建设布局与区域经济发展布局有机结合，守好东北国门安全。加强黑土地保护，持续推进高标准农田建设，强化农业科技支撑，建设国家粮食安全产业带，打造保障国家粮食安全的"压舱石"。全面加强自然生态系统保护，大力推进重点区域生态保护和修复，逐步夯实生态保护和修复支撑体系，筑牢祖国北疆生态安全屏障。推动太阳能、风能等清洁能源规模化、标准化开发，稳定油气田天然气产量，完善中俄天然气骨干支线管网，构建多元能源生产和输送体系。

3. 以优化营商环境为基础全面深化改革

区域经济发展，营商环境是重要基础和保障，区域发展的竞争，很大程度上是营商环境的竞争。2018 年习近平总书记在主持召开深入推进东北振兴座谈会时，将"以优化营商环境为基础，全面深化改革"作为六大要求中的

第一条，充分体现了这项工作在东北振兴发展中的地位与作用，也彰显了这项工作的重要性与紧迫性。

对此，要坚持问题导向，聚焦薄弱环节，抓住关键领域，通过加大改革力度，持续优化营商环境，不断为振兴发展释放红利、激发活力、增添动力。全面深化改革，优化营商环境，注定是一场关乎全局、决定未来的持久战。困难越大、矛盾越多，越需要埋头苦干的"真把式"，雷厉风行的"快把式"，追求卓越的"好把式"。必须用思想的力量催动改革的步伐，以科学的方法善作善成，强化改革定力、强化创新突破、强化部门协同、强化政策落地，激发广大群众的积极性与创造性，重塑环境，重振雄风，不断把全面深化改革的大业推向前进。要严格落实权力清单、责任清单管理制度，强化事中事后监管，对下放事项做好跟踪评估。以数字政府建设为牵引，大力推广"互联网＋政务服务"的数字政府管理服务模式，持续提升"一网通办"水平，优化网办流程，推进数据共享，提升线上线下服务效能和市场主体体验。进一步规范目录管理、登记注册、年检年报、指定认定等行政管理措施，依法依规整治变相审批。全面清理涉企经营行政许可事项，分类推进审批制定改革，将行业经营涉及的行政审批与企业营业执照进行合并，从根本上破解企业"准入不准营"的难题。要把优化营商环境摆在更加突出位置，坚定信心、解放思想、真抓实干，用心、用情、用力做好服务，进一步树形象、稳预期、聚人气、增活力。

4. 坚持以人民为中心持续增进民生福祉

"民惟邦本，本固邦宁"。习近平总书记在深入推进东北振兴座谈会上明确提出，要更加关注补齐民生领域短板，让人民群众共享东北振兴成果。对此，要坚持以人民为中心，持续推动改善民生福祉。始终把满足人民对美好生活的新期待作为发展的出发点和落脚点，把促进共同富裕摆在更加重要的位置，按照人人参与、人人尽力、人人享有的要求，坚守底线、突出重点、完善制度、引导预期，扎实办好民生实事，完善公共服务体系，保障群众基本生活，提升市域社会治理现代化水平，不断满足人民日益增长的美好生活需要，不断促进社会公平正义，增强人民群众获得感、幸福感、安全感，让发展成果更多、更公平地惠及全体人民。

要办好人民满意的教育，落实立德树人根本任务，培养德智体美劳全面发展的社会主义建设者和接班人。要加快提升卫生健康服务水平，优质医疗资源扩容和均衡布局，推动以治病为中心向以人民健康为中心转变。要完善养老服务体系，织牢兜底性养老服务网，扩大普惠型养老服务覆盖面，保障老有所依、老有所养。要加强就业和社会保障工作，实施更加积极的就业政策，促进更加充分、更高质量就业，优化收入分配改革，扩大中等收入群体比重，增加低收入群体收入，完善多层次社会保障体系，保障妇女儿童、残疾人等弱势群体合法权益。要推动治理体系和治理能力现代化，坚持共谋共建共治共享，推动治理和服务重心下移、资源下沉，建设更高水平的平安东北，维护社会和谐稳定。

三、中部地区高质量崛起

中部地区包括山西、河南、安徽、湖北、江西、湖南六个相邻省份，国土面积约 102.8 万平方千米，2022 年常住人口约为 3.64 亿人，资源环境承载力较高、发展潜力空间较大，在构建新发展格局中具有承东启西、连南接北的独特优势。2022 年 1 月、2022 年 6 月、2022 年 10 月，习近平总书记先后赴山西、湖北、河南等中部省份考察调研。中部地区经济表现出强大韧性，全年实现地区生产总值约为 26.65 万亿元，增长 4.0%，增速位居四大板块之首，高于全国 1 个百分点，六个省份增速全部跑赢全国平均线；固定资产投资增长 8.9%，高于全国 3.8 个百分点。

（一）2022 年中部地区高质量崛起主要进展

1. 全国重要粮食生产基地进一步巩固

河南连续 6 年粮食总产稳定在 1300 亿斤以上，播种面积保持在 1.6 亿亩，建成高标准农田 8330 万亩，综合机械化率 87%，主要粮食作物良种覆盖率为 97%。优势特色农业产值占比为 57.8%，粮油加工转化率为 80%。安徽粮食产量稳定在 800 亿斤以上，跃升到全国第四位。湖南抓住耕地和种子两个要害，优质低镉水稻科研国际领先，田长制全面推行，新建高标准农田

460 万亩，粮食总产连续 3 年超 600 亿斤，油茶籽产量稳居全国第一位。湖北粮食总产达到 548 亿斤。江西粮食产量连续 10 年稳定在 430 亿斤以上，97% 的村集体经济年经营性收入超过 10 万元。山西粮食生产连年丰收，2022 年粮食产量 292.9 亿斤、亩产 619.7 斤，双双创历史新高。

2. 全国重要能源原材料基地不断提升

山西深入推进能源革命综合改革试点，加快建设新型综合能源基地，加快释放煤炭优质产能，推进 5G 智慧矿山建设，开展煤炭绿色开采试点，煤炭先进产能占比提升至 80%，产量达到 13 亿吨，位居全国第一。电力机组超临界、超超临界比例不断提升，电力市场化改革领跑全国，外送电规模持续扩大。风光发电装机容量位居全国前列，氢能、地热能、新型储能和能源互联网等加快发展，新能源和清洁能源装机达到 4900 万千瓦，占比为 40.25%。湖南能源体系跨越升级，外电输湘能力 5 年增长 3.4 倍，平江电厂、荆门—长沙特高压交流工程等项目建成投产，整体供电能力超过 4000 万千瓦；天然气供应能力实现翻番，达到 125 亿立方米；风电、光伏规模化开发建设步伐加快，审批和开工的抽水蓄能项目装机容量居全国第五位。江西有色行业实现营收 8000 亿元以上，实现利润 480 亿元；粗钢产量 2711 万吨，全行业实现营收 3300 亿元左右；石化产业实现营收 4200 亿元左右，基本实现年度目标；建材行业实现营收 3500 亿元；锂电产业营业收入突破千亿元。铜、钨、稀土、有机硅等领域形成一批引领性标准，赣州稀土成功创建国家先进制造业集群。

3. 全国重要现代装备制造及高技术产业基地加快建设

安徽合肥综合性国家科学中心加快建设，已建在建拟建大科学装置 12 个，人才总量突破 1100 万人，高新技术企业突破 1.5 万家，量子信息、聚变能源、深空探测等领域持续并跑领跑，动态存储芯片、柔性可折叠玻璃等打破国外垄断，高新技术产业产值、增加值连续 7 年保持 11% 以上增速，战略性新兴产业产值占规模以上工业产值比重为 41.6%，制造业增加值迈上万亿元台阶，形成集成电路、人工智能、新能源汽车、光伏、新型显示等一批先进制造业集群，生产了全球 10% 的笔记本电脑、20% 的液晶显示屏。湖北动能转换明显加快，新增高新技术企业 4100 户，共计 14500 户。高技术制造业增加值增长 30.2%。"光芯屏端网"、汽车制造与服务、大健康、高端装备制造等产业加速迈向万亿元级。光谷、隆中、三峡等九个湖北实验室实体化运行。湖南装备制造、原材料、消费品成为万亿元级产业，千亿元级产业达 16个。江西深入实施产业链链长制，持续推进"2+6+N"产业高质量跨越式发展行动，高新技术产业增加值占规模以上工业增加值比重突破 40%，综合科技创新水平指数在全国排名"7 连进"，新钢集团与中国宝武实现联合重组，电子信息产业营业收入跃居全国第四位。河南加快培育新兴动能，国家重点实验室增加到 16 家。国家级高新区增加到 9 家，高新技术企业突破 1 万家，国家科技型中小企业达到 2.2 万家，主营业务收入超 500 亿元的企业达到 11 家。规模以上工业企业研发活动覆盖率达到 52%，研发经费突破 1100亿元，技术合同成交额突破千亿元。高技术制造业、战略性新兴产业占比分别达到 12.9%、25.9%。山西太钢不锈高端冷轧取向硅钢、山西中来高效单晶光伏电池等一批重大产业项目投产达效，涌现出手撕钢、第三代半导体、新能源汽车等一大批新产品，精选特钢材料、新能源汽车、高端装备制造等十大重点产业链，营业收入总额预计突破 3800 亿元。

4. 全国重要综合交通运输枢纽加快形成

湖北枢纽地位进一步强化，荆荆铁路、沿江高铁、西十高铁等六条高铁加快建设，"米字型、十通向"高铁枢纽网加快构建；亚洲最大专业货运机场花湖机场建成运营，"双枢纽、多支线"航运格局加快形成。河南郑渝高铁全线通车运营、济郑高铁濮阳至郑州段开通运营，与已运营的京广高铁、徐兰高铁、郑阜高铁、郑太高铁、京港高铁商合段共同构成"米"字形高铁网络。中欧班列累计开行超过 6000 列。郑州—卢森堡"空中丝绸之路"成为中欧合作重要纽带。郑州机场跻身全球货运机场 40 强。安徽高铁里程跃居全国第一位，市市通高铁、县县通高速、所有乡镇通 5G 全面实现，引江济淮工程通水通航。湖南深度融入共建"一带一路"、长江经济带发展、长三角一体化发展、粤港澳大湾区建设等国家战略，稳步推进湘鄂赣高质量协同发展，深入开展湘赣边区域合作。江西扎实推进内陆开放型经济试验区建设，九江市成功入选港口型国家物流枢纽，积极推行"船边直提""抵港直装""离港确认转关"等改革，全年开行赣欧（亚）班列 247 列、铁海联运 2290列。山西综合交通运输体系正在加快形成，雄忻高铁、太原机场三期改扩建等重点工程正式开工，大张高铁、郑太高铁、大西客专全线建成通车，太原至吕梁开通动车，历史性实现市市通动车。

（二）2023年中部地区高质量崛起发展重点

1. 发挥比较优势推动高质量发展

发挥山西能源资源优势，加快转型综改试验区建设为统领深化关键领域改革，加快现代煤化工高端化、多元化、低碳化发展。发挥河南粮食生产优势，紧抓住耕地和种子两个关键，加大农田水利设施改造，依托国家生物育种产业创新中心筑牢粮食安全"压舱石"。发挥安徽科技创新活跃优势，依托合肥综合性国家科学中心、国家实验室等一批国家战略科技平台，打造科技创新策源地与新兴产业聚集地融合发展的生态系统。发挥湖北光电信息技术优势，全面促进数字技术与实体经济融合发展，打造具有全国影响力的特色数字经济高地。发挥湖南装备制造业优势，做优做强环保技术装备、智能制造装备、智能化农机技术装备、智能矿山技术装备和特种技术装备五大新兴技术装备。发挥江西新能源、新材料等优势，将宜春建设为国家级锂电新能源集群。

2. 构建先进制造业为支撑的现代产业体系

推动制造业高质量发展，夯实实体经济根基，提高关键领域自主创新能力。加快制造业数字化转型，加速绿色低碳转型，推进工业领域碳达峰，建设智能制造、新材料、新能源汽车、电子信息等产业基地。中部地区在后疫情时代重构产业链需要联合打造先进制造业集群，做大做强先进制造业。在长江、京广、京九等沿线建设一批中高端产业集群，如南昌—吉安电子信息产业集群、郑州电子信息产业集群、长株潭先进装备制造业集群、太原新材料产业集群等。加强中部地区同东部地区产业链、创新链、供应链、人才链的合作共建，积极承接新兴产业优化布局和传统产业有序转移，打造一批产业集中承载地。

3. 促进更高水平对外开放

积极参与全球产业链供应链重塑，在技术、资源、能源等方面加强国际合作，带动产业向中部地区集聚发展，推动优质产能和装备走向世界大舞台、国际大市场，把品牌和技术打出去。提升开放平台功能，用好自贸试验区和国家级经开区等开放平台作用，加快发展跨境电商、海外仓、市场采购贸易等新业态新模式，增强创新引领能力，打造内陆地区的开放新高地。推动实施《区域全面经济伙伴协定》（RCEP）国际合作园区，推进中欧班列高质量发展，更好融入"一带一路"建设。加强区域合作，积极对接京津冀、粤港澳、长三角城市群，在与三大城市群毗邻地区培育一批畅通国内循环、促进东中部地区联动发展的节点城市。

4. 打造人与自然和谐共生的美丽中部

牢固树立"绿水青山就是金山银山"理念，统筹推进山水林田湖草沙系统治理。强化长江岸线分区管理与用途管制，保护自然岸线和水域生态环境，加强鄱阳湖、洞庭湖等湖泊保护和治理，实施好长江十年禁渔，保护长江珍稀濒危水生生物。加强黄河流域水土保持和生态修复，实施河道和滩区综合提升治理工程。加快解决中小河流、病险水库、重要蓄滞洪区和山洪灾害等防汛薄弱环节，增强城乡防洪能力。以河道生态整治和河道外两岸造林绿化为重点，建设淮河、汉江、湘江、赣江、汾河等河流生态廊道。

四、东部地区加快推进现代化

东部地区包括北京市、河北省、天津市、山东省、江苏省、上海市、浙江省、福建省、广东省、海南省十个省份。东部地区是我国经济发展的优势地区，经济总量、进出口总额、规模以上工业企业数量等主要经济指标在四大板块中长期保持第一。2022 年，东部地区对全国经济运行发挥了重要的"压舱石"作用，创新驱动、产业升级、开放型经济发展等方面，对全国的引领作用进一步增强。

（一）东部地区率先发展的进展成效

1. 经济发展"压舱石"作用突出

2022 年，东部地区以占全国 9.6% 的土地面积，聚集了全国 40% 的人口，贡献了全国 51.4% 的经济总量、78.9% 的对外贸易额、54.4% 的规模以上工业企业利润。广东、江苏、山东、浙江四个省份地区生产总值分别实现 12.9 万亿元、12.3 万亿元、8.7 万亿元、7.8 万亿元，排在全国前 4 位。北京、上海、江苏、福建、浙江、天津、广东人均 GDP 排在全国 31 个省份（不包括港、澳、台地区）前 7 位，北京、上海分别约为 19 万元、18 万元，已经达到中等发达国家水平。

2. 创新引领作用持续强化

东部地区坚持创新引领，加快推动经济增长动力的转换，经济高质量发展的基础不断夯实。北京、上海、粤港澳大湾区国际科技创新中心发挥高位引领作用，北京怀柔、上海张江、大湾区综合性国家科学中心创新策源能力不断增强。世界知识产权组织（WIPO）发布的《2022 年全球创新指数报告》显示，深圳—香港—广州地区、北京两大科技集群排在全球第二位、第三位。广东研发经费支出约为 4200 亿元，占地区生产总值比重达 3.26%，研发经费规模、研发人员数量、发明专利有效量、PCT 国际专利申请量均居全国首位，区域创新综合能力连续 6 年全国第一（广东省人民政府，2023）。北京全社会研发投入强度保持在 6% 左右，保持全国首位，高于全国 3.5 个百分点（北京市人民政府，2023）。

3. 产业升级不断提速

东部省份加快推动新旧动能转换，制造业逐步向产业链中高端迈进，现代服务业提质升级，数字经济、智能产业等新经济新产业新业态新模式走在全国前列。北京、上海、天津等的数字经济占 GDP 比重已超过 50%，成为拉动地区经济发展的主导力量。2022 年，浙江以新产业、新业态、新模式为主要特征的"三新"经济增加值占 GDP 的 28.1%，数字经济核心产业增加值 8977 亿元，比 2021 年增长 6.3%（浙江省统计局，2023）；江苏工业战略性新兴产业、高新技术产业产值占规模以上工业比重分别为 40.8%、48.5%（江苏省统计局，2023）；山东持续推动新旧动能转换，加速技改提级绿色增效，"四新"经济增加值占比为 32.9%（山东省人民政府，2023）；福建传统产业数字化转型、智能化改造提速，高技术产业增加值增长 17.1%，宁德动力电池集群列入国家先进制造业集群，全球单机容量最大的 16 兆瓦海上风电机组建成下线（福建省人民政府，2023）。

4. 对外开放始终走在全国前沿

东部地区一直是我国对外开放的前沿。在货物贸易方面，2022 年，东部地区进出口总额达到 3.3 万亿元，多年来始终保持在全国 80% 左右的占比；广东、江苏、浙江、上海、北京、山东、福建进出口贸易总额排在全国前 7 位。在利用外资方面，东部地区实际使用外资在全国占比超过 80%，江苏多年保持全国第一，2022 年引进外资近 2000 亿元人民币，广东、上海、山东、浙江、北京引资规模也都超过了 1000 亿元人民币。高水平开放平台加快建设，海南自由贸易港建设进展明显，封关运作准备工作全面启动，15% 所得税个人和企业享惠面分别增长 122.7%、35.7%，货物进出口总额实现 36.8% 的增速，排在全国第二位。浦东新区高水平改革开放深入推进，引领带动上海"五个中心"建设，地区生产总值占上海市比重达到 35.9%，较 2021 年提高 0.5 个百分点，持续发挥全市经济稳定器作用，外商投资实现近 300 亿元，较 2021 年接近翻番。深圳前海累计 75 项制度创新成果在全国复制推广，前海蛇口自贸片区入选国家进口贸易促进创新示范区。

5. 动力源和增长极辐射带动作用强劲

京津冀、长三角地区、粤港澳大湾区三大动力源地区是我国高质量发展的重要引擎，也是我国参与全球产业科技竞争的主要承载地区。2022 年，京津冀、长三角、粤港澳大湾区实现经济总量分别为 10 万亿元、29 万亿元、13 万亿元，占全国的比重分别为 8.4%、24.2%、9.2%。中心城市的集聚效应较强，2022 年 24 座 GDP 过万亿元城市中东部地区共有 18 座，占 3/4。其中，上海、北京、深圳三座城市占据前三强，分别达到 4.5 万亿元、4.2 万亿元、3.2 万亿元。深圳规模以上工业总产值、规模以上工业增加值分别实现 4.55 万亿元、1.04 万亿元，实现全国城市"双第一"。

6. 人民生活水平较高

2022 年，上海、北京、浙江、江苏、天津、广东、福建、山东居民人均可支配收入排在全国前 8 位，其中，上海、北京逼近 8 万元大关，超过全国平均水平 2 倍。浙江扎实推进高质量发展建设共同富裕示范区，城乡居民收入倍差从 2.04 缩小到 1.94 以内。财政支撑能力较强，广东、江苏、浙江、上海、山东、北京一般公共预算收入排在全国前 6 位，其中，广东超过 1.3 万亿元，多年稳居全国首位。

（二）东部地区发展存在的问题和挑战

1. 创新发展存在瓶颈短板

部分省份创新能力比较弱，河北、福建等省份研发投入强度低于全国平均水平。光刻机、核心工业软件、先进制程芯片等领域关键技术和关键环节还面临"卡脖子"问题，直接影响了北京、江苏、浙江、广东等先进制造大省的相关产业。人才层次难以支撑全面参与全球产业创新竞争的需求，战略科学家和领军人才依然短缺，高层次人才数量不足，青年人才的评价、选拔等机制还不健全。最新一期国际高等教育研究机构（QS）世界大学排名显示，北京大学成为中国（大陆）高校中唯一一所位于全球前 20 的院校，排名全球第 17 位，前 16 位中美国占据 9 席、英国占据 4 席。有利于创新的体制机制还未形成，人才评价仍有唯论文、唯科研经费的倾向，产学研转化不顺畅。国际化、高度开放的创新生态尚未形成，企业创新的动力不足，造成创新资源重复设置、封闭低效等问题。

2. 产业结构优化调整仍需加速

东部省份是我国主要的工业大省、制造业大省，也是我国最重要的新兴产业策源地，目前产业链向绿色化、智能化、高端化转型的速度有待提升，产业结构按照高质量发展的要求加快调整的压力仍然较大。2022 年，广东三次产业结构为 4.1∶40.9∶55.0（广东省统计局，2023），总体处于工业化中后期阶段，但工业能耗强度为美国、英国、德国、日本的 2 倍以上，且未来一段时期能源需求仍较大，推动工业绿色低碳转型面临挑战。河北和海南两省份数字经济发展水平还严重滞后，工业互联网应用较少。

3. 制度型开放水平尚有差距

与新加坡、中国香港地区等国家和地区相比，东部地区营商环境的国际化、法治化程度还有较大提升空间，资本、数据、人员等跨境流动限制较大，知识产权使用、金融服务等与发达国家存在较大差距，在教育、医疗、科技服务等领域准入限制门槛依然较高，对接 CPTPP 等高水平国际经贸规则难度较大。高端服务发育不足降低了参与全球服务贸易竞争的影响力，与纽约、伦敦、东京等全球一线城市相比，东部地区北上广深等头部城市缺少能够辐射全球的文化创意服务、高端商务服务、金融服务、物流服务等功能，在全球服务贸易中影响力仍然不足。

4. 区域发展有所分化

从整个东部地区来看，省份之间已经发生较大分化。海南、河北发展水平相对滞后，2022 年人均 GDP 分别为 6.7 万元、5.7 万元，低于全国平均水平，分别排在全国第 21 位、第 26 位，河北仅为北京的 30%。从东部省份内部来看，省内发展不平衡现象较为突出。珠三角核心区面积占广东省面积不到 1/3，2022 年地区生产总值占全省比重 81.1%，东翼、西翼、北部生态发展区分别仅占 6.1%、7.1%、5.7%。福建山海差距日益扩大，经济、人口、产业加速向沿海集聚，福州、泉州、厦门三市贡献了全省 60% 以上的经济总量。山东经济重心进一步东移，2022 年胶东经济圈地区生产总值比济南、鲁南经济圈分别高 4821 亿元、20118.2 亿元，较 2021 年差距进一步分别扩大 360.9 亿元、1047.2 亿元。

5. 城镇化质量有待提升

东部地区城镇化率普遍较高，但山东、海南、河北 2022 年城镇化率处于 60% ~70% 区间内，低于全国平均水平，与发达国家差距较大。从以人为核心的新型城镇化要求来看，根据第七次人口普查数据，东部地区人口平均寿命为 80.2 岁，低于日本、瑞士、新加坡约 3 岁。从教育服务与人口素质来看，高中及以上学历人口占比仅北京达到高收入国家水平（约 65%），福建和河北分别仅有 27% 和 28%。从城市治理水平来看，东部省份是主要的人口流入地，但流动人口的落户、社会保障、子女教育等问题还未得到根本解决。

（三）东部地区加快推进现代化的展望

1. 对标全球创新高地坚持创新驱动发展

充分发挥创新是第一动力的作用，持续优化创新资源配置，培育高精尖产业新动能，主动融入全球创新网络，为实现高水平科技自立自强和科技强国建设提供强大支撑。强化北京、上海、粤港澳大湾区国际科技创新中心以及北京怀柔、上海张江、大湾区综合性国家科学中心引领作用，着力强化战略科技力量，提升基础研究和原始创新能力，打好关键核心技术攻坚战。增强苏南、天津、山东半岛、宁波温州等国家自主创新示范区在政策先行先试、产业集群发展上的示范效应，强化区域协同创新，打造若干优势互补、协同联动的科创走廊及沿海、沿江创新带。聚焦高端芯片、基础元器件、关键设备、新材料等产业关键核心技术，以及量子信息、人工智能、工业互联网、卫星互联网、机器人等未来产业发展需求，加大新型基础设施投资布局，完善国家重点实验室、国家级产业创新中心、技术创新中心等布局，率先建成运行一批大科学装置和交叉研究平台。支持东部省份更大力度深化科技体制改革，完善科技创新治理体系，深化职务科技成果所有权、处置权、收益权赋权改革，支持高校科研院所试行更灵活的编制、岗位、薪酬等管理制度，健全人才管理评价机制，进一步释放人才红利。

2. 加速推动产业迈向中高端

推动京津冀、长三角、粤港澳大湾区数字经济领域技术创新、产业创新和商业模式创新，加快抢占全球数字科技战略制高点和主动权，构建全球领先的数字化产业。加强大数据、云计算、区块链、物联网、人工智能等数字新技术多场景、多行业研发应用。积极推广应用工业互联网，推动传统产业数字化改造。培育具有全球竞争力的先进制造业集群，做大做强新一代信息技术、能源汽车及零部件、高端装备制造、绿色石化与新材料等先进产业群，前瞻性布局第三代半导体、基因工程、前沿新材料等一批具有技术领先性和国际竞争力的产业集群。提升企业创新发展能力，强化企业创新主体地位，培育一批具有产业链提升引领作用的龙头企业。推动东部地区加强与中西部地区合作，形成差异化分工的产业链，带动中西部地区高质量发展，维护我国产业链供应链安全。

3. 坚持高水平改革开放不动摇

积极顺应全球经贸规则体系加快重构的新趋势，立足自身发展实际需要，坚持深化改革与扩大开放相统一，以贸易投资自由化便利化为重点，全面对标国际高标准经贸规则，引领全国制度型开放。发挥好海南自贸港、上海自贸区临港新片区、横琴粤澳深度合作区、前海深港现代服务业合作区和北京服务业扩大开放综合示范区等开放新高地的示范引领作用，着力对标国际自由贸易港、自由贸易区高标准经贸规则体系，加快在投资、贸易、资金、运输、人员和数据跨境流动等重点领域率先实现重大突破。支持广东、江苏、浙江、上海、山东、福建等外贸大省强化举措稳住欧美市场，发展跨境电商，拓展加工贸易，发挥高新技术产品出口竞争优势和民营外贸企业活跃优势，用足用好 RCEP 政策红利，深耕东盟、非洲等新兴市场。适时推动一批开放基础更趋成熟平台的"扩区"，有针对性地在条件成熟的地区加大风险压力测试力度。加快适应制度型开放的高素质人才队伍的引育，在海南自贸港、临港新片区等平台，大力引进国际化、高水平专业人才。打造国际一流营商环境，加快推动要素市场化改革，着力强化竞争政策基础地位。

4. 优化资源布局推动区域协调发展

以省域为重要单元，通过山海协作、内陆"无水港"建设、基本公共服务均等化、生态产品和资源开发利用、生态补偿等途径推动相对欠发达地区发展，促进东部各省（区、市）沿海与内陆、非山区与山区、省域中心城市与周边地市之间的协调发展。加强政府引导，充分借助市场力量促进东部地区内部发达地区对欠发达地区的辐射带动作用，加强地区间、省际和城市群之间等多领域合作，促进要素制度等优势外溢和共享。以促进中心城市与周边城市（镇）同城化发展为方向，加快培育发展现代化都市圈。以各类经济园区为主要载体，加快园区平台对接，加强产业转移和科技协作。推动生态功能区和非功能区之间、资源输入输出地之间建立横向补偿机制。

5. 突出以人为核心推进面向现代化的新型城镇化

加快研究制定针对农业转移人口城镇就业的支持政策，清理取消对农民工就业的不合理限制，加强对职业技能培训的资金支持。放开放宽除个别超大城市外的落户限制，试行以经常居住地进行户口登记制度，进一步精简积分项目，完善户籍管理服务，提高户籍登记、迁移便利度。加快健全基本公共服务与常住人口挂钩机制，推动户籍与基本公共服务供给脱钩，提高对随迁子女教育服务、住房保障配套投资，更大范围内落实财政资金分配精确到位，推进城镇基本公共服务由主要对本地户籍人口提供向对常住人口提供转变。支持东部地区现代化城市建设，打造城市绿色空间，推行功能复合、立体开发、公交导向的集约紧凑型发展模式，优化社区生活设施布局，健全社区养老服务体系，完善便民利民服务网络，加快5G、物联网、区块链等在城市管理、交通运输、社会保障、医疗卫生、民生服务以及公共安全等领域的推广应用。

6. 促进大中小城市和小城镇协调发展

提高重点城市群承载力，推动京津冀建设以首都为核心的世界级城市群，推动长三角建设具有全球影响力的世界级城市群，推动珠三角建设富有活力和国际竞争力的一流湾区和世界级城市群，推动山东半岛城市群建设支撑北方地区发展的战略高地和引领黄河流域发展的龙头，推动海峡西岸城市群提升产业竞争力和辐射力。增强中心城市引擎作用，对于北京、上海、广州、深圳等全球城市，要强化创新策源和新动能"孵化"功能，着眼吸引国际人才，增强国际化功能，辐射带动周边城市协同发展，通过都市圈建设，合理布局人口；省会城市、计划单列市，以及苏州、无锡、佛山、泉州、东莞等市场活力较强、产业优势明显的城市要强化区域性中心城市的功能，增强特色优势功能，突出规模效应和集聚效应，优化城市空间布局，提升人口和产业承载能力。推进以县城为重要载体的小城镇建设，大力提升县城公共设施和服务能力，积极发展县域经济，在特色产业、科技创新、历史文化等方面培育一批各具优势的魅力县城。

五、特殊类型地区振兴发展

（一）2022年特殊类型地区振兴发展主要进展

1. 以原贫困地区为重点的欠发达地区脱贫攻坚成果不断巩固拓展

聚焦建立健全脱贫地区等欠发达地区长效帮扶机制，做好易地扶贫搬迁后续扶持、以工代赈和消费帮扶等工作，推动巩固拓展脱贫攻坚成果。易地扶贫搬迁后续扶持工作方面，把稳就业作为易地扶贫搬迁后续扶持工作的第一要务，强化搬迁群众稳岗就业情况监测调度，加强劳务组织化输出，多渠道促进搬迁群众稳定就业。2022 年全国搬迁群众中有劳动力 503.91 万人，其中，475.98 万人实现就业，就业率达 94.46%，较 2021 年底上升 2.54 个百分点，有劳动力的搬迁家庭基本实现了 1 人以上就业目标。易地搬迁脱贫人口 2022 年人均纯收入达到 13615 元，增速远超全国农村居民收入平均增速。搬迁脱贫人口工资性收入占比接近 80%，高于全国脱贫人口工资性收入占比。各地围绕安置点累计建成各类配套产业项目为 2.54 万个，农牧业产业基地或园区占建成配套产业项目的 46.26%，辐射带动搬迁群众就业能力持续提高，联农带农机制不断完善。各地在安置点周边均配套了幼儿园、小学、初中等义务教育基础设施。99.56% 的有搬迁后扶任务的县为安置点新配建了卫生室（站），其他县也将安置点纳入了当地医疗卫生服务体系覆盖范围。大中型安置区已实现"一站式"社区综合服务设施、基层党组织和村（居）民自治组织、驻村（社区）工作队全覆盖。22 个省份向 17342 个安置点派驻了第一书记和驻村（社区）工作队，实现了"应派尽派"。以工代赈方面，2022 年 7 月国务院办公厅转发发展改革委《关于在重点工程项目中大力实施以工代赈促进当地群众就业增收的工作方案》，推动各地区各部门在重点工程和中小型农业农村基础设施建设领域推广以工代赈方式，全年吸纳当地脱贫人口和其他农村低收入群众务工就业近 280 万人，人均增收超过 1 万元，有效拓宽农村脱贫人口等重点群体就业增收渠道。消费帮扶方面，2022 年，各地区、各部门按照国家发展改革委等 30 个部门印发的《关于继续大力实施消费帮扶巩固拓展脱贫攻坚成果的指导意见》有关安排，推动消费帮扶持续发挥支撑保障作用，持续提升脱贫地区产品帮销助销规模，持续拓宽脱贫地区产品上行外销渠道，推动解决脱贫地区产品滞销卖难问题，累计直接采购和帮助销售脱贫地区农产品近 4300 亿元，有力促进了脱贫地区高质量发展。欠发达地区长效帮扶机制加快建立健全。健全防止返贫动态监测和帮扶工作机制，推动落实对 160 个国家乡村振兴重点帮扶县帮扶政策，防止返贫监测帮扶机制有效发挥作用，做到了早发现、早干预、早帮扶，没有发生规模性返贫现象，累计识别纳入监测对象中，65.3% 的监测对象已消除返贫风险，其余均落实了帮扶措施。"三保障"、饮水安全和兜底保障水平持续巩固提升,脱贫人口收入较快增长。2022年脱贫人口人均纯收入达到14342元,同比增长14.3%,高于全国农村居民人均可支配收入6.3%的增速。持续推进中央定点帮扶。2022年305家中央单位共向592个定点帮扶县投入和引进帮扶资金689亿元,培训干部人才187万人次,采购、帮助销售脱贫地区农产品440亿元。深入推进东西部协作等帮扶工作。2022年,东西部协作省份签署并认真落实《2022年东西部协作协议》,年度协议指标任务超额完成。2022年,东部省份实际投入财政援助资金230.9亿元,互派干部3146人、专业技术人员23188人,采购、帮助销售协作地区农产品954.5亿元。东部省份引导2633家企业到协作地区投资,实际投资1354.2亿元,一批劳动密集型产业落户脱贫地区。深入推进"万企兴万村"行动。引导更多民营企业到脱贫地区投资兴业、带动就业,动员3740家民营企业与国家乡村振兴重点帮扶县建立对接关系。

2. 新时代革命老区振兴发展取得显著成效

2022年围绕巩固拓展脱贫攻坚成果衔接推进乡村振兴、基础设施建设、传承弘扬红色文化、促进绿色低碳转型发展、支持革命老区重点城市发展以及加大政策支持六个方面,以赣闽粤、陕甘宁、大别山、左右江、川陕、湘赣边、湘鄂渝黔、海陆丰、琼崖、沂蒙、太行、浙西南12个革命老区和赣州、龙岩、三明、延安、遵义等20个革命老区重点城市为重点,实施58条年度重点任务,加快推动"十四五"相关专项规划和重点领域实施方案落地见效,更好发挥革命老区专项资金、转移支付、对口支援、对口合作等支持政策的作用,持续健全新时代支持革命老区振兴发展的"1+N+X"政策体系,努力营造全社会支持参与革命老区振兴发展的良好氛围。2022年出台支持革命老区振兴发展4个重点领域实施方案,印发实施赣州、闽西革命老区高质量发展示范区建设方案,启动实施20个革命老区重点城市与东部地区发达城市对口合作,支持革命老区纳入相关城市群、都市圈规划,下达中央财政革命老区转移支付资金225亿元,推动革命老区振兴发展取得积极进展。2022年,20个革命老区重点城市地区生产总值接近5万亿元,人均GDP达到5.87万元,三明、龙岩人均GDP超12万元,一批革命老区县县域经济加快壮大。红色资源得到有效保护,一大批革命遗址遗迹、文化资源得到保护修复，红色产业链条不断延伸拓展；基础设施建设步伐加快，综合交通体系不断完善，能源保障能力不断提高，信息基础设施建设全面加强；生态环境质量持续改善，生态补偿机制和生态产品价值实现机制加快建立，绿色发展水平明显提升；特色产业加快发展，新能源、新材料、生物医药、电子信息等特色优势产业集群加快形成。

3. 边境地区安全稳固和开发开放统筹推进

2022 年初，针对边境地区当时外防输入的疫情防控压力，国家发展改革委下达中央预算内投资 33.8 亿元，支持边境地区加强检测实验室和救治设施设备建设，提升边境地区新冠疫情防控救治能力。2022 年 3 月，国家发展改革委印发《2022 年新型城镇化和城乡融合发展重点任务》（以下简称《任务》），《任务》提出，完善边境地区城镇功能。推动边境城市加快发展，支持丹东、黑河、防城港等东北地区和西南地区边境地级市吸引集聚人口。开展兴边富民行动中心城镇建设试点，提高城镇综合承载能力。依托沿边公路、边民互市贸易点等，规划建设抵边新村。完善边境地区公路网络。增强边境口岸和城市的重大疫情防控救治能力，规范发热门诊建设管理。具体有：（1）2022 年，全国首批"兴边富民行动中心城镇"建设试点顺利推进，基础设施和公共服务设施加快建设。西藏启动 4 个兴边富民中心城镇建设，建成 48 个抵边安置点。珲春、东宁、乌拉特中旗、阿尔山市、马鬃山、普兰镇、腾冲、景洪等首批兴边富民行动中心城镇建设扎实推进。（2）部分边境地区人口和经济支撑力得到增强。2022 年吉林省 216 个边境村村域常住人口比 2021 年底增加 7179 人，"空心化"率下降 5 个百分点，其中，22 个村完全消除"空心化"；广西防城港市常住人口 105.91 万人，比 2021 年增长0.2%。（3）沿边对外开放快速发展。2022 年，内蒙古全区进出境中欧班列7337 列，同比增长 19.1%，进出口总额实现 1523.6 亿元，同比增长 23.2%；黑龙江货物贸易进出口总值 2651.5 亿元人民币，创历史新高，比 2021 年增长 33%，进出口增速居全国第五位，高于全国同期增速 25.3 个百分点；云南加工贸易进出口增长 45.9%，服务贸易进出口增长 23.6%。边境地区居民收入快速提高。2022 年全国 140 个边境县城镇居民人均可支配收入平均超过3.6 万元。

4. 生态退化地区治理修复工程加速推进

落实《"十四五"生态退化地区绿色发展实施方案》《全国防沙治沙规划（2021—2030 年）》，以北方农牧交错带土地沙化治理、黄土高原丘陵沟壑水土流失治理、青藏高原草原草甸退化治理、西北干旱荒漠化地区治理和西南喀斯特石漠化地区治理为重点，实施重要生态系统保护和修复重大工程建设，启动 72 个重点项目。2022 年北方防沙带生态保护和修复工程区完成沙化土地治理任务 638 万亩，占全国沙化土地治理任务的 65.2%；黄河流域生态保护和高质量发展规划区水土流失面积年度减幅为 1.03%，其中，西北黄土高原减幅达 1.48%；西藏修复治理退化草原 500 万亩以上，青海实施退化草原治理修复、退耕退牧还林还草、防沙治沙等重点生态工程，全年完成国土绿化 525.5 万亩，其中，草原修复 258.5 万亩；干旱荒漠化地区治理成效显著，我国荒漠化土地面积已经连续 4 个监测期保持"双缩减"。西南喀斯特石漠化地区治理成效显现，石漠化发生率持续下降，石漠化发生率为 14.91%，岩溶地区水土流失面积减少 17.81%，土壤侵蚀模数下降 13.55%，土壤流失量减少 28.94%。2022 年全国水土流失面积降至 265.34 万平方千米，较 2021 年减少 2.08 万平方千米，减幅 0.78%。2022 年 10 月，全国人大常委会第三十七次会议通过《中华人民共和国黄河保护法》。推动光伏、风电等产业发展与生态治理有机结合，探索一条生态效益、经济效益和社会效益兼具的特色道路。2022 年 12 月，制定《生态保护红线生态环境监督办法（试行）》，着力加强生态保护红线生态环境监督，严守生态保护红线，保障国家生态安全。大力实施易地扶贫搬迁、生态搬迁，生态退化地区人口压力大幅降低，实现减压增效发展，生态保护补偿机制逐步建立健全，生态安全屏障功能得到有效发挥。

5. 资源型地区加快转型发展

不断健全资源型地区转型发展的政策体系，促进资源型地区转型发展。资源枯竭城市转型发展质量得到提高，对资源依赖程度不断降低，主导资源的产值占工业总产值比重比 10 年前下降一半左右，产业结构由"一业独大"逐步转为"多元支撑"，加快向综合性和加工制造型城市转型。采矿业增加值占地区生产总值比重进一步下降，服务业增加值占地区生产总值比重快速提升，产业结构进一步优化。成长型、成熟型资源型地区资源保障能力持续提升，塔里木盆地的富满油田、河套盆地的巴彦油田和渤海湾海域的渤中26－6 油田 3 个油气田新增石油储量规模达到大型，锂、钴等战略性新兴矿产储量分别同比增加 57%、14.5%；铜、铅、锌等大宗矿产储量分别同比增加 16.7%、7.1% 和 4.2%；铍、锗、镓等稀有金属储量分别同比增加 11.7%、7.9% 和 16.5%；金矿同比增加 5.5%；非金属中，普通萤石、晶质石墨分别同比增加 27.8% 和 3.5%。生态环境稳步恢复，各类历史遗留矿山地质环境恢复治理率大幅提升，公共服务水平和民生保障能力加快提高，城市基础设施和人居环境得到明显改善，城市面貌和综合服务功能实现较大提升。

6. 老工业城市加快转型升级

落实《"十四五"支持老工业城市和资源型城市产业转型升级示范区高质量发展实施方案》，支持老工业城市建设产业转型升级示范区。2022 年，各部门各地方持续完善支持示范区建设的政策体系和长效机制，积极推动产业转型，统筹推进科技创新、园区建设、城市更新和绿色转型，12 个示范区城市已发展成为省内仅次于省会城市的区域性中心城市，15 个示范区城市地区生产总值进入全国百强，较好地发挥了产业转型升级示范作用，对完善现代化产业体系、优化区域经济布局发挥了积极作用。推动老工业城市加快转型升级，传统优势产业加快向高端化发展，市场竞争力持续增强，新兴产业不断发展壮大，老工业城市高新技术产业增加值增速快于同期地区生产总值增速，新动能支撑作用明显增强，生产性服务业加快发展，成为推动老工业城市经济发展的新增长引擎。城市功能加快完善，城区老工业区搬迁改造稳步推进，城市空间格局不断优化，工业遗产保护利用不断创新，城市基础设施不断完善，公共服务体系加快健全，城市综合服务功能快速提升。绿色转型发展实现重要进展，工业污染土地和废弃地得到有效治理，生态环境修复深入推进，循环经济、低碳经济加快发展。北京市石景山区、河北省唐山市、辽宁省沈阳市、黑龙江省大庆市、山东省淄博市、江苏省常州市、安徽省蚌埠市、河南省平顶山市、湖北省黄石市以及贵州省六盘水市 10 个城市被评为2022 年度老工业基地调整改造和推进产业转型升级等工作成效明显的督查激励推荐城市。

（二）特殊类型地区振兴发展存在的问题

特殊类型地区涉及国土面积广，空间上交织重叠，面临的问题虽表现各有不同，但都具有"困难的底色"，是我国高质量发展格局中的"短板"，是区域发展不平衡不充分的集中体现，是社会主义现代化建设的突出短板和薄弱环节。

1. 空间范围过大、相互重叠、政策交叉制约精准施策

我国六类特殊类型地区面积占全国陆地国土面积的90%以上，而且不同特殊类型地区在空间上重叠度很高，政策上相互交叉，这在很大程度上影响政策的精准性。主要制约表现有：（1）覆盖国土面积过大，稀释了扶持资金和项目应有的规模效应；（2）规划区与政策区基本上一致，没有充分考虑特殊类型地区内部的差异，导致政策难以有效落地实施；（3）针对特殊类型地区的政策多是基于不同部门相关规划或指导意见制定，存在分散、零碎、交叉等现象，没有形成指向明确的政策体系和合力。

2. 保障和改善民生方面短板突出

基本公共服务均等化、基础设施通达程度比较均衡、人民基本生活保障水平大体相当是区域协调发展的基本目标，特殊类型地区在这三个方面还存在明显短板：（1）特殊类型地区基本公共服务水平较低，基本公共服务硬件建设与软件配套仍存在较大差距，存在"硬好软弱"等不协同不配套突出问题，尤其是医院和学校的专业技术人员十分短缺；（2）基础设施通达程度较低，特殊类型地区大多处于全国铁路网、公路网等的末梢，区位偏远，与主要经济中心或区域性中心城市间的交通不够便利快捷，部分边远地区地形地貌复杂，基础设施建设成本高、难度大、"欠账"多，公路网、铁路网密度远低于其他地区，交通运输能力不足，物流成本高。在航空、高铁、地铁等轨道交通发展滞后，能源、环境、水利、通信等基础设施仍有很多薄弱环节；（3）居民收入整体偏低，由于特殊类型地区就业岗位少、劳动力就业技能偏低，当地居民的增收能力明显不足。

3. 推动高质量发展的能力普遍偏低

推动高质量发展是贯彻落实新发展理念的具体举措，也是当前和今后一

个时期确定发展思路、制定经济政策、实施宏观调控的根本要求。特殊类型地区推动高质量发展的能力普遍偏低，以至于在由"高速度"向"高质量"转型中困难重重、举步维艰，部分特殊类型地区经济增速滑出合理区间甚至出现"断崖式"下滑。究其原因主要有以下三个方面：（1）区位偏远，远离经济中心或者消费市场，思想观念和市场意识比较保守，缺乏高质量发展的条件；（2）发展基础比较薄弱，产业结构相对单一，"依投资、依重化、依扶持"的特点突出，科技人才储备和管理经验不足，缺乏高质量发展的基础；（3）缺乏与国内外先进经济体系的有机对接，致使特殊类型地区体制机制僵化，缺乏高质量发展的外部环境和支撑保障。

（三）特殊类型地区振兴发展展望

1. 加大欠发达地区帮扶力度

持续提升欠发达地区"造血"功能。完善欠发达地区特色优势资源价值转化机制，推动生态、文化、农业等资源优势加快向经济优势转化。研究制定并不断优化欠发达地区产业发展引导目录，精准扶持一批具有地方特色和发展潜力的优势产业，培育一批在全国有影响力的龙头企业和品牌。支持发展"归雁经济"，出台实施配套扶持引导政策。完善经营性集体建设用地入市制度，盘活农村、生态地区的土地资源，对文化旅游综合体、田园综合体等新业态发展给予建设用地支持。加快补齐欠发达地区基础设施短板，推动中心城市高铁、高速公路等设施建设向欠发达地区延伸。针对部分欠发达地区缺水制约问题，论证实施重大调水补水工程。强化智力扶持，制定实施支持欠发达地区发展的人才援助、人力资本提升专项政策，通过优先职务职称晋升、享受政治荣誉、增加经济补贴、个税减免等方式，吸引专业技术人才到欠发达地区发展。设立财政专项津贴，补助欠发达地区义务教育、医疗卫生领域专业技术从业人员。支持欠发达地区对接融入都市圈、城市群规划建设，强化中心城市对欠发达地区的辐射带动。支持欠发达地区对接融入国家重大区域战略，支持毗邻欠发达地区协同发展。鼓励与东部沿海等发达地区城市深度合作，在5G＋、先进制造、消费经济等领域形成新的协作关系。完善对口帮扶协作，推动建立"一对一""一对多""多对一"等不同组合方式的结对帮扶机制，引导人才、资金、技术等要素向欠发达地区流动。支持援助地区到欠发达地区合作建设园区，鼓励企业到欠发达地区投资兴业、带动就业。加强协作双方党政干部和专业技术人员交流。完善劳务输出精准对接机制，实现欠发达地区人口跨省稳定就业。

2. 支持革命老区振兴发展

加快完善革命老区综合交通网络。通过规划新线、新建联络线、延伸支线等多种方式，推动老区所在地级市尽快融入国家高速公路网和高速铁路网，打通一批省际"断头路"，拓宽一批"瓶颈路"，加强跨省互联互通能力。优先布局一批铁路项目并设立站点，积极布局一批支线和通用机场，促进都市圈、城市群交通网络向临近老区延伸，推动老区从"交通末梢"向"交通通道"和"交通枢纽"转变。培育壮大革命老区优势产业。因地制宜勘探开发老区煤炭、石油、天然气、页岩气、煤层气、页岩油等化石能源，支持符合条件的老区建设能源化工基地。用好老区红色旅游资源，着力打造不同时期红色旅游形象，打造"从古到今"的军事文化主题游。结合老区建筑风情建设红色民宿体验区，将革命记忆、河谷风情、湿地生态与浓郁军事主题氛围鲜活呈现，积极推动红色文化与生态旅游、休闲旅游、历史文化旅游融合发展，形成综合性、复合型旅游新产品，提升红色旅游的品质和综合竞争力。加快研究并出台有利于革命老区降低成本、集聚资源要素的财政政策、能源政策和产业政策，鼓励东部地区将部分中间加工环节、知名生产基地优先向内陆转移。发挥老区劳动力成本相对低廉、人力资源丰富的优势，加快补齐基础设施短板，提升承接产业转移的要素保障水平和能力。根据革命老区山多地少、生态环境相对脆弱的自然条件，坚持面上保护、点上开发，通过内聚外迁相结合，合理引导人口流动和城镇布局，做好生态移民搬迁工作，引导生态不宜居地方的人口走出大山，持续释放劳动力优势，大幅降低城镇化建设成本，走出一条新型城镇化与乡村振兴相得益彰、相辅相成的路子。

3. 提升边境地区人口与经济支撑能力

治国必治边，加快边疆发展，确保边疆稳固、边境安全是统筹发展和安全的重要内容，要通过兴边富民、稳边固边，筑牢边疆安全屏障。以边境县（区、市、旗）和边境团场为重点，深入实施兴边富民行动中心城镇试点，大力改善边境城镇基础设施和生产生活条件。着力筑牢中华民族共同体意识，将中华民族共同体意识教育纳入国民教育、干部教育、社会教育全过程，引导各民族干部群众树立正确的国家观、民族观、历史观、文化观、宗教观，促进各民族交往交流交融，确保边疆稳固和边境安全。根据不同边境区段自然资源禀赋、经济社会发展基础，内地制宜发展沿边特色优势产业，强化财税金融政策、产业企业政策、就业激励政策、补贴政策等的倾斜支持，更大力度吸引企业、促进就业，夯实边境地区稳定人口的产业根基。完善沿边地区重点开发开放试验区、综合保税区、边境经济合作区、边民互市贸易区等各类开发开放平台布局，加强云南、广西等边境沿边产业园区建设，深化沿边对外开放，提高园区产业承接能力，打造沿边开发开放的新增长极。促进边境腹地互动发展，畅通边腹互动通道，促进设施共建、政策共用、利益共享，构建边腹协同发展格局，增强边境地区发展能力。

4. 加快生态退化地区绿色转型发展

以北方农牧交错带土地沙化重点治理区、黄土高原丘陵沟壑水土流失重点治理区、青藏高原草原草甸退化重点治理区、西北内陆河荒漠化重点治理区以及西南喀斯特石漠化重点治理区为重点，加大生态退化地区生态环境保护治理，综合运用适宜物理技术、生物技术和工程技术修复严重退化生态系统。通过易地搬迁实现人口外迁内聚，加强居民聚集区公共服务水平，通过公共服务布局引导人口布局改善，降低对生态系统的干扰，提升居民生活质量。提高生态退化地区基本公共服务统筹层次，提高中央和省级财政向生态退化地区转移支付力度，转移支付资金重点支持提升生态退化地区公共服务水平。在生态退化地区的基础设施建设要尽量减少对生态环境的负面影响，在规划设计时应充分考虑保护生态系统的整体性和完整性。加大生态公益岗位的扶持力度，推动生态保护与帮扶就业相结合，适度扩大生态公益岗位规模，明确生态公益岗位中央和地方事权财权分配机制，提高生态公益岗位收益保障水平，将生态公益岗位向零就业家庭、困难家庭倾斜，加强就业困难人员就业援助，提高就业水平。

5. 促进资源型地区加快发展接续替代产业

提高资源枯竭城市转型发展质量，大力扶持发展接续替代产业，全面解决历史遗留问题。深入推进重点采煤沉陷区综合治理，引导独立工矿区特色化改造，推进资源富集地区创新发展。推动城矿协同转型，协调资源开发与区域发展，统筹地下资源开发与地上城市建设、生态保护，推动地上地下统筹布局。加强战略性矿产资源储备基地建设，构建重点矿种矿产地储备体系。加快发展绿色矿业，在资源型地区培育一批国家级绿色矿山、绿色园区和绿色工厂。健全矿山生态环境治理制度，强化重点污染物防治。加快培育发展接续替代产业，延伸资源型产业链条，推进资源产业向下游延伸，加快资源深加工、重型装备制造等接续产业发展。因地制宜培育发展新材料、新能源、大数据、互联网、电商等特色新兴产业集群。创建资源富集地区转型创新试验区、资源型地区可持续发展示范区等。加快探索绿色高效安全的资源开发模式，不断修复生态环境，完善资源型地区可持续发展长效机制，为维护国家能源资源安全做出新贡献。

6. 促进老工业城市经济转型和功能提升

加快制造业竞争优势重构，做强做精主导产业，不断提高产业基础能力和产业链水平。加强科技孵化器、专业技术转移机构和科技成果产业化平台等创新载体建设，加快核心技术攻关，研发一批重大装备和关键产品，为传统产业升级提供重要支撑。紧紧结合以"智能制造"为核心的新工业革命，全面改造提升传统优势产业，不断拓展产业领域，培育和推进新能源、新材料、节能环保、生物、电子信息、航空航天、高端装备以及大数据等产业发展，促进更广领域新技术、新产品、新业态、新模式蓬勃发展。发挥国防军工产业的技术优势，促进军民融合发展，促进军工技术与民用技术的辐射、嫁接和转化，积极发展军民融合产业。以城促产，以产兴城，统筹推进"老工业"转型升级和"老城市"城市更新，加快完成老工业区搬迁改造，拓展城市空间和功能，促进老工业城市旧貌换新颜，加快从"工业锈带"转变为"生活秀带"，提升老工业城市的综合承载能力，塑造城市文明新形象。

六、建设海洋强国

在新的历史条件下，海洋作为国土开发和区域协调发展的重要组成部分，已成为高质量发展的战略要地，也是构建新发展格局的重要前沿，对拓展生存和发展空间、缓解资源特别是能源压力、培育新的经济增长点、扩大对外开放和保障国家安全等方面发挥出越来越重要的作用。继国家"十二五"规划提出实施海洋开发，提高海洋开发、控制和综合管理能力，发展海洋经济之后，国家"十三五"规划和"十四五"规划均将坚持陆海统筹、发展海洋经济、建设海洋强国作为区域协调发展的重要内容，沿海地区对陆海统筹发展的重视程度也空前提高，凸显了海洋在区域协调发展中的重要地位。

（一）建设海洋强国的进展

进入 21 世纪以来，特别是党的十八大提出建设海洋强国、发展海洋经济的战略部署以来，我国海洋经济保持持续增长势头，总体实力不断提升，海洋产业结构进一步优化，海洋科技创新能力大大增强，海洋生态环境不断提升，全球海洋治理能力不断增强，成为拉动国民经济发展的有力引擎。

1. 海洋经济规模快速增长

近 20 年来，我国海洋经济增长经历了由高速增长到中高速增长的发展过程，大体上和国家经济整体发展呈现出基本一致的态势，但部分年份表现突出，海洋经济在国民经济中的地位基本保持着上升势头，在缓解国家资源压力、增加经济实力、扩大就业等方面发挥了重安作用。2002～2022 年，我国海洋生产总值年均增长 9.4%，快于同期国内生产总值 8.4% 的增长步伐，生产总值由 2002 年的 1.12 万亿元增加到 2022 年 9.46 万亿元，增长了 8 倍多，占国内生产总值的比重由 2002 年的 9.26% 提高到 2021 年的 15%，2002～2010 年是我国海洋经济高速发展时期，生产总值年均增长速度高达 13.4%，比同期国内生产总值年均增速高 2.7 个百分点。2010 年以后，随着金融危机后世界经济加快调整和国内经济发展步伐放缓，海洋经济发展也明显放慢，海洋生产总值大体和国内生产总值保持着同步增长，海洋经济在国民经济中的比重也基本保持稳定。新冠疫情虽然对海洋经济增长冲击较大，但总的来看，随着进入后疫情时代，海洋经济仍处于不断恢复中（见图 3–3）。

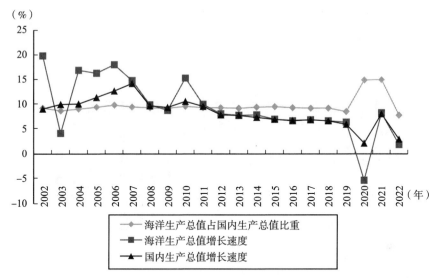

图 3-3 我国海洋经济生产总值及国内生产总值增长情况

资料来源：2002~2019 年《中国海洋经济统计年鉴》；2020~2022 年《中国海洋经济统计公报》。

2. 海洋产业结构不断优化

伴随着海洋经济总量的快速增长，海洋产业的门类也迅速增多，由原来的海洋渔业、海洋交通运输业、海洋旅游业、海洋油气工业，沿海造船业、海盐及盐化工业、海滨砂矿业七大产业增加到目前的 12 个产业，并带动了海洋农林业、海洋设备制造业、涉海产品及材料制造业、涉海建筑与安装业、海洋批发与零售业以及涉海服务业等相关产业的发展，海洋经济已经形成了涵盖三次产业、门类齐全、相对完整的产业体系。产业门类增多，产业升级步伐加快，特别是海洋工业和服务业加快发展，使海洋产业结构发生了积极变化，总体呈现出服务业快速发展、占海洋生产总值比重不断提高的态势，海洋三次产业结构由 2002 年的 6.5：43.2：50.3 调整为 2022 年的 4.6：36.5：58.9，海洋第一、第二产业比重明显下降，海洋第三产业比重大幅度攀升，呈现出"三、二、一"产业发展格局（见图 3-4）。从海洋产业结构的演变过程可以看出，21 世纪以来我国海洋三次产业结构的变动主要以海洋工业比重的显著下降和海洋第三产业比重的显著提升为主要趋势，海洋第二产业和海洋第三产业增长呈现出显著负相关关系，而海洋产业结构调整方向的服务化是在未经历海洋工业充分发展的基础上形成的，这与全国整体经济结构的变化有着明显的差异。

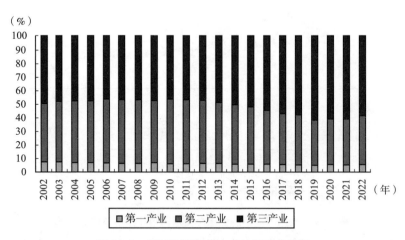

图 3 - 4　我国海洋三次产业结构变化情况

资料来源：2002～2019 年《中国海洋经济统计年鉴》；2020～2022 年《中国海洋经济统计公报》。

近年来，我国海洋战略性新兴产业发展取得积极进展。海洋装备制造与高技术船舶、海洋能、海水净化与综合利用、海洋药物与生物制品业等海洋产业体系新支柱，以及深海探测开发、空天技术下海等前沿领域和相关未来产业发展迅速。我国是全球三个主要海工装备建造国之一，2013 年以来海工装备全球市场份额多年位居第一，持有订单、新接订单和交付订单量均占全球 50% 左右。我国是世界造船大国，2021 年上半年造船完工量、新接订单量和手持订单量以载重吨计算分别占世界总量的 44.9%、51% 和 45.8%；已全面掌握三大主流船型自主设计技术和 80% 以上的配套装船能力，具备建造世界上大多数船舶产品的能力，实现了大型 LNG 船、大邮轮的批量制造。海洋能开发利用加快突破，海上风电累计并网装机容量达到 899 万千瓦，占全球的 25.7%，2020 年新增并网装机容量占全球新增容量的 50.5%；LHD 海洋潮流能发电站实现并网发电 50 个月，连续运行时间保持全球第一位。海洋生物医药、海洋电力、海水利用等新兴产业不断壮大，2016～2020 年，相关产业增加值年均增速达到 12%；2020 年海水淡化日产能力达到 165 万吨，较

2015 年末增长 4%；海洋生物医药和制品业基本形成以海洋创新药物、海洋生物医用材料、海洋功能食品、海洋生物农用制品为主的产业体系，市场规模逐步扩大。

3. 海洋生态环境不断提升

近年来，我国海洋生态环境状况总体呈现稳中向好态势，除近岸海域劣四类水质面积逐步减少之外，监测的入海河流劣五类水质断面也呈下降趋势，典型海洋生态系统健康状况和海洋保护区保护对象基本保持稳定，海洋倾倒区、海洋油气区环境质量基本符合海洋功能区环境保护要求，海洋渔业水域环境质量总体良好，赤潮发生次数和累计面积也呈总体下降趋势。从管辖海域整体水质来看，2020 年，我国符合第一类海水水质标准的海域面积占管辖海域的 96.8%，与 2015 年相比，我国管辖海域一类水质海域面积占比上升了 2.0 个百分点，劣四类水质海域面积减少了 9950 平方千米。从近岸海域水质来看，2020 年优良（一类、二类）水质面积比例为 77.4%，同比上升 0.8 个百分点；劣四类水质比例平均为 9.4%，同比下降 2.3 个百分点；与 2015 年相比，优良水质比例上升 9.0 个百分点，劣四类水质比例下降 3.6 个百分点，"十三五"期间优良水质比例平均值为 73.8%，总体呈改善趋势。从海水富营养化情况来看，与 2015 年相比，2020 年呈富营养化状态的海域面积减少 32420 平方千米，其中重度富营养化海域面积减少 5080 平方千米。同时，海洋保护区、海水浴场、滨海旅游度假区环境总体良好，海水增养殖区环境基本满足养殖活动要求，海洋倾倒区和油气区环境总体稳定，未因倾倒活动或油气开发活动产生明显环境影响；入海排污口主要超标排放物质超标率近年呈下降趋势。

4. 全球海洋治理能力不断提升

党的十八大以来，以习近平同志为核心的党中央相继提出"21 世纪海上丝绸之路""海洋生态文明""蓝色伙伴关系""海洋命运共同体"等有关海洋治理的新理念、新思想和新战略。近年来，我国积极推进海洋开发国际合作，加快 21 世纪海上丝绸之路建设，全面参与国际海域资源调查与开发，不断提升参与国际海洋事务和全球海洋治理的能力，取得了显著成效。海洋合作是共建 21 世纪海上丝绸之路的基础环节和重要内容。共建"一带一路"

倡议提出以来，中国海洋对外贸易向好，2020 年，与 21 世纪海上丝绸之路共建国家货物进出口总额达到 12624 亿美元，为全球海运贸易提供重要动力，与数十个国家开展港口共建，海运服务覆盖"一带一路"所有共建国家，我国与广大沿海国家的海洋合作有了长足发展，合作规模不断扩大、领域不断拓宽、层次不断提升、水平稳步提高，对共建 21 世纪海上丝绸之路起到了重要支撑作用，也为未来我国扩大国际海洋合作奠定了良好基础。近年来，我国积极参与亚丁湾、索马里海域护航行动，"和平方舟"号医院船行使"和谐使命"，推动海洋生态文明建设，全面参与联合国框架内海洋治理机制和相关规则制定与实施，落实海洋可持续发展目标，通过积极参与国际海域各方面事务，着力提升在国际海域事务中的话语权和影响力，维护了我国在国际海域的战略利益，提升了深海新疆域的治理能力。

（二）建设海洋强国存在的主要问题

尽管我国海洋相关领域取得了较大的成绩，但是对标我国建设海洋强国要求，对比国际海洋前沿发展水平，仍存在海洋科技自主创新能力不足、产业升级压力大、投融资支撑不足以及生态环境约束大等短板。

1. 自主创新能力不足

虽然最近几十年我国在海洋科技方面取得长足进展，但是我国很多科技创新活动还是以跟踪和模仿居多，原创性引领性成果较少，海洋科技发展的总体水平仍然偏低，突出表现在基础研究滞后、海洋技术发展水平低、重点领域关键核心技术差距较大、创新能力有待提高等方面。如在高端船舶和海工装备制造领域，企业多以集成制造为主，大量核心技术和关键配件不具备自主研发和生产能力，依赖进口，专利使用费、测试费等造成企业生产成本高企。在海水淡化领域，反渗透膜、高压泵和能量回收装置三个核心部件中，虽反渗透膜已建成规模化生产线并得到一定范围的推广应用，但关键性能与国际先进水平差距明显，且高端膜材料和制膜装备基本依赖进口；高压泵、能量回收装置等方面虽已实现国产化，但与国外相比产品效率不高、稳定性不足。此外，我国在海洋高技术领域的研究水平与国际先进相差较大。例如，深海技术和装备总体上落后发达国家 10 年左右，个别领域如海洋材料与工艺、通用技术设备等落后 20 年。

2. 海洋产业升级压力大

在过去的发展中，海洋经济的快速增长在很大程度上是依托资源型传统产业规模的扩张实现的，海洋产业发展层次低、生产效率低、空间布局不合理，海洋产业升级压力大。一是海洋制造业仍处于全球产业链低端，产品创新、技术攻关、管理优化、智能制造等方面，仍与发达国家存在不少差距。例如，世界海洋工程主要装备及配套设备与系统的研发和设计以美国、欧洲、日本为领先，制造以新加坡和韩国为主。中国处于全球海洋工程装备制造业的第三阵营，与阿联酋、巴西、俄罗斯、越南、印度和印度尼西亚等国家处于同一阵营，主要从事浅水装备的建造、改装和修理等。二是海洋服务业发展滞后。作为海运大国，我国沿海港口完成的国际海运量约占全球海运量的30%，但海运服务贸易仅占全球的 6%，除传统航运服务功能尚可外，船舶登记、航运金融、航运保险、海事仲裁等高端服务能力有限、层级偏低，国际竞争力总体不强。三是产业链不完整。上下游合作不紧密，加工制造能力强，核心零部件、高端研发和市场营销等环节受制于人，缺乏产业链的合作和整体布局。海洋开发部门行业往往是陆域经济的某些部门向海洋空间的拓展延伸，陆海资源、技术、产品、市场的二元分割现象比较严重。涉海信息数据和研发设施共享不足。四是布局不合理。沿海地区产业规划布局大同小异，都涉及海上风电、海洋工程装备制造、海洋生物医药、海水利用等产业。沿海重工业和港口布局密度高、效率低，大量以消耗海洋资源环境为代价建设的产业新城、产业园区处于荒弃或低效运行状态。部分港口海铁联运衔接不足，运输衔接"最后一公里"问题仍较突出。一些地区港、产、城等功能布局和开发建设不协调问题依然突出。

3. 海洋领域投融资支撑不足

海洋领域金融建设发展有待完善。海洋装备、海洋船舶等海洋制造业规模较大，资金需求量大，周转周期比较长，传统银行融资业务很难满足海洋装备企业的融资需求，而一些海洋养殖等企业风险较高，也使规避风险的传统银行和金融机构难以对此类企业提供大规模融资支持。与此同时，专门针对海洋领域的风险分担以及补偿机制不健全，财政贴息以及风险担保措施需要进一步加强，银行机构对涉海企业的资金支持需要进一步强化。当前海洋保险等保险产品对海上风险的保障功能不健全，例如，由于业务涉及领域广，涉海保险在定价、估损以及理赔等方面需要较高的技术，导致海洋保险发展相对缓慢。支持海洋经济发展方面的财政资金有较为分散、规模较小等特点，资金使用的聚合力欠佳，需进一步加大政策性引导资金的投入。

4. 海洋资源与环境生态约束加大

未来很长一段时间内，我国社会经济发展所处的阶段性特征决定了沿海地区人口增长、城市化和工业化发展对海洋生态环境的压力将长期存在，而且有可能会进一步加大。一方面，海洋环境污染很难在短期内得到根本遏制；另一方面，沿海社会经济发展对海洋资源的需求还将不断扩大，而受科技发展和管理水平的制约，海洋开发利用方式的彻底改变还需要一个过程，不合理开发对海洋资源和生态环境的影响有可能会进一步加剧。因此，未来海洋生态环境保护与管理还将面临严峻的风险和挑战。陆源污染防控仍面临巨大压力。陆地上的人类活动产生的污染物质通过直接排放、河流携带和大气沉降等方式输送到海洋，严重影响着海洋生态环境质量，成为我国海洋环境恶化的关键因素。流域水资源和海洋资源不合理过度开发的压力持续存在。一方面，由于陆地流域水资源的过度开发，大型水利工程建设过热，导致入海河流水量减少，对海洋生态系统产生重大影响；另一方面，钢铁、石化、重化工等产业近海布局，海上油气开采规模持续扩大，生产、储运等环节易发生突发事故，产业重构及高环境风险叠加的态势短时间内难以消除。与此同时，统筹陆海生态环境保护尚有一些技术性难题亟待破解。从技术层面来说，打通陆地和海洋的任务艰巨，尚需持续巩固和不断深化发展。从管理制度来看，生态补偿制度有待在海洋生态环境保护领域予以延伸，海洋生态保护红线监管有待与陆域生态保护红线"一揽子"考虑，海洋生态环境损害赔偿制度相对滞后，有待纳入全盘考虑，重点海域总量控制制度有待与排污许可证制度做好统筹。

（三）建设海洋强国的下一步展望

加快建设海洋强国，要不断优化海洋经济空间布局，提升海洋科技创新水平，构建现代化海洋产业体系，提升海洋生态系统功能，深度参与全球海洋治理，不断提高我国在全球海洋领域的地位和竞争力，更好地服务新发展格局。

1. 优化海洋经济空间布局

以区域协调发展总体战略为引领，进一步优化我国北部、东部和南部三个海洋经济圈布局，促进区域间相互融通补充。以"一带一路"建设助推沿海地区协同开放，构建陆海双向对外开放的新格局。以京津冀协同发展推动现代化津冀港口群建设，打造北方国际航运核心区，加强渤海湾自然资源集约节约利用和生态保护修复，打造渤海生态湾区，带动环渤海地区协同、绿色发展。以长江经济带协同发展推动建立江海生态环境联防联治机制，构建江海绿色生态廊道；发挥上海及长江三角洲地区的引领作用，建设有国际影响力的江海联运示范带和陆海统筹先行区。以粤港澳大湾区建设为依托，发挥香港地区、澳门地区作为自由经济体和广东作为改革开放"排头兵"的作用，着力培育发展海洋新产业、新业态、新模式，支持海洋传统产业改造升级，加快发展先进制造业和现代服务业，构建具有国际竞争力的现代海洋产业体系。以中国（海南）自由贸易试验区建设为契机，着力提升海南省贸易便利化水平、国际航运能力、高端旅游服务能力，建立开放型、生态型、服务型海洋产业体系，把海南打造成为我国面向太平洋和印度洋的重要对外开放门户。

2. 提升海洋科技创新水平

围绕深水、绿色、安全等重大需求，加强海洋核心关键技术及装备研发攻关。在深海探测领域，重点攻克各类极限海洋环境下工作的潜水器耐高压结构、低密度浮力材料等核心技术，支持深海油气资源和矿产资源探测、海斗深渊科学观察探测、深海生物基因资源和环境探测等装备谱系化发展。在深海油气资源开发领域，重点突破水下电力系统设计、控制系统设计等关键技术，加强深水超深水钻井平台、半潜平台设计制造技术及配套设备研发制造。在海水养殖与海洋生物技术领域，加强深远海大型养殖装备、集装箱养殖装备等关键装备研发，提升新型海洋生物功能制品、海洋特色酶制剂产品、海洋生物基因工程制品的研发能力。在海洋可再生能源领域，着力提升大功率的海上风电机组制造能力，突破海洋能发电装备系统集成技术、关键部件设计与制造等技术瓶颈。在海水淡化领域，重点支持高性能的国产反渗透膜、能量回收装置、高压泵、蒸汽喷射泵等装备研发制造。依托国家"双万计划"，完善海洋基础学科建设。实施"蓝色人才"工程，在海洋高端装备制造、海洋生物医药、海洋新能源、新材料等领域，鼓励支持高校为企业"订单式"培养海洋领域专业化人才。激励海洋科技成果转化。鼓励涉海高校、科研院所为企业提供定制式研发服务，完善协调企业和海洋科研院所的中介服务，打造运行机制规范、专业人才集聚、服务能力突出的海洋科技成果交易平台，促进技术开发和市场需求对接。构建国家重大科技项目接续支持机制，打通科技成果转化"最后一公里"，促使更多已结题、未转化的国家项目落地。

3. 构建现代化海洋产业体系

推动海洋产业优化升级。实施海洋渔业结构升级行动，支持海水养殖由传统生产模式向创新型生产模式转移，大力发展工厂化养殖、深水网箱养殖等新型养殖模式。推动海洋领域制造业健康发展。加大对大型邮轮、深海油气勘探开发、海洋可再生能源利用装备、深远海探测装备以及极地装备等高端领域产品的设计和研发力度。开展"蓝色智造"工程，实施智能船舶、水下机器人、无人船艇等智能制造重大专项。积极推进中国船舶和海工制造"品质升级"，在高技术船舶和海工装备等领域打造一批国际知名品牌，在零部件和配套产品领域打造一批"隐形世界冠军"。提升现代海洋服务业质量效益，推进世界一流强港建设，构建包含涉海金融、航运保险、船舶和航运经纪及海事仲裁等业态的多层次多元化现代航运服务体系。积极发展高端海洋旅游业，培育和壮大海洋科技、信息、技术、金融服务市场主体。培育海洋经济增长新动能，促进海水淡化规模化应用，开展大规模海水淡化工程试点示范，支持边远海岛海水淡化设施建设。优化海上风电场布局，鼓励新建海上风电场向远海发展，提高海上风电场生产效率和运维能力。出台国家潮流能发电上网电价政策，制定引领国际潮流能发展的相关标准，推动潮流能发电规模化、产业化进程。推进波浪能示范工程建设，推广海岛可再生能源多能互补的规模化应用。推进国家天然气水合物研发基地建设，促进天然气水合物勘察开采产业化进程。建设海洋生物医药基因库，支持海洋创新药物研发，加快推动成熟海洋药物产业化进程。加快传统海洋产业与云计算、大数据、5G 等新技术的融合，培育各类新型海洋业态。

4. 提升海洋生态系统功能

在巩固深化污染防治攻坚战成果基础上，系统推进陆海生态环境综合治理，全面促进海洋环境质量根本好转；实施陆海统筹、区域联动的海洋生态保护和恢复修复，全面扭转海洋生态退化趋势，实现海洋生态系统健康稳定，提供更多优质海洋生态产品；强化海洋环境风险防控与应急响应，提高公共服务水平，在海岸带地区率先推动形成生态优先和绿色发展的空间格局，筑牢海洋蓝色生态屏障，保障区域生态安全和民生福祉，实现美丽海洋。统一布局生态、生活、生产空间，统筹陆海生态系统和资源，以海洋强国建设为目标，通过创新驱动，加快产业结构战略性调整和产业转型升级，形成资源环境与经济社会协调发展的经济结构与空间格局，优化调整流域至海域的整体产业空间布局，搭建上下游企业发展的循环链条，加快产业的绿色转型，推动蓝色经济发展与生态环境保护集约高效协同发展新模式。重构"打通陆地和海洋，贯通污染防治和生态保护"的海洋生态环境治理体系关键框架，加快健全新管理体制下的法律法规体系、标准规范体系、管理制度体系和监测业务体系，建设陆海协同的海洋生态灾害和环境风险防范应急体系。

5. 深度参与全球海洋治理

以共建 21 世纪海上丝绸之路为引领，着眼全球配置资源，加强与共建国家在海洋方面的合作。深度参与国际海洋治理体制与规则的制定与实施，进一步发展蓝色伙伴关系，共建公正合理的国际海洋秩序。倡议各国共建海洋命运共同体，号召各国共享海洋发展机遇、共破海洋发展难题、共蓄海洋发展动能，推动海洋经济可持续发展。吸引跨国涉海企业来华设立分支机构，助力拓展海洋领域市场合作。大力开拓船舶、海工装备以及海洋工程建筑等领域的国际市场，建设国际国内枢纽，深化海洋经济相关产业的对外合作，构建全方位多层次的对外投资保障体系，积极拓展海洋经济对外合作发展空间。以习近平总书记提出的"海洋命运共同体"理念为指引，加强与 21 世纪海上丝绸之路共建国家的国际合作，深度参与联合国框架下的全球海洋治理。尽快建立覆盖我国主权范围内管辖海域、海上丝绸之路、冰上丝绸之路、大洋航线和全球战略通道的海洋立体观测网。加强海洋战略通道和关键节点安全常态化保障机制，积极推进海外战略支点建设，建立我国在全球范围内战略要地、战略通道和战略资源地的权益保障机制，提升海洋建设的风险防控能力和战略定力。

参 考 文 献

［1］广东省人民政府. 2023 年广东省政府工作报告［R］. 2023 - 01 - 18.

［2］北京市人民政府. 2023 年北京市政府工作报告［R］. 2023 - 01 - 28.

［3］浙江省统计局. 2022 年浙江省国民经济和社会发展统计公报［R］. 2023 - 03 - 16.

［4］江苏省统计局. 2022 年江苏省国民经济和社会发展统计公报［R］. 2023 - 03 - 03.

［5］山东省人民政府. 2022 年山东省国民经济和社会发展统计公报［R］. 2023 - 03 - 02.

［6］福建省人民政府. 2023 年福建省人民政府工作报告［R］. 2023 - 01 - 20.

［7］广东省统计局. 2022 年广东国民经济和社会发展统计公报［R］. 2023 - 03 - 31.

第四篇

新型城镇化战略

一、加快农业转移人口市民化

促进有能力在城镇稳定就业生活的农业转移人口实现市民化，是新型城镇化的首要任务。党的二十大报告再次强调，要"加快农业转移人口市民化"。加快农业转移人口市民化，不仅是提升城镇化质量、促进社会公平正义与和谐稳定以及不断增强人民群众获得感幸福感安全感的客观要求，也是稳定城市产业工人队伍、扩大中等收入群体规模、支撑我国经济保持中高速增长的现实需要，还是破解城乡二元结构、畅通城乡循环、构建新发展格局的必然选择。

（一）农业转移人口市民化的进展成效

1. 户籍制度改革深入推进，超过 1 亿农业转移人口在城镇落户

党的十八大以来，党中央国务院加快完善农业转移人口市民化的顶层设计，一系列重大户籍制度改革措施密集出台。2014 年，国务院印发实施《国务院关于进一步推进户籍制度改革的意见》和《国务院关于调整城市规模划分标准的通知》，吹响户籍制度改革的"冲锋号"，搭建户口迁移政策、城市规模划分标准和城镇人口统计口径的"四梁八柱"，奠定实施差别化落户政策的基础。2016 年又相继出台《国务院关于深入推进新型城镇化建设的若干

意见》《推动 1 亿非户籍人口在城市落户方案》等政策文件，明确不同规模城市放宽落户限制的重点，促进农业转移人口举家进城落户。2019 年，发改委、公安部等部门制定印发《国家发展改革委　公安部关于督促落实 1 亿非户籍人口在城市落户重点工作任务的通知》，有针对性地提出确保重点群体便捷落户、提升农业转移人口就业能力、优化"人地钱挂钩"操作细则、增强教师编制灵活性等举措。2022 年 6 月 21 日，国家发展改革委发布《"十四五"新型城镇化实施方案》，坚持以人民为中心，继续把推进农业转移人口市民化作为新型城镇化的首要任务，以提高市民化质量为核心，存量优先、带动增量，从户籍制度改革、城镇基本公共服务均等化、提升市民化能力等方面统筹谋划，使城市市民化政策供给水平更加适应转移人口市民化的需求变化，探索系统协同、供需互促的农业转移人口市民化新机制，使农业转移人口"进得来、留得住、有发展"，全面增强农业转移人口融入城市的能力。当前，农业转移人口市民化的制度通道基本打通，户籍制度改革政策框架已基本完善。目前，已有超过 1 亿农业转移人口在城镇落户、年均落户 1700 多万人，户籍人口城镇化率由 2014 年的 37.1% 提高到 2021 年的 46.7%。

2. 各地因地制宜放宽落户条件，户籍门槛大幅降低

31 个省（区、市）及新疆生产建设兵团已全部出台户籍制度改革方案或意见，在放宽落户条件的基础上，实施差别化落户政策。目前，除少数超大特大城市外，绝大多数城市制定了更加宽松和优惠的落户政策，农业转移人口落户门槛普遍降低。城区常住人口 300 万以下城市中，绝大部分已经取消落户限制；城区常住人口 300 万以上的城市加快放开放宽落户门槛，其中，中西部地区城区常住人口 300 万以上的大部分城市落户门槛已基本取消，东部地区城区常住人口 300 万以上城市除个别超大城市外也大部分放宽了落户限制。近年来，超大特大城市也在放宽落户限制方面积极探索。例如，西安自 2017 年以来，在全国超大特大城市中率先开启"户籍新政"，先后 6 次放宽落户政策，基本实现外来务工人员"应落尽落、想落能落"，2014～2022 年累计吸纳 159.6 万农业转移人口落户，占全市户籍总人口的 17%；天津从 2020 年开始居住证积分落户不设总量限制；2021 年南京全面放宽郊区落户限制，并将城市紧缺艰苦行业纳入加分指标，2021 年武汉将积分落户中稳定就业、稳定居住等基础指标占比由 50% 调增至 60%，并探索建立积分入户常态

化申办机制；杭州 2023 年取消了积分落户年度名额限制，普通农民工在杭州缴纳城镇职工社保满 5 年即可落户；深圳积分落户体系在一线城市中率先删除学历计分项，在全国率先实现落户全流程网办，积分落户在 2020 年中断后于 2023 年重启。

3. 配套政策体系不断健全，"三挂钩一维护"的政策框架初步形成

"人钱挂钩、钱随人走""人地挂钩、以人定地"政策框架逐渐完善。中央财政下达农业转移人口市民化奖励资金，2022 年财政部下达农业转移人口市民化奖励资金 50 亿元，加上此前已下达资金 350 亿元，累计下达资金已达到 400 亿元，同时对落户人口较多地区的支持力度逐年加大，财政性建设资金对落户人口较多城市基础设施投资的补助机制持续优化。农业转移人口落户数量成为制订全国土地利用年度计划、安排各地区城镇新增建设用地规模的重要依据。农村土地承包权、宅基地使用权、集体收益分配权（以下简称"三权"）维护和自愿有偿退出机制持续推进，修订后的《农村土地承包法》明确要求不得以退出土地承包经营权作为农业转移人口进城落户的条件，各地积极探索农民合法性权益自愿有偿退出。2015～2019 年底，全国 33 个开展农村"三块地"改革的试点县（市、区）腾退零星宅基地 26 万户，共计 14.5 万亩。

4. 基本公共服务覆盖范围和均等化水平显著提高，农业转移人口获得感幸福感明显增强

2014 年以来，居住证制度全面实施，截至 2022 年全国累计向未落户常住人口发放居住证超过 1.3 亿张，以居住证为载体，与居住年限等条件相挂钩的基本公共服务提供机制进一步健全。各地瞄准农业转移人口的新需求，在财政、教育、就业、医保和住房等领域出台各种配套措施，让他们无忧打拼、安心奋斗。如浙江省在宁波、温州试点"浙里新市民"应用系统，新市民在手机端就能完成居住登记、电子居住证申领转换以及健康证明等高频事项的办理。在外来人口流入重点城市中，普通农民工均等享有的城镇基本公共服务项目明显增加。例如，目前广东省 80 项基本公共服务项目中，农民工等非户籍常住人口和户籍人口可均等享有 61 项，占比约 76%，如满足一定条件即可在常住地参加城乡居民基本医疗保险、申请保障性住房以及参加中高考、政府补贴的职业技能培训等；而无法享有的项目主要包括特殊儿童群体基本生活保障、残疾人和老年人无障碍环境建设、特困人员救助供养等 19 个领域。部分人口主要流入城市根据实际情况，扩大服务对象范围、增加服务内容、提高服务标准。例如，广州建立了"积分制服务管理系统"，增加了长期护理保险、居家社区养老等 10 个基本公共服务事项，持有居住证可享有 82 项、占比约 91%。东莞明确了 93 项基本公共服务事项，将养老服务、临时救助、最低生活保障等项目的服务对象拓宽至符合条件的非户籍常住人口。

（二）农业转移人口市民化存在的突出问题

1. 城市"选择性落户"较为普遍，落户的"隐形门槛"依然存在

部分地方政府对户籍制度改革较大的自由裁量权为城市"选择性落户"提供了空间，将户籍制度改革的重点放在吸引高端人才，而农民工等普通劳动者的落户条件依然较高。一方面，城市不断出台"人才新政"，持续放开放宽人才的落户限制。例如，人才落户的年龄限制不断放宽，2019 年广州学士、硕士和博士分别从 35 周岁、40 周岁、45 周岁的落户年龄限制降低至 40 周岁、45 周岁、50 周岁，西安本科及以上学历落户不受年龄限制。另一方面，部分城市的农民工落户门槛却没有明显降低，对农民工住房保障、随迁子女教育等问题的解决举措，远不及"人才新政"的力度。同时，新一轮户籍制度改革中，一些城市表面实现落户"零门槛"，但实际却依然存在诸多"隐形门槛"。一是部分城市通过"落户指标 + 指标分值"设置落户高门槛。一方面通过指标分值的设置，低学历、低技能的普通劳动者在计分体系中明显处于劣势，积分排名通常靠后，受"落户指标"总量控制的限制，农民工等普通劳动者落户难度依然较大。二是"合法稳定住所"依然是落户的重要门槛。例如，购买房屋和住房面积依然是部分沿海外来人口密集城市落户的重要门槛和亲属随迁落户的前置条件。同时，租房落户仍存在隐形门槛，虽然中央和各地明确落户重要条件之一的"合法稳定住所"包括租赁住房，但不少城市要求只有具有"相关部门备案的房屋租赁合同及房主同意落户证明"的租赁房，才符合落户条件，从而导致租房落户依然存在隐形门槛。三是一些地方落户程序复杂，所需材料繁多，导致很多有意愿、有条件落户的农业转移人口，由于不了解落户政策和流程，未能落户城镇。

2. 城市落户限制加速放开放宽，但农业转移人口落户意愿不高

国家发展改革委联合全国总工会于 2020 年 4 ~ 6 月在全国 14 个省份 46 个城市开展了覆盖 2.3 万名农民工的调查问卷。分析显示，农民工落户意愿整体不强。在调查样本中，仅有 19.12% 的受访者表示愿意将农村户口转为城镇户口。大部分农民工不愿意落户城镇，53.25% 的受访者表示不愿意将户口转为城镇户口。超过 20% 的农民工对落户城镇持不确定态度，27.62% 的受访者不确定是否要将户口转为城镇户口。同时，问卷显示，满足落户条件的农民工群体落户城镇意愿更低。在满足落户条件的农民工中，仅有 12.1% 的受访者表示愿意落户城镇；在满足落户条件或认为可以通过努力达到落户条件的农民工中，仅有 17.7% 的受访者表示愿意落户城镇。满足落户条件的农民工不愿意落户城镇的比例更高，66.1% 满足落户条件的农民工受访者和 56.5% 满足落户条件或认为可以通过努力达到落户条件的农民工受访者明确表示不愿意落户城镇，分别较农民工平均水平高 12.89 个和 3.22 个百分点。调查表明，提高落户意愿仍然是促进农业转移人口市民化的重点和难点（见表 4 - 1）。

表 4 - 1　　　　　　　　　　农民工落户意愿　　　　　　　　　　单位：%

是否愿意落户城镇	全部样本	满足落户条件的农民工	满足落户条件或认为可以通过努力达到落户条件的农民工
不确定	27.6	21.7	25.8
不愿意	53.3	66.1	56.5
愿意	19.1	12.1	17.7

资料来源：根据 2020 年国家发展改革委联合全国总工会开展的全国农民工调查问卷计算汇总。

3. 中央政府反复强调维护农村 "三权"，但失去土地权益的顾虑尚未打消

在推动农业转移人口市民化的过程中，各类文件均强调维护转移人口的 "三权"，但害怕失去农村土地权益的顾虑依然存在，成为农业转移人口不愿意落户或不确定落户的首要原因。国家发展改革委 2020 年开展的农民工落户意愿问卷调查显示，在不愿意或不确定是否落户城镇的农民工中，43.47% 的受访者担心落户后会失去农村土地等权益，占比远高于其他原因。如果保留

进城落户农民工的农村"三权"，绝大部分农民工对落户持积极态度。调查显示，保留农村"三权"，合计愿意或可以考虑落户的农民工占比高达70.18%，其中，明确表示愿意落户的农民工占比为22.88%，提升3.78个百分点，另有47.3%的农民工表示可以考虑落户；明确表示不愿意落户的农民工比例为16.37%，显著下降了36.93个百分点。

4. 农业转移人口聚集城市的公共服务供给压力较大，常住地提供公共服务配套改革仍然滞后

我国农民工规模区域差异性大，全国277个地级城市仅集聚了全国40%的农民工，解决农业转移人口市民化问题相对容易；而其他59个地级及以上城市集聚了全国60%的农民工，属农业转移人口重点聚集城市，范围主要包括长三角15市、珠三角9市、闽东南3市及胡焕庸线以东的其他直辖市、省会城市、副省级城市。调研发现，农业转移人口聚集城市面临较大的基本公共服务供给压力，集中体现在学位不足、教师编制短缺、保障性住房供给不够等方面，是户籍制度改革及农业转移人口市民化的重点难点地区。具体来看，在教育领域，依然存在"两为主""两纳入"政策实施"落地难"、随迁子女义务教育阶段就学门槛多、中高考准入资格受限、农民工聚集地区保障随迁子女的校舍和教师编制不足等问题；在社会保险领域，农民工社会保险参保率不高及社保关系转移接续不畅问题依然突出；在住房保障领域，农业转移人口住房保障政策申请门槛偏高、覆盖面小的问题依然没有解决。

（三）农业转移人口市民化的展望

1. 当前农民工落户意愿不高是现有政策供给下的农民工现实选择

政策供给不足是当前农民工落户意愿"不高"的主要原因。根据2020年全国2.3万农民工调查问卷分析，绝大多数农民工受城市工作生活条件、公共服务和福利等优势吸引，向往稳定、高质量的城市生活，如果能有效解决城市稳定就业、住房和子女就学等问题并维护其在农村的土地权益，农民工落户意愿将大幅度提升。同时，居住证与城镇户籍的"含金量"还有较大差距。近年来，国家推进基本公共服务均等化在一定程度上缩小了城乡之间、区域之间因户籍制度附加功能带来的社会福利差距，但基本公共服务均等化远远没有完成，还需要较长一段时期的努力。只要城乡之间、区域之间的公共服务差距没有缩减到足够小的程度，常住人口城镇化率与户籍人口城镇化率的区分就有存在的现实意义。虽然国务院第109次常务会议通过《居住证暂行条例》，标志着国家出台的关于"城镇基本公共服务覆盖全部常住人口"政策将通过居住证制度来落实，但居住证与城镇户籍的"含金量"还有较大差距。

2. 通过加大政策供给推进农民工落户城镇的空间依然较大

加大政策供给可以显著提高农民工落户意愿。一是保留农村"三权"后，超过70%的农民工表示愿意落户城镇。调查显示，维护进城落户农民土地承包权、宅基地使用权、集体收益分配权，合计愿意或可以考虑落户的农民工占比高达70.18%，其中，明确表示愿意落户的农民工占比为22.88%，提升3.78个百分点；明确表示不愿意落户的农民工比例为16.37%，显著下降了36.93个百分点。二是工作收入改善、购房和随迁子女教育保障可以显著提升农民工落户意愿。调查显示，在保留农村"三权"基础上，16.6%的不愿意落户农民工会因收入提高而选择落户城镇，12.15%的受访者会因为购买商品房或可以申请保障性住房而选择落户城镇，11.69%的受访者会因为随迁子女可以在城镇公立学校就读或在城镇参加高考而选择落户城镇。可见，农民工落户意愿不强的主要原因是政策供给不足，主要担心失去农村土地和集体收益，还担心工作和收入不够稳定、落户城镇后不能完全享有城镇公共服务等（见表4－2、表4－3）。

表4－2　　　　　　　　保留农村"三权"后的农民工落户意愿

落户意愿	农民工占比（%）
不愿意落户	16.37
可以考虑落户	47.3
说不清楚	13.45
愿意落户	22.88
可能落户或愿意落户合计	70.18

资料来源：根据2020年国家发展改革委联合全国总工会开展的全国农民工调查问卷计算汇总。

表 4 - 3　　在保留农村权益基础上，农民工愿意转为城镇户口的条件

条件		农民工占比（%）
在城镇工作较为稳定		39.41
在城镇收入明显提高		16.60
住房保障	在城镇购买了商品房	8.29
	在城镇有条件申请保障性住房	3.86
	合计	12.15
随迁子女教育	子女能够进入城镇公立学校就读	9.64
	子女能在城镇参加高考	2.05
	合计	11.69
全家人在城镇可以团聚		2.24
在城镇不再受到城里人歧视		0.46
进一步明确落户政策、简化落户程序		2.61

资料来源：根据 2020 年国家发展改革委联合全国总工会开展的全国农民工调查问卷计算汇总。

3. 破解"愿落不能落、能落不愿落"的两难困境是未来户籍制度改革的重中之重

2019 年，国家发展改革委印发的《2019 年新型城镇化建设重点任务》首次提出全面取消城区常住人口 300 万以下城市的落户限制、全面放开放宽城区 300 万~500 万常住人口城市的落户条件，户籍制度改革再次提速，但农业转移人口落户意愿不高，"愿落不能落、能落不愿落"两难困境较为突出。当前人口迁移呈现出城市规模等级越高、人口净迁入率越大的特点，而与此同时，我国一直采取"控大倡小"城市人口调控方针，即控制特大城市人口，鼓励中小城镇发展，这与实际人口流动之间形成明显反差。人口流动趋势和政策导向存在的差异，导致了市民化陷入"愿落不能落、能落不愿落"的两难困境，这也是未来加快推进农业转移人口市民化的关键瓶颈问题。农业转移人口落户意愿与城市吸引力高度相关，城市规模大、行政级别高、公共服务好、就业机会多，落户意愿也就越高。2019 年中国家庭金融调查数据显示，超大城市中，46.4% 的跨省流动农民工愿意在居住地城镇落户，但面临较高落户门槛；城区常住人口 300 万以下的城市基本放开了落户限制，

但愿意落户的跨省流动农民工占比仅为25%左右。城市人口规模越大落户的难度也越大，目前只有城区常住人口在300万以下的城市放开了落户限制，意味着尽管有超过20%的农民工愿意在城区300万人以上的大城市落户，但因为制度限制却难以实现落户。

4. 差异化推进常住地提供基本公共服务制度是加快农业转移人口市民化的关键所在

推进与户籍制度改革相配套的基本公共服务制度改革是加快农业转移人口市民化的重要内容。然而不同类型的基本公共服务具有显著的差异性，服务便捷性和提供成本差别较大，如果简单对不同性质的服务项目一并放开，必然导致常住地短期内难以承受。农业转移人口对不同领域公共服务的需求迫切程度呈现明显差异性，如果供需矛盾突出的服务不能优先得到满足，会加剧社会矛盾积累。同时，我国区域发展差异较大，各城市人口流入压力不同，难以一步到位，需循序渐进。因此，加快农业转移人口市民化还应按照"先易后难"分类分区域分步梯次推进常住地提供基本公共服务。

二、构建大中小城市协调发展格局

党的二十大报告提出，要以城市群、都市圈为依托构建大中小城市协调发展格局，推进以县城为重要载体的城镇化建设。随着改革的深入，我国城市规模等级结构不断优化，形成并发展了城市群空间布局，构建了"两横三纵"区域经济布局主骨架，加快推进了多层级现代化都市圈建设，促进了县城为依托载体的新型城镇化发展。但当前大中小城市协调发展仍然存在一定的问题与困难，"城市病"问题仍有待解决，城市群协调性与结构体系有待优化，都市圈一体化协调化水平有待提高，县城支撑吸纳产业人口能力有待增强。如何促进大城市与周边中小城市分工协作、功能互补、协同发展，是我国未来城市空间发展的核心命题，也是提升要素集聚能力和经济发展水平的重要途径。

（一）大中小城市协调发展的最新进展

1. 城市规模等级结构不断优化

城市规模不断优化，人口由小城市向大城市集中。2022 年，我国超大城市（城区常住人口 1000 万人以上）共 8 个，占城市总数的 1.16%，包括上海、北京、深圳、重庆、广州、成都、天津、武汉；特大城市（城区常住人口 500 万~1000 万人）共 11 个，占城市总数的 1.59%，包括杭州市、东莞市、西安市、郑州市、南京市、济南市、合肥市、沈阳市、青岛市、长沙市、哈尔滨市；Ⅰ型大城市（城区常住人口 300 万~500 万人）共 13 个，占城市总数的 1.88%；Ⅱ型大城市（城区常住人口 100 万~300 万人）共 73 个，占城市总数的 10.55%；中等城市（城区常住人口 50 万~100 万人）共 119 个，占城市总数的 17.19%；小城市（城区常住人口 50 万人以下）共 468 个，占城市总数的 67.63%①。相比 2019 年，超大城市由 6 个增加至 8 个，武汉市、成都市城区常住人口突破 1000 万人大关，由特大城市晋升为超大城市。合肥市、长沙市、哈尔滨市进入特大城市序列，特大城市总数由 10 个变为 11 个。Ⅰ型大城市由 14 个变为 13 个，Ⅱ型大城市由 63 个增加至 73 个，中等城市基本维持不变，由 2020 年的 120 个变为 119 个，小城市由 466 个变为 469 个。总体来看，相比 2020 年，2022 年我国小城市与中等城市数量基本维持不变，而大城市占比得到一定程度增加，人口更进一步向大城市集中。

城市等级无显著变化，人口向省会城市流动。2022 年我国共有 4 个直辖市、293 个地级市、394 个县级市，共有 691 个城市，相比 2021 年没有显著变化。具体来看，相比 2020 年，2022 年我国直辖市与计划单列市人口数量及人口占比均发生了下降。直辖市中除了重庆市人口总数上升，北京市、上海市、天津市人口总数均出现了降低。计划单列市中的人口下降最明显的是大连市，2022 年总人口相比 2020 年而下降了 18.34%，人口流失较为严重。相比 2020 年省会城市 2022 年总体呈现人口净增长，人口相比增加 2.18%，省会城市总人口占全国比重同样出现了增长。其中仅哈尔滨、石家庄、拉萨、

---

① 常住人口数据来自中华人民共和国住房和城乡建设部《城市建设统计年鉴》。

广州出现了人口流出现象。重要节点城市人口占比有所提升，这主要源自武汉市与重庆市的显著人口增长。由此可见，在新冠疫情之后，2022年我国人口逐步向省会城市流动，人口分布由在超大城市集聚转向大城市相对平衡发展（见表4-4）。

表4-4　　　　　我国部分城市2020年和2022年人口变化

城市	人口（万人）		人口变化百分比（%）	人口占全国比重（%）		人口占比变化（%）
	2022年	2020年		2022年	2020年	
直辖市	9236.5	9273.2	-0.40	6.54	6.57	-0.03
北京	2184.3	2189.3	-0.23	1.55	1.55	0
上海	2475.9	2488.2	-0.49	1.75	1.76	-0.01
天津	1363	1386.8	-1.72	0.97	0.98	-0.02
重庆	3213.3	3208.9	0.14	2.28	2.27	0.00
省会城市	23561.09	23058.9	2.18	16.69	16.33	0.36
哈尔滨	988.5	1001	-1.25	0.70	0.71	-0.01
长春	908.72	853.4	6.48	0.64	0.60	0.04
沈阳	914.7	907.3	0.82	0.65	0.64	0.01
呼和浩特	355.1	345.4	2.81	0.25	0.24	0.01
石家庄	1122.4	1124.2	-0.16	0.80	0.80	0
乌鲁木齐	408.2	405.4	0.69	0.29	0.29	0
兰州	441.5	437.2	0.98	0.31	0.31	0
西宁	248	247	0.40	0.18	0.17	0
西安	1299.6	1295.3	0.33	0.92	0.92	0
银川	289.7	286.2	1.22	0.21	0.20	0
郑州	1282.8	1261.7	1.67	0.91	0.89	0.01
济南	941.5	924.2	1.87	0.67	0.65	0.01
太原	543.5	531.9	2.18	0.38	0.38	0.01
合肥	963.4	937	2.82	0.68	0.66	0.02
长沙	1042.1	1006.1	3.58	0.74	0.71	0.03
武汉	1373.9	1244.8	10.37	0.97	0.88	0.09

续表

城市	人口（万人）		人口变化百分比（%）	人口占全国比重（%）		人口占比变化（%）
	2022 年	2020 年		2022 年	2020 年	
南京	949.1	932	1.83	0.67	0.66	0.01
成都	2126.8	2094.7	1.53	1.51	1.48	0.02
贵阳	622.04	599	3.85	0.44	0.42	0.02
昆明	860	846.3	1.62	0.61	0.60	0.01
南宁	889.17	875.3	1.58	0.63	0.62	0.01
拉萨	86.789	86.8	− 0.01	0.06	0.06	0
杭州	1237.6	1196.5	3.44	0.88	0.85	0.03
南昌	653.8	625.5	4.52	0.46	0.44	0.02
广州	1873.4	1874	− 0.03	1.33	1.33	0
福州	844.8	832	1.54	0.60	0.59	0.01
海口	293.97	288.7	1.83	0.21	0.20	0
计划单列市	4901.7	4977.8	− 1.53	3.47	3.53	− 0.05
大连	608.7	745.4	− 18.34	0.43	0.53	− 0.10
青岛	1034.2	1010.6	2.34	0.73	0.72	0.02
宁波	961.8	940.4	2.28	0.68	0.67	0.02
厦门	530.8	518	2.47	0.38	0.37	0.01
深圳	1766.2	1763.4	0.16	1.25	1.25	0
重要节点城市	11120.8	11005.2	1.05	7.88	7.80	0.08
北京	2184.3	2189.3	− 0.23	1.55	1.55	0
上海	2475.9	2488.2	− 0.49	1.75	1.76	− 0.01
广州	1873.4	1874	− 0.03	1.33	1.33	0
武汉	1373.9	1244.8	10.37	0.97	0.88	0.09
重庆	3213.3	3208.9	0.14	2.28	2.27	0

资料来源：常住人口数据来自各地区《国民经济和社会发展统计公报》。

城市经济发展呈现一定程度分散化趋势。直辖市、省会城市、计划单列市 2022 年的 GDP 相比 2020 年均显著增长，经济增长保持了良好态势。而

GDP占全国的比重上，直辖市、省会城市与重要节点城市均出现了下降，分别降低了 -0.35% 、 -0.55% 、和 -0.38% 。计划单列市略有上升，增加了 0.01% （见表4-5）。

表4-5　　　　　　中国部分城市2020年和2022年经济发展变化

城市	GDP（万亿元）		GDP变化百分比（%）	GDP占全国比重（%）		GDP占全国比重变化（%）
	2022年	2020年		2022年	2020年	
直辖市	13.17	11.39	13.52	10.88	11.24	-0.35
北京	4.16	3.59	13.70	3.44	3.54	-0.10
上海	4.47	3.9	12.75	3.69	3.85	-0.15
天津	1.63	1.4	14.11	1.35	1.38	-0.03
重庆	2.91	2.5	14.09	2.40	2.47	-0.06
省会城市	25.40146	21.83354	14.05	20.99	21.54	-0.55
哈尔滨	0.54901	0.5153	6.14	0.45	0.51	-0.05
长春	0.67446	0.6638	1.58	0.56	0.65	-0.10
沈阳	0.76958	0.65716	14.61	0.64	0.65	-0.01
呼和浩特	0.33291	0.28007	15.87	0.28	0.28	0
石家庄	0.71006	0.59332	16.44	0.59	0.59	0
乌鲁木齐	0.3893	0.33373	14.27	0.32	0.33	-0.01
兰州	0.33435	0.28867	13.66	0.28	0.28	-0.01
西宁	0.16443	0.1373	16.50	0.14	0.14	0
西安	1.15	1	13.04	0.95	0.99	-0.04
银川	0.25356	0.19644	22.53	0.21	0.19	0.02
郑州	1.29	1.19	7.75	1.07	1.17	-0.11
济南	1.2	1.01	15.83	0.99	1.00	0
太原	0.55712	0.41533	25.45	0.46	0.41	0.05
合肥	1.2	1	16.67	0.99	0.99	0
长沙	1.4	1.21	13.57	1.16	1.19	-0.04
武汉	1.89	1.55	17.99	1.56	1.53	0.03
南京	1.69	1.48	12.43	1.40	1.46	-0.06

续表

城市	GDP（万亿元）		GDP 变化百分比（%）	GDP 占全国比重（%）		GDP 占全国比重变化（%）
	2022 年	2020 年		2022 年	2020 年	
成都	2.08	1.78	14.42	1.72	1.76	-0.04
贵阳	0.49212	0.4311	12.40	0.41	0.43	-0.02
昆明	0.75414	0.67338	10.71	0.62	0.66	-0.04
南宁	0.52183	0.47263	9.43	0.43	0.47	-0.04
拉萨	0.07476	0.06782	9.28	0.06	0.07	-0.01
杭州	1.88	1.62	13.83	1.55	1.60	-0.04
南昌	0.72035	0.57833	19.72	0.60	0.57	0.02
广州	2.88	2.51	12.85	2.38	2.48	-0.10
福州	1.23	1	18.70	1.02	0.99	0.03
海口	0.21348	0.17916	16.08	0.18	0.18	0
计划单列市	7.92336	6.62654	16.37	6.55	6.54	0.01
大连	0.84309	0.70304	16.61	0.70	0.69	0
青岛	1.49	1.24	16.78	1.23	1.22	0.01
宁波	1.57	1.26	19.75	1.30	1.24	0.05
厦门	0.78027	0.6435	17.53	0.64	0.63	0.01
深圳	3.24	2.78	14.20	2.68	2.74	-0.07
重要节点城市	16.31	14.05	13.86	13.48	13.86	-0.38
北京	4.16	3.59	13.70	3.44	3.54	-0.10
上海	4.47	3.9	12.75	3.69	3.85	-0.15
广州	2.88	2.51	12.85	2.38	2.48	-0.10
武汉	1.89	1.55	17.99	1.56	1.53	0.03
重庆	2.91	2.5	14.09	2.40	2.47	-0.06

资料来源：GDP 数据来自各地区《国民经济和社会发展统计公报》。

2. 城市群承载人口和经济发展要素的能力不断增强

（1）19 个城市群空间布局基本形成。经过前期发展积淀，全国以 19 个城市群为主体的城镇化格局基本形成。如表 4-6 所示。

表 4 - 6   中国城市群分类

层级	城市群
优化提升	京津冀城市群
	长三角城市群
	珠三角城市群
	成渝城市群
	长江中游城市群
发展壮大	山东半岛城市群
	粤闽浙沿海城市群
	中原城市群
	关中平原城市群
	北部湾城市群
培育发展	哈长城市群
	辽中南城市群
	山西中部城市群
	黔中城市群
	滇中城市群
	呼包鄂榆城市群
	兰州—西宁城市群
	宁夏沿黄城市群
	天山北坡城市群

主要特点有：

①经济、人口进一步向城市群集中。2022 年城市群总计占全国土地面积的 31.1%；常住人口的 84.2%；国内生产总值的 89.24%①。2021 年,《中华人民共和国国民经济和社会发展第十四个五年规划和 2035 年远景目标纲要》

①　土地面积数据来自李国平和崔丹（2022）, 常住人口数据和国内生产总值数据来自各地区《国民经济和社会发展统计公报》及作者计算。在计算国内生产总值时, 成渝城市群中重庆、绵阳、达州、雅安按全境计算；长江中游城市群中抚州、吉安按全境计算；粤闽浙沿海城市群按除上饶、鹰潭、抚州、赣州外海峡西岸经济区计算；中原城市群按除邯郸、邢台、聊城、菏泽外《中原城市群发展规划》划定城市计算；关中平原城市群按除运城外《中原城市群发展规划》划定城市计算, 其中商洛、临汾、平凉、庆阳按全境计算；黔中城市群按除贵安新区外《黔中城市群发展规划》划定城市计算, 其中遵义、安顺、毕节、黔东南、黔南按全境计算；滇中城市群中红河按全境计算；兰州—西宁城市群中白银、定西、临夏、海北、海南、黄南按全境计算；天山北坡城市群按除兵团、伊犁州奎屯市、塔城地区乌苏市及沙湾县外《天山北坡城市群发展规划》划定城市计算。

进一步将 19 个城市群划分为三个层级，其中"优化提升"5 个城市群，"发展壮大"5 个城市群，"培育发展"9 个城市群，如表 4 - 6 所示。2022 年 3 月，国家发展改革委印发《2022 年新型城镇化和城乡融合发展重点任务》提出积极推进京津冀协同发展，有序推进粤港澳大湾区建设，提升长三角一体化发展水平；制定出台成渝地区双城经济圈建设年度工作要点；印发实施长江中游、北部湾、关中平原城市群发展"十四五"实施方案。可以看出，城市群已经成为支撑我国经济高速发展的主要平台。

②城市群人口空间分布不均衡，东部地区城市群人口高度集聚，而西部地区城市群人口吸引力相对较低。长三角城市群与中原城市群 2022 年人口总数分别达到 16909.7 万人和 16351.9 万人，而宁夏沿黄与天山北坡仅有 637.2 万人和 680.23 万人。2020～2022 年，长三角城市群人口增长最为显著，而哈长城市群与京津冀城市群均出现了人口下降，常住人口分别下降 278.53 万人和 49.66 万人（见图 4 - 1）。

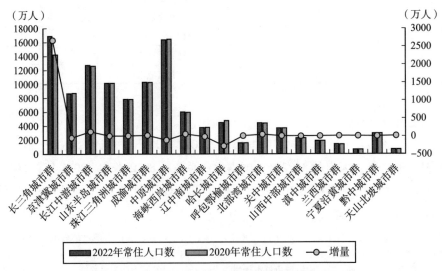

图 4 - 1　中国 2020 年和 2022 年各城市群人口变化

资料来源：各地区《国民经济和社会发展统计公报》。

③东部和中部地区的城市群经济总量大且增长强劲，东北地区的城市群经济总量小且增长乏力。2020～2022 年，城市群总计名义 GDP 由 90.68 万亿

元上升至 108.48 万亿元。2022 年，GDP 占比超过 10% 的有长三角、长江中游城市群。而占比低于 2% 的有宁夏沿黄，兰西、天山北坡、滇中、山西中部、呼包鄂榆、哈长，均位于中西部地区。长三角、长江中游、珠三角、成渝、山东半岛、京津冀、粤闽浙沿海城市群 GDP 增长值均超过 1 万亿元。而哈长、宁夏沿黄、兰西、天山北坡、黔中均低于 0.2 万亿元（见表 4 - 7）。

表 4 - 7　　　　　中国 2020 年和 2022 年各城市群 GDP 变化

城市群	2022 年 GDP（万亿元）	2020 年 GDP（万亿元）	增量（万亿元）	2022 年占比（%）	2020 年占比（%）
长三角城市群	24.22909	20.5056	3.72349	20.02	20.23
长江中游城市群	12.15426	9.39316	2.7611	10.04	9.27
珠江三角洲城市群	10.46563	8.9522	1.51343	8.65	8.83
中原城市群	9.34481	8.7476	0.59721	7.72	8.63
京津冀城市群	9.12	7.9124	1.2076	7.54	7.81
成渝城市群	8.80874	6.8229	1.98584	7.28	6.73
山东半岛城市群	8.74315	7.3093	1.43385	7.22	7.21
海峡西岸城市群	6.05233	5.0297	1.02263	5.00	4.96
北部湾城市群	2.62514	2.14472	0.48042	2.17	2.12
辽中南城市群	2.72833	2.373	0.35533	2.25	2.34
关中城市群	2.53797	2.0988	0.43917	2.10	2.07
哈长城市群	2.30174	2.119486	0.182254	1.90	2.09
呼包鄂榆城市群	2.22186	1.5476	0.67426	1.84	1.53
山西中部城市群	1.73227	1.1909	0.54137	1.43	1.17
黔中城市群	1.58605	1.390585	0.195465	1.31	1.37
滇中城市群	1.56276	1.31232	0.25044	1.29	1.29
天山北坡城市群	0.907404	0.727317	18.00	0.75	0.72
兰西城市群	0.87569	0.72749	0.1482	0.72	0.72
宁夏沿黄城市群	0.48397	0.36995	0.11402	0.40	0.36

资料来源：根据各地区《国民经济和社会发展统计公报计算》。

（2）"两横三纵"区域经济布局主骨架基本构建。"两横三纵"是全国轴带的主体形态，串联起多数城市群，已经成为承东启西、连南接北的主骨架。其中，两横即东西走向的长江、陇海兰新线；三纵即南北走向的沿海、京哈京广、包昆线①。

"两横三纵"轴带涵盖了全国重要经济区域，是人口重要聚集地，构建起区域经济布局的主骨架。五条轴带沿线地级以上城市面积为 204 万平方千米，占全国的 21%，常住人口为 9.62 亿人，占全国的 68.12%，GDP 为 101.45 万亿元，占全国的 83.8%，经济比重高于人口比重 15.7 个百分点。2020~2022 年，五条轴带的经济比重呈上升趋势，由 82.1% 增加至 83.8%；人口比重由 64.27% 增加到 68.16%。轴带整体人口集聚速度高于产业集聚速度，人口与经济布局间的失调仍在持续缩小，轴带整体经济布局更加均衡。此外，各轴带的经济—人口匹配度相比 2020 年更加趋近于 1（见表 4-8），各轴带间发展不均衡仍在缩小，人口与经济布局间协调度有所提高。长江沿线地级以上城市面积为 29 万平方千米，占全国的 3%，2022 年常住人口为

表4-8　　　　　中国五条轴带经济比重和人口比重变化

两横三纵经济带	2022年GDP（亿万元）	2022年人口（万人）	2022年经济比重（%）	2020年经济比重（%）	2022年人口比重（%）	2020年人口比重（%）	2022年匹配度	2020年匹配度
沿江经济带	22.71949	17538.7	18.8	18.8	12.4	12.1	1.51	1.55
陇海—兰新经济带	8.002943	10485.71	6.6	6.5	7.4	7.4	0.89	0.88
沿海经济带	33.87247	28442.39	28.0	26.3	20.1	17.1	1.39	1.54
哈长—京广经济带	25.64276	26973.45	21.2	21.9	19.1	19.3	1.11	1.13
包昆经济带	11.21707	12784.9	9.3	8.6	9.1	8.4	1.02	1.02

资料来源：根据各地区《国民经济和社会发展统计公报计算》。

① 各轴带所涉城市见蔡翼飞等（2021）。

1.75 亿人,占全国的 12.4%,GDP 为 22.72 万亿元,占全国的 18.8%。陇海兰新线是北方唯一的横贯东西的轴带,沿线地级以上城市面积为 73.5 万平方千米,占全国的 7.7%;2022 年常住人口为 1.05 亿人,占全国的 7.4%;GDP 为 8.01 万亿元,占全国的 6.6%。沿海轴带沿线地级以上城市面积为 36 万平方千米,占全国的 3.6%;2022 年常住人口为 2.84 亿人,占全国的 20.1%;GDP 为 33.87 万亿元,占全国的 28%。京哈京广线沿线地级以上城市面积为 47.8 万平方千米,占全国的 5%;2022 年常住人口为 2.69 亿人,占全国的 19.1%;GDP 为 25.64 万亿元,占全国的 21.2%。包昆线沿线地级以上城市面积为 45.2 万平方千米,占全国的 4.7%;2022 年常住人口为 1.28 亿人,占全国的 9.1%;GDP 为 11.22 万亿元,占全国的 9.1%。

(3)城市群内部协同发展能力不断增强。随着我国城市群的发展成熟,城市群内部规模等级分布协调能力不断增强。超大城市群分布于京津冀、长三角、珠三角、成渝、长江中游城市群中,而各城市群中以少数超大城市、特大城市、Ⅰ型大城市为核心,带动周边中等及小型城市发展,整体城市群中以Ⅱ型大城市,中等城市、小城市占比最高(见表 4 - 9)。

表 4 - 9　　　　　　　　城市群内部规模等级分布

城市群	超大城市个数	特大城市个数	Ⅰ型大城市个数	Ⅱ型大城市个数	中等城市个数	小型城市个数
京津冀	2	0	1	4	3	0
长三角	1	3	2	10	8	2
珠三角	2	1	0	5	1	0
成渝	2	0	0	6	5	3
长江中游	1	1	1	4	14	10
山东半岛	0	2	0	10	4	0
粤闽浙沿海	0	0	2	3	4	2
中原	0	1	0	8	19	2
关中平原	0	1	0	2	2	5
北部湾	0	0	1	2	4	8

续表

城市群	超大城市个数	特大城市个数	Ⅰ型大城市个数	Ⅱ型大城市个数	中等城市个数	小型城市个数
哈长	0	1	1	4	6	11
辽中南	0	1	1	3	6	1
山西中部	0	0	1	0	5	0
黔中	0	0	0	2	0	4
滇中	0	0	1	0	1	2
呼包鄂榆	0	0	0	2	3	2
兰州—西宁	0	0	1	2	0	3
宁夏沿黄	0	0	0	1	0	5
天山北坡	0	0	1	0	0	7

①产业分工与协作推动了城市群高质量发展。城市群并非简单的组合或相加，而是需要城市群内部各城市相互协作、合理分工、优化发展，促使城市群获得比单个城市更大的分工收益和规模效益。一方面，合理规划城市群中大中小城市等级体系和功能布局，可以发挥地理临近城市在产业、人口、创新、文化等方面的比较优势，通过城市间产业分工协作疏解大城市人口，提高空间利用效率。通过中心城市"极化作用"产生外溢，带动中小城市产业链形成，形成经济增长点。通过"涓滴效应"，令城市群中心城市经济增长对下级市县产生显著回流作用，下级市县的经济增长对位于市场中心的上级城市产生市场区拓展作用，同级市县经济增长互相产生促进作用。另一方面，部门专业化转向与功能专业化分工可以调整城市群内不同城市定位，通过产业转移发挥各城市比较优势，逐步形成产业协同集聚局面，总部和商业服务集中在大城市，工业企业集中在中小城市。发挥中小城市在空间、资源、劳动力等方面的比较优势，因地制宜选择特色产业。通过这种方式可以形成有序、高效的城市群产业分工体系，发挥城市群整体效应，推动城市群经济高质量发展。

②长三角城市群与长江中游城市群产业协同发展方面取得了显著进展。长三角城市群试图打造世界制造业基地，各城市间取长补短、优势互补，在长三角大共同体中形成完整布局和功能整合，并取得了卓越成效。各城市间资源禀赋、产业基础存在差异，在优势特色产业和产业链环节体现出差异化分工。如集成电路产业，上海存在最为完整的链条，无锡的封装环节最为突出，南京以设计环节为主。在分工方面，上海全面对标纽约、东京等全球城市，承担枢纽型功能大平台建设与国际一流专业服务能力建设，而各个中心城市则立足自身优势和发展定位，弥补上海在一些专业性资源配置的不足，并积极建设全球性功能平台，如杭州的数字贸易平台、舟山的成品油交易平台等。长江中游城市群则通过跨省区域合作，产业科创协同告别"单打独斗"的局面，协同步伐加快，发展动能增强。2021年长江中游城市群科技服务联盟成立，开创三省科技创新协同合作新局面。三方产业链条深度协同联动，湖南的三一重工与湖北的高校与企业产学研合作密切，湖北的新材料企业从湖南获取核心处理技术，并成立了一系列"通平修"绿色发展先行区、武陵山龙山来凤经济协作示范区、湘赣边区域合作示范区、洞庭湖生态经济区等一系列合作示范区，规划衔接互动、基础设施互联互通、产业发展互促互补。

3. 现代化都市圈建设加快推进

（1）国家发展改革委已批复九个都市圈。截至2023年5月，我国共有九个国家级都市圈获得国家发展改革委批复，已经公布的都市圈包括南京都市圈、福州都市圈、成都都市圈、长株潭都市圈、西安都市圈、重庆都市圈、武汉都市圈、沈阳都市圈，有1个已获批都市圈尚未公布。截至2023年5月公布国家级都市圈基本情况如表4-10所示。都市圈GDP总计为18.46万亿元，占全国总量的15.25%；人口总数达16782万人，占全国总量的11.89%；占地总面积达24.14万平方千米，占全国土地面积的2.51%。都市圈中心城市均为直辖市或者省会城市，GDP均达到万亿元产值，对周围地区具有强劲带动作用。可以看出，国家级都市圈已成为全国经济、人口重心，经济发展强劲。

表 4 – 10 国家发展改革委批复都市圈基本情况

都市圈	批复时间	GDP（万亿元）	人口（万人）	面积（万平方千米）	涵盖城市区县
南京都市圈	2021 年 2 月	4.6319	2000	2.7	江苏省南京市，镇江市京口区、润州区、丹徒区和句容市，扬州市广陵区、邗江区、江都区和仪征市，淮安市盱眙县，安徽省芜湖市镜湖区、弋江区、鸠江区，马鞍山市花山区、雨山区、博望区、和县和当涂县，滁州市琅琊区、南谯区、来安县和天长市，宣城市宣州区
福州都市圈	2021 年 6 月	1.5	1300	2.6	福州、莆田两市全域，宁德市蕉城区、福安市、霞浦县、古田县，南平市延平区和建阳区、建瓯市部分地区，及平潭综合实验区
成都都市圈	2021 年 11 月	2.62	2966	3.31	成都市，德阳市、眉山市、资阳市全域
长株潭都市圈	2022 年 2 月	2.023	1484	1.89	长沙市全域、株洲市中心城区及醴陵市、湘潭市中心城区及韶山市和湘潭县
西安都市圈	2022 年 3 月	1.3564	1800	2.06	西安市全域（含西咸新区），咸阳市秦都区、渭城区、兴平市、三原县、泾阳县、礼泉县、乾县、武功县，铜川市耀州区，渭南市临渭区、华州区、富平县，杨凌农业高新技术产业示范区
重庆都市圈	2022 年 6 月	2	2440	3.5	重庆市渝中区、大渡口区、江北区、沙坪坝区、九龙坡区、南岸区、北碚区、渝北区、巴南区、涪陵区、长寿区、江津区、合川区、永川区、南川区、綦江区—万盛经开区、大足区、璧山区、铜梁区、潼南区、荣昌区 21 个区和四川省广安市
武汉都市圈	2022 年 12 月	3.2198	3276	5.78	武汉、黄石、鄂州、孝感、黄冈、咸宁、仙桃、天门、潜江
沈阳都市圈	2023 年 2 月	1.11	1516	2.3	沈阳、鞍山、抚顺、本溪、阜新、辽阳、铁岭和沈抚示范区

（2）省级部门提出众多地方都市圈发展规划。为响应国家有序培育现代化都市圈的提议，各省份同样积极提出地方都市圈的发展规划，构建地方都市圈，协同推进城市发展。近年来具体各省都市圈规划建设情况如表4－11所示。各省级都市圈依托各省省会城市或省内大城市构建，以超大城市、特大城市或辐射带动能力强的大城市为核心，以1小时通行圈为基本范围形成。城市群的核心区也是城市群内高端、高新、高精尖、高品质产业集聚区。目前规划建设的省级都市圈GDP总量为53.88万亿元，占全国总量的44.52%；人口总数为49867.02万人，占全国总数的35.32%；占地面积共101.53万平方千米，占全国的10.58%。目前各省级都市圈发展程度不同，总体而言东部与南部都市圈相对经济发展水平较高，而中西部都市圈相对处于形成发展阶段，如遵义都市圈、洛阳都市圈、贵阳都市圈、银川都市圈、兰州—白银都市圈等。

表4－11　　　　　　　　　　省级部门批复都市圈情况

省份	都市圈	批复时间	GDP（万亿元）	人口（万人）	面积（万平方千米）	涵盖区域
河南省	郑州都市圈	2018年12月	3.28	4670	5.88	郑州、开封、洛阳、平顶山、新乡、焦作、许昌、漯河、济源
	洛阳都市圈	2019年3月	0.72	1060	2.7	洛阳市、济源示范区、焦作的孟州市、平顶山的汝州市和鲁山县、三门峡的义马市、渑池县和卢氏县
山东省	济南都市圈	2022年9月	3.10	3219.4	5.3	济南（含莱芜区）、滨州（含邹平）、淄博、泰安、德州、聊城
	青岛都市圈	2022年9月	2.3	1400		青岛、潍坊市、烟台市莱阳市、海阳市、莱州
浙江省	杭州都市圈	2016年	3.97	3030.6	5.32	杭州市、湖州、嘉兴、绍兴、衢州、黄山
	宁波都市圈	2016年6月	2.3692	784.82794	2	宁波、台州、舟山
	温州都市圈	2021年5月	0.83092	1019.2	1.46	温州市、丽水市青田县
	金义都市圈	2021年5月	0.28818	238.8	1.204746	金华市市区、义乌市

续表

省份	都市圈	批复时间	GDP（万亿元）	人口（万人）	面积（万平方千米）	涵盖区域
广东省	广州都市圈	2020 年 6 月	4.0567	3711	7.1573	广州市、佛山市，肇庆市的端州区、鼎湖区、高要区、四会市，清远市的清城区、清新区、佛冈县
	深圳都市圈	2020 年 6 月	4.2747	3290	3.6312	深圳市（含深汕特别合作区），东莞市，惠州市的惠城区、惠阳区、惠东县、博罗县
	珠江口西岸都市圈	2020 年 6 月	1.1049	1235.62	2.1	珠海、中山、江门、阳江
	汕潮揭都市圈	2020 年 6 月	5.9	1400	1.0918	汕头、潮州、揭阳、梅州都市区
	湛茂都市圈	2020 年 6 月	0.7258	1325	2.3	湛江市、茂名市
江苏省	苏锡常都市圈	2002 年	4.6	2570	2.8	苏州、无锡、常州
	徐州都市圈	2003 年	2.4	3000	4.8	江苏省的徐州市、连云港市、宿迁市；安徽省的宿州市、淮北市；山东省的枣庄市，济宁市的微山县；河南省永城市
湖北省	襄阳都市圈	2023 年 3 月	0.58278	527.1	1.97	襄阳市全域
	宜荆荆都市圈	2023 年 3 月	0.85393	889.8	3.26	宜昌市辖区、宜都、枝江、当阳、远安、秭归，荆州市辖区、松滋、公安、江陵和荆门市全域
福建省	厦漳泉都市圈	2011 年	2.5612	1925.5	2.56	厦门、漳州、泉州市全域
黑龙江省	哈尔滨都市圈	2004 年	0.67281	1463.9	3.428	哈尔滨、绥化市区及周边的呼兰区、阿城区、双城区、五常市、尚志市、宾县、肇东市
吉林省	长吉都市圈	2009 年 8 月	0.82625	1214.72	2.06	长春、吉林
安徽省	合肥都市圈	2009 年 8 月	2.45	2800	5.7	合肥市、淮南市、六安市、滁州市、芜湖市、马鞍山市、蚌埠市、桐城市

续表

省份	都市圈	批复时间	GDP（万亿元）	人口（万人）	面积（万平方千米）	涵盖区域
江西省	大南昌都市圈	2016 年	0.89113	1886	4.5	南昌市、九江市和抚州市临川区、东乡区，宜春市的丰城市、樟树市、高安市和靖安县、奉新县，上饶市的鄱阳县、余干县、万年县，含国家级新区赣江新区
贵州省	遵义都市圈	2022 年 1 月	0.372	661	3.07	遵义市城区、仁怀市、湄潭县、绥阳县、桐梓县
	贵阳都市圈	2022 年 1 月	0.51063	960	2.6	贵阳市、贵安新区、清镇、修文、开阳、息烽、贵定、龙里、惠水、长顺、西秀、平坝、普定、镇宁、织金、黔西
云南省	昆明都市圈	2021 年 2 月	0.7541	850.2	2.1	以昆明主城五区为中心，覆盖晋宁区、安宁市、嵩明县、富民县、宜良县、寻甸县、石林县、弥勒市、红塔区、澄江市
甘肃省	兰州—白银都市圈	2021 年	0.41567	1050	6.1	兰州市、白银市、临夏州、定西市
	天水都市圈	2021 年	0.8139	295.4	1.43	天水市、秦州区、麦积区、甘谷县、秦安县
广西壮族自治区	南宁都市圈	2021 年	1.29239	2552.64	6	南宁、崇左、贵港、玉林、钦州、防城港
宁夏回族自治区	银川都市圈	2022 年	0.25	500	3.5	银川市全域、石嘴山市全域、吴忠市利通区、青铜峡市、宁东能源化工基地
新疆维吾尔自治区	乌鲁木齐都市圈	2021 年	0.708	336.31	5.5	乌鲁木齐、昌吉市、五家渠市、阜康市、奇台县

（3）都市圈大力推动"中心—外围"关系。都市圈"中心—外围"结构通过中心城市的扩散和涓滴效应带动外围地区发展，以中心城市为增长极，通过扩散效应形成点轴和网络开发格局，促进周边地区发展。一方面，作为

增长极的产业集群发展成熟后会超过城市承载限度，产业集聚的边际成本将高于边际收益。通过涓滴效应扩散至周边地区，既疏解了中心城市的压力，又带动了周围地区发展。另一方面，人口疏解将缓解中心城市人口密度过高导致的"城市病"，促进人口向周边城市流动，提高劳动力资源流动性与配置效率。同时，都市圈同城化机制可以有效整合周边资源，推动中心城市富余人才、资金、技术和产业等转移到适配的周边地区，形成整体协调的产业分工合作格局，避免低水平同质化竞争，形成整体协同，全面提升区域竞争力。为促进都市圈协同发展，以中心城市带动辐射区域经济，促进区域协调发展与共同富裕，各都市圈均推出不同政策推动"中心—外围"关系发展，包括交通轨道建设、人口疏解、产业链转移合作、功能区重组协调等。

交通轨道建设促进了都市圈中心外围协调互动。国家发展改革委提出了推动都市圈市域（郊）铁路加快建设的意见，要求优化城市功能布局、促进大中小城市和小城镇协调发展，与干线铁路、城际铁路、城市轨道交通形成网络交通体系。在此方面，南京市提出加快打造"轨道上的南京都市圈"，"十四五"期间共有 7 个铁路项目在建，未来南京铁路枢纽将形成"两环、四跨、十五线、四个主要客站、四个物流基地、一主一副编组站"的国家级特大型环形铁路枢纽的总体格局。截至 2022 年底，江苏省铁路总里程达 4200 多千米，其中高铁超过 2200 千米，在全国排名前列。南京铁路运营总里程 476 千米，其中高铁 234 千米，实现与国内 25 个省会城市高铁直达，衔接北京、上海、杭州、安庆、合肥（武汉）、郑州六个方向，2 小时基本通达省内所有设区市，1 小时通达上海、杭州、合肥。

人口、产业、功能区疏解协调缓解了中心压力，带动了外围地区发展。在疏解人口、产业，充足协调功能区方面，长株潭都市圈进步显著。长株潭强调强化长沙市中心城区空间管控，适当降低中心城区开发强度和人口密度，有效疏解一般性制造业、区域性专业市场、物流基地等功能与设施，以及过度集中在医疗、教育、体育等公共服务资源。长沙天心区与湘潭经开区计划联手共建新钢城，雨花区先后在韶山和九华经开区建设百亿元工业园区，长沙民政学院在湘潭昭山开设新校区，逐步实现长沙的辐射带动作用。

4. 以县城为重要载体的新型城镇化取得新进展

2022 年 5 月，中共中央办公厅、国务院办公厅印发了《关于推进以县城为重要载体的城镇化建设的意见》，提出分类引导县城发展，加快发展大城市周边县城，积极培育专业功能县城，合理发展农产品主产区县城，有序发展重点生态功能区县城，引导人口流失县城转型发展。截至 2021 年底，我国共有 2843 个县级区划，其中，县级市 394 个、市辖区 977 个、县 1301 个、自治县 117 个，县城建成区面积 20867 平方千米，建设用地面积 19752 平方千米。全国 9.1 亿城镇人口中，县城常住人口仅约 1.4 亿人。县仍然是我国城镇系统重要且基础的行政区划。当前，我国有 5 亿人口居住在县域内的乡村地区，大约 2.5 亿人居住于县城或县级市城区，为了令这些人共享城镇化的红利，县域城镇化是迫切且现实的选择。国家层面为县城发展提供了融资支持。国家开发银行制定了《支持以县城为重要载体的城镇化建设工作方案》，提出结合各地县城功能定位，加大中长期投融资支持力度，"十四五"规划以来已向相关领域发放贷款 911 亿元。总体截至 2022 年 5 月末，国家开发银行已累计支持了全国 470 个县城近 3000 个项目，贷款余额为 2117 亿元。未来，国家开发银行将力争到 2025 年相关业务覆盖全国 60% 左右的县，到 2030 年覆盖 90% 左右的县。同时，各省均积极响应号召，推出政策促进县城发展建设。具体有以下六个方面。

（1）引导县城发展，实施县城特色优势产业培育。浙江省发改委公布以县城为重要载体的城镇化建设试点名单，率先开展提升县城承载能力的探索。这些试点县城兼具特色和普遍性，以"特色小镇"和"未来社区"两大创新性举措推动新型城镇化建设。特色小镇突出县域的产业发展高度专业化，形成了高端装备制造、数字经济、金融、时尚和健康等为代表的特色产业。未来社区大部分位于城乡接合部，强调"非镇非区"，突破行政边界桎梏，重新整合生产要素。

（2）稳定扩大县城就业岗位。山东省提出合理发展农产品主产区县城，推动位于鲁北、鲁西南、鲁西北、胶莱、沂沭及淄潍等平原地区的农产品主产区县发挥特色农产品产地优势，布局特色农产品初加工和精深加工产业，有效服务"三农"，保障粮食安全。指导编制国土空间总体规划，引导产业用地向园区集中。强化农民工返乡创业园平台，计划至 2025 年底，每年打造 1 个工业品牌。同时，山东省大力推动就业培训扩容增效，滚动实施城乡公益性岗位扩容提质行动，计划到 2025 年底，在全省累计创设城乡公益性岗位

160 万个左右。动态调整职业培训项目目录和培训机构目录，畅通培训补贴直达企业和培训者渠道，提高技能培训与市场需求契合度。计划到 2025 年底，开展农民工补贴性职业技能培训 150 万人次以上。

（3）完善县城市场设施。贵州省贞丰县成为省商业体系建设示范县。县城建成兴旺、兴客隆、大鸿发等综合商贸服务中心，升级改造 5 万吨粮油储备库，建成邮政农村电商"邮乐购"站点 23 个，全面覆盖实现建制村通邮投递。县供销社建成 6 个直属公司、12 个镇级基层社和 6 个村级基层社的供销网络。通过健全农村流通网络、加强市场主体培育，支持企业数字化、连锁化转型，培育农村新型商业带头人，贞丰县有力推动了县域商业体系建设。

（4）强化县域公共服务供给。公共服务包括教育、文化、医疗、养老、住房等方面，可以提高县城居民幸福感，激活消费潜力。梅河口市作为国家县城新型城镇化建设示范县，持续推进基础设施和公共服务提档升级，引进吉林大学第一医院优质医疗资源建设区域医疗中心，吸引东北师大、吉林师大、延边大学等高等院校落户，建设文化中心、体育公园，打造绿色便捷的居民健身新载体。累计投资 30 亿元建设海龙公园、人民公园、山水公园等 8 个主题公园和 36 个城市花园，累计投资 15 亿元建设城区"三纵三横"35 千米河湖连通城市生态水系。

（5）提升人居环境质量。人居环境主要强调加强历史文化保护传承，打造蓝绿生态空间，推进生产生活低碳化，完善垃圾收集处理体系，增强污水收集处理能力等。在此方面山西省修缮保护了平遥古城，解决古城供水供电问题，提升古城旅游环境及品质，排查整治黑臭水体，加快推进城市园林绿色高质量发展，推进绿色建筑设计改造。采用 1＋N 模式建设 1 个镇生活污水处理厂，通过管道延伸，同步收集处理周边 N 各村的生活污水。

（6）提高辐射带动乡村能力。此方面要求将城镇化的重心置于县城的位置，统筹城乡资本、资产与资源。促进城乡居民双向流动，鼓励支持农民工向技术性岗位转移。进一步推动城乡基础设施一体化和公共服务均等化，推动政府产业基金发展，拓展农民就业渠道。此方面天津静海区通过"一村一品"示范村镇辐射带动作用，推动现代农业提质升级。该区充分发挥了国家级东旭奶牛产业集合、台头西瓜产业强镇和王口炒货、罗阁庄梨"一村一品"示范村镇辐射带动作用，推动现代农业提质升级。

（二）大中小城市协调发展存在的问题

1. 超大特大城市"城市病"问题

我国当前存在 21 个超大特大城市，而随着城镇化发展超特大城市"4d"问题，即人口密度（density）、流动性（dynamics）、多元度（diversity）、布局异质性（distribution）不断提升，超特大城市的压力与问题也不断增大。具体如下。

（1）中心城区人口密度过大。超特大城市人口密度不断提升，2022 年我国城镇常住人口达 92071 万人，占全国的 65.22%，比 2020 年增加了 1.33%。城区人口过度集中分布导致城市资源短缺、交通拥堵、住房困难、居民生活成本上升、环境污染加剧和公共服务资源供给不足。

（2）流动人口过多挑战公共服务供给。2022 年全国流动人口为 2.3 亿人，同比 2021 年增长 828 万人，其中很大部分为新生代农民工。人口迅速增加及人口膨胀导致城市承载能力下降、资源短缺、交通拥堵。而流动人口造成社会不稳定性增加，对资源环境带来巨大压力。而当前新型城乡协调发展及大城市人口疏解政策下，出现了一定"逆城市化"现象，未来基于城市群及都市圈的大中小城市协调发展格局可能会在一定程度上降低大城市的压力。

（3）人口背景及结构多元化影响治理效果。多元背景的人口汇聚在大都市中为城市带来发展的同时也带来了治理上的挑战，而居民收入差距拉大，会导致城市压力进一步增加。同时当前城市人口加速老化，老龄化现象日益突出，人口结构风险凸显。并且我国人口出生率进一步降低，2022 年仅有 6.8‰，导致部分地区出现"用人难"的问题。可以看出，现在少数城市已经进入了收缩，未来对人才的争抢将进一步加剧。

（4）空间分布异质性带来矛盾与挑战。人口区域分布失衡、职住分离现象日益突出，中心城区内部、市中心与郊区、城区与县城中间差异巨大。但随着我国城乡协调发展政策推动，未来大中小城市进一步协调发展，县区为载体促进城镇化发展政策意在吸引人口回流，人口、经济空间分布呈现趋于平衡的趋向，为此带来了相对积极的信号。

2. 城市群协调性不足、结构体系有待优化

（1）城市群发展水平不一且协调性不足。东部沿海及南方省份发展程度较好，而东北部及中西部城镇化发展相对滞后。东北地区内部差异不大但经济发展落后；东部地区经济发达但地区之间差异较大，变异系数始终处于高位；中西部地区内部经济发展差距基本持平，西部地区变异系数较大。2022年长三角城市群 GDP 总量达到 24.23 万亿元，占全国的 20.02%，而宁夏沿黄城市群 GDP 总量仅为 0.484 万亿元，仅占全国的 0.4%。各区域经济发展水平不一、收入分配差距较大问题仍然突出。

（2）土地与人口失配影响城市发展动力。生产要素高度集聚的大城市如上海、北京、深圳等近 5 年新增土地增长率不足 1%，且吸引着全国人口集聚。而与此相反，中国绝大多数城市面临着严重的"空心化问题"，尤其是部分城市群，如哈长城市群、中原城市群、山西中部城市群。甚至相比 2020年，京津冀城市群在 2022 年也出现了人口下降。人口分布不均导致大城市出现人口密度过高导致资源短缺生活成本提高环境污染，而部分城市人力资本流失，经济增长乏力。

（3）城市群内部空间结构与规模体系有待优化。当前城市群，如京津冀、长三角、珠三角城市群以超大城市、特大城市、Ⅰ类大城市为主，而部分城市群如天山北坡、宁夏沿黄城市群缺乏超大、特大城市，以中小型城市为主。同时大多数城市群内部大中小城市落差较大，要素流动不合理，超大城市与特大城市过度拥挤，中小城市长期功能性不足。而城市群内部功能分工和发展定位不明确，导致出现同质化竞争，规模体系失调，难以形成合理的产业关联和分工协作。

（4）区域协调发展机制不健全，一体化水平不高。我国粗放式城市蔓延与社会治理滞后问题在城乡接合带尤为突出，导致交通拥堵、环境污染、居住失序、社会矛盾等问题。城乡居民差距仍然较大，2021 年人均可支配收入城乡比例仍然达 2.5∶1，虽然整体呈现较好趋势，但现阶段仍然较为严重，一体化水平不高。大城市的积分落户制度等"高门槛"限制了流动人口及农村人口的市民化。

（5）城市群环境资源承载压力较大。城市群的快速建设和经济快速发展也造成了对生态环境的破坏和污染，人类活动对资源索取严重影响了生

态和自然系统的协调。而随着居民对生态环境要求的提高，城市群的环境资源承载能力限制了居民的生活质量、幸福感和获得感的提升，也会对相关产业发展造成影响。如何平衡城市群建设、经济发展与生态环境问题是未来关注的重点方向。

3. 都市圈差距较大、一体化协调化水平不足

（1）都市圈之间发展差距较大。我国都市圈在经济总量、产业层次、人口规模、科技创新多方面存在较大差距。2022年南京都市圈GDP总量达到4.63万亿元，而兰州—白银都市圈GDP仅为0.4157万亿元。都市圈经济体量差距导致其对周围的引领带动作用不同，部分尚处于初级阶段的都市圈仍处于产业链低端位置，现代服务业发展不充分，难以形成有效分工，对周围地区经济发展影响较弱。

（2）都市圈内部交通一体化水平较低。轨道上的都市圈还需突破体制和资金方面的约束。我国都市圈轨道交通需要加快体制机制改革，打破行政辖区的边界壁垒；打破只谈地铁和轻轨，不谈市域和城际的城市轨道交通层级壁垒；打破交通与城市开发分属不同部门的行政壁垒。至2022年底，已开通的都市圈轨道交通线网规模偏小，相比国铁干线15.5万千米的营业里程，城际铁路约2000千米、市域（郊）铁路1223.46千米，城市轨道交通9584千米的运营里程明显偏短。原有轨道交通规划不满足都市圈发展要求，交通层次不清晰，体系不成熟。轨道交通受到不同地方政府协调影响，线路难以进入核心区、不与城市融合、不公交化、服务质量偏低，经济社会效益不佳。跨区域线路的规划、审批立项机制尚未明确，难以统筹协同建设。

（3）都市圈内部经济区和行政区分割。分割导致产业、市场和公共服务协同发展进展较慢，部分都市圈内同质化竞争仍然较为激烈。都市圈内部多以经济联系为导向，信息技术交流、人员交流、行政协作程度不够。同时，在都市圈产业合作过程中，不同城市定位趋同严重，产业协作较弱，无序竞争现象较为突出，产业和资源协调机制尚未确立。以首都都市圈为例，在生物制药方面，北京拥有同仁堂、双鹤药业，河北拥有石家庄制药、华北制药，天津拥有天士力等。同质化竞争还体现在通信设备、石油化工以及金属冶炼加工业等方面。同时，都市圈城市层级和分工体系尚未全面建立，资源竞争

大于合作，尚未完全推进都市圈高质量发展。

4. 县城难以支撑吸纳产业，人口流失严重

（1）县城产业支撑能力弱。县城缺乏产业发展所需的高技能劳动力、生产资源、资金投入，难以支撑产业发展。产业发展存在"千县一面"的现象，产业规划变更频率高，缺乏前置性科学论证，与当地资源禀赋并不匹配。产业发展存在"随意性"和"随人性"现象。另外，县域产业基础薄弱制约了县域经济转型，企业抗风险能力较弱，县域工业投资受限，且政府财政实力不足、融资渠道偏窄。2019 年全国近 1/3 的县域一般公共财政预算收入不足 3 亿元，1/2 的县域未达到 5 亿元。基础设施建设难以达到要求。

（2）县城承载吸纳资源的能力有限。县城难以吸纳承载资源，产业发展新项目难以落地。多数县城产业结构与资源禀赋优势并不匹配，发展效率偏低。如江西具有农产品基础的县涉农类项目审批和环评环节严格、手续烦琐，不确定性高。政府缺乏涉农项目的"三通一平"项目，使涉农项目落实门槛高。大比例的县重点产业集中在钢铁、有色金属、石油化工、能源等高度依赖资本和高资源消耗的产业，与县城资源禀赋产业结构并不匹配，对当地就业吸纳的帮助有限。缺乏研究机构与高技术人才，难以落地。

（3）"留不住人"的困境突出。我国当前县城人才流失严重，同时农民工大量涌入一二线城市建设，劳动力流失严重。根据第七次全国人口普查，2010～2020 年，我国 2700 余个县中有约 1480 个县区出现人口流失状况，其中近 1200 个为县（县级市）。人口在持续向省会及以上大城市、都市圈集聚。县城产业结构单一落后，亟须优化升级。县城基础设施与文娱设施、教育医疗等公共服务及精神文化活动的缺乏导致居民生活幸福感较低。"拉力"不足及"推力"的存在导致县城人口流失严重。例如，湖北省孝感市 2000～2020 年全市人口流失超过 72 万人，流失率为 15%，应城市（县级市）人口流失率高达 27%。东北地区人口流失集中在县级市。2010～2020 年，东北增加了 112 个收缩的区县，吉林省的和龙市人口流出率更是达到了 38%，舒兰市达到了 37%。

（三）展望

1. 转变超大特大城市发展方式促进大中小城市协调发展

（1）完善科学治理体系。以人民为中心，坚持党的领导是推动超特大城市治理的关键前提和根本保证。在此基础上推动多主体治理，促进治理重心下沉，构建党领导总揽全局，政府职能部门、营利组织、非政府组织优化协作，基层群众人人尽责的治理体系。明确细化相关法律框架，健全落实机制，构建全市统一的公共法律服务网络。完善德治体系，加强普法和道德宣传。

（2）提升城市共治能力。推动城市服务管理能力现代化，优化城市公共服务供给模式，推动市民平等公平享有权利。推动城市共建共治能力现代化，调动居民参与，建立健全民事民提、民事民议、民事民决、民事民办、民事民评的协商议事工作机制，提升社区活力。推动城市风险防控能力现代化，提升城市防控能力，明确应急预案和流程，提升债务治理能力，有效化解政府债务风险。

（3）推动城市智慧化转型。基于数字化智能平台，推动智慧技术与城市规划管理融合。推动物联网、云计算、移动互联网、大数据、空间信息技术和人工智能等新一代信息技术、人工智能与城市管理结合，实现智慧城市双向互动。整合地理信息系统，有效结合当前多个部门的大数据，包括手机信令数据、移动支付大数据、交通出行大数据等判断居民对公共服务和城市设施的需求，调整城市供给。建立现代化人口管理制度，深化户籍制度改革，打通居民各层级信息，提高城市治理能力。

（4）推动城市服务管理能力现代化。依托大数据信息平台，及时了解更新城市居民需求，精准提供服务设施配备。推进城市服务办理便捷化，支持便民应用和小程序与地方政务服务的对接，提高网上办理比例。构筑15分钟便民生活圈，优化公共服务和市政服务空间布局，为城市社区15分钟步行可达范围内配备生活所需的基本服务和公共活动空间，提高居民幸福感和满足感。

2. 优化城市群间及城市群内部发展促进大中小城市协调发展

（1）依托城市群进行资源整合，发挥规模效应和涓滴效应。打破行政分割，以城市群为依托构建大尺度一体化市场体系。令各城市间形成优势互补的产业链条，建立资源、要素、商品相互流通的一体化市场，充分发挥各地区比较优势。发挥规模效应和涓滴效应，利用中心城市极化作用推动城市群均衡发展，通过集聚效应外溢带动中小城市相关产业链形成。

（2）协调统筹城市群分工，架构功能布局合理高效的城市群空间。城市群内各地方政府应当秉承"紧凑城市"发展理念，合理规划城市用地，构建紧凑的城市空间形态，采取土地集约化发展模式，建立空间规划体系，划定生产、生活、生态空间开发界线。同时以城市群为依托促进产业整合升级，构建现代产业体系，推进产业协同，构建合理产业链条。具有经济优势的大城市重点发展高附加值，高技术含量的环节，作为研发孵化基地。中小城市进行内部产业转型升级，充分发挥地区资源优势，进行生产交易。

（3）健全城市群管理体制机制，统筹各方利益关系。以城市群维持度进行资源优化配置，形成统一协调的城市群管理机制，明确各城市定位、功能、产业、资源禀赋，建立统一的管理协调配合机制。通过顶层设计规划，发挥城市比较优势，降低同质化竞争带来的问题。打破行政主导的模式，促使生产要素在市场机制下自由流动。

（4）强化创新驱动与低碳引导，提高资源环境承载力。要将"碳中和"理念纳入城市经济社会发展中长期规划，实施创新驱动发展战略，通过创新加快调整优化城市群产业结构和能源结构。大力发展新能源，治理城市群环境污染，修复城市群生态环境，开展国土绿化行动。通过宏观城市群、中观城市和微观市中心区三个空间尺度，实现城市群生态环境一体化调控，将经济建设、社会建设、生态建设落实到不同主体功能的城市群国土空间之上。

（5）优化重组城市群之间组织格局，全面提升一体化效应。基于国家提出的"5 + 5 + 9"城市群空间组织格局，对不同城市群采取优化提升、发展壮大、培育发展的不同策略。充分发挥沿海、沿江和沿黄城市群高质量发展的联动引领效应，带动全国城市群协调发展。通过政策引导，建立健全城市群一体化协调发展机制和成本共担、利益共享机制，构建多中心、多层级、多节点的均衡网络型城市群。

3. 建设现代化都市圈促进大中小城市协调发展

（1）全面开放都市圈建设，促进产业链一体化。都市圈应该全面开放建设，增强区域合理分工和协同发展，消除生产要素跨区域流动的障碍，促进产业跨区域专业和产业链跨区域合作。形成企业和产业分工合作网络，推动产业链一体化发展。坚持产业发展差异化，防治同质化竞争和低质化竞争，实现资源优化配置。核心区域承担高科技产业和现代服务业，高能耗制造业和配套服务业分布于都市圈外围。

（2）建设都市圈立体交通体系，提高通达性和便利性。推动都市圈建立高效交通枢纽，推动市域、城际轨道交通建设，围绕核心区加快建成公共交通、快速交通、轨道交通等多样化综合交通体系。打通各行政区之间的壁垒，开辟"最后一公里"，深化核心区与外围城市的联系，形成交通便利、联系紧密的都市区域。

（3）跨区域整合规划，通过顶层设计引导建设。都市圈各地政府应联合制订城市规划、产业规划、土地规划、交通规划和环境规制等，重视顶层设计和总体规划，建立统一的信息化平台、政务服务平台、信息基础设施，建立跨区域治理的整合机制。促进都市圈区域共同治理，逐步缩小都市圈内部教育资源、医疗资源、服务设施的差距。

（4）打造都市圈统一市场，创建财富共创公平环境。都市圈应全面统一清理疏通经济堵点，查处歧视性市场准入、违规设定招标项目、行业垄断地方保护等行为。加快推进规范开放大市场建设，健全知识产权保护制度、信用信息共享互认制度，建立统一数据平台。建立都市圈内互利共享的融资制度，空间组织与金融组织网络"双网同织"，健全市场金融体系。

（5）打造都市圈品牌特色，构建文化精神共同体。突出都市圈地域文化特色，加强品牌建设，发挥文化传承效应。通过共同的价值信念和文化传统减少人们的沟通成本，提高相互间信任，降低社会融合难度。通过挖掘传统文化资源，统筹都市圈文化保护利用，培育现代文化市场，强化公共文化服务，培育区域文化认同与自信，可以构建都市圈文化精神共同体，塑造形成一体化、多层次的共同精神财富。

4. 推动以县城为重要载体的新型城镇化促进大中小城市协调发展

（1）加大三次产业深度融合，构建县域产业新格局。抓住当前数字经济、人工智能、互联网＋等新技术及分享经济、平台经济等新业态促进农业产业化、新型工业化和信息化深度融合，提高县域产业基础建设，帮助县域产业链升级。同时基于县城的资源禀赋，对优势资源、产业基础进行充分挖掘，发展壮大县城特色优势产业，统筹本地就业量较大产业承接大城市转移产业，提高产业活力和竞争力。

（2）协调政策布局，吸引劳动力进入。根据基于县域的新型城镇化，积极推动"城乡双栖""城乡通勤""工农兼业"成为县域城镇化新形态，依从城乡人力资源自由流动，将县域打造成农村人口进城定居的核心空间。同时通过产业转型升级实现就近城镇化，催生新的就业岗位。以人的发展为重要关切点，保障农业转移人口在就业、医疗、教育、文化等方面的权益。健全落户制度，促进农业转移人口在县城快捷落户。并且要切实保障农民在农村的财产权益，并有针对性地提供培训平台，提高进城农民技能素质和稳定就业能力。

（3）精细化城镇建设，提高资金使用效率。统筹县域资源，建立健全分时序统筹、多主体参与的县域公共服务和基础设施建设投入长效机制，力争实现公共服务和基础设施的精准投放。坚持以人为本，注重文化教育、医疗卫生资源配置，借助新经济优势与大数据技术，建设县域智慧服务综合平台，提供针对性服务支持。同时，通过缩短营利性项目的投资回报周期、优化风险管理机制，不断拓宽融资渠道，增强县域对社会资本的吸引力。采用"精明收缩"战略，对土地利用进行合理规划，将存量土地盘活，对土地资源进行集约使用。

（4）提升服务水平，解决居民需求。注重解决城乡居民在县域生活的多元化需求，避免"排斥"和"不公"现象的发生。注重解决城乡居民多元化需求，加快完善城市基础设施，强化公共服务差异化供给，努力提供多元化、差异化的公共服务。推动公共服务均等化，实现市民权益普惠化，提高县城新市民的社会融入水平。促进县域餐饮、住宿、家政、娱乐等生活服务业提质升级，为县域人员提供多样化、高品质的生活服务。

三、提升城市规划、建设、治理水平

党的十八大以来，以习近平同志为核心的党中央高度重视城市建设，推动我国城市建设发生历史性变革、城市发展取得历史性成就。党的二十大报告提出："坚持人民城市人民建、人民城市为人民，提高城市规划、建设、治理水平，加快转变超大特大城市发展方式，实施城市更新行动，加强城市基础设施建设，打造宜居、韧性、智慧城市。"这一重要要求，顺应了城市发展新趋势、改革发展新要求、人民群众新期待，为在新征程上做好城市工作、推进以人为核心的新型城镇化指明了方向。

（一）提升城市规划、建设、治理水平进展成效

1. 发展方式加快转变，超大特大城市"瘦身健体"成效显著

中心城市和城市群逐渐成为承载人口经济发展要素的主要空间形式，超大特大城市在经济社会发展中发挥着动力源和增长极的作用。超大、特大城市体量大、比重高，在全国经济社会发展中举足轻重，21 个超特大城市常住人口达 2.9 亿人，占全国人口比重超过 20%；国土面积 16.9 万平方千米，约占全国市辖区面积的 7.5%；2022 年 GDP 总量为 38.66 万亿元，占全国经济总量的 31.95%（见表 4–12）。城市规模的持续扩张导致资源短缺、管理混乱、空间摩擦、服务紧缺等"城市病"，严重制约了城市的可持续发展，也降低了人民群众的生活品质。面对超特大城市发展及其治理过程中的挑战，如何转变超特大城市发展方式，实现城市治理现代化，走出中国特色的超特大城市发展道路，已成为新时代城市规划建设治理的重要议题。

表 4-12　　　　　　　　　　超特大城市人口数及经济总量

城市规模	城市名称	2020年人口数（万人）	城区人口数（万人）	2022年GDP（万亿元）
超大城市	上海	2487	1987	4.47
	北京	2189	1775	4.16
	深圳	1749	1744	3.24
	重庆	3205	1634	2.91
	广州	1868	1488	2.88
	成都	2094	1334	2.08
	天津	1387	1093	1.63
特大城市	武汉	1245	996	1.89
	东莞	1047	956	1.12
	西安	1218	928	1.15
	杭州	1194	874	1.88
	佛山	950	854	1.27
	南京	931	791	1.69
	沈阳	907	707	0.77
	青岛	1007	601	1.49
	济南	920	588	1.20
	长沙	1005	555	1.40
	哈尔滨	1001	550	0.55
	郑州	1260	534	1.29
	昆明	846	534	0.75
	大连	745	521	0.84

在过去10年中，超大城市的治理问题引起了国家的高度重视，成为国家治国理政的一项重要内容。2013年，中央首次召开城镇化工作会议，明确了推进城镇化的指导思想、主要目标和基本原则。2015年12月，中央召开了改革开放以来第一次城市工作会议，强调要全面开展城市设计，完善新时期城市管理体系，科学谋划城市"成长坐标"。2021年，《中华人民共和国国民经济和社会发展第十四个五年规划和2035年远景目标纲要》进一步提出，要转变超大特大城市开发建设方式，完善城市精细化管理体制，推进以人为核心的新型城镇化，探索超大城市治理现代化的道路。2022年6月21日，国家发展改革委发布《"十四五"新型城镇化实施方案》，要求统筹兼顾经济、

生活、生态、安全等多元需要，转变超大特大城市开发建设方式，积极破解"大城市病"，推动超大特大城市"瘦身健体"。

党的十八大以来，超大特大城市整体发展成效显著。一是引导调控城市规模优化空间布局。例如2017年9月党中央、国务院批复《北京城市总体规划（2016年—2035年）》，北京成为全国第一个减量发展的超大城市，进入以存量建设用地更新为主的"更新提质"发展阶段。北京发挥国土空间规划引领作用，创新编管体系，探索提出"清单式""菜单式"存量更新街区规划编制的新路径。根据评估结果，总规实施第一阶段102项重点任务阶段性目标已全面完成，2018～2020年城乡建设用地减量约110平方千米，在严控城市规模同时，全员劳动生产率、地均产出、单位建筑面积产出较2015年分别提升了35%、55%、41%。二是提升超大特大城市宜居韧性水平。以成都为例，2022年国务院批复同意成都建设践行新发展理念的公园城市示范区，《成都建设践行新发展理念的公园城市示范区总体方案》印发，成都市实施高品质公共服务倍增、城市通勤效率提升等十大工程，连续14年位居"中国最具幸福感城市"榜首。推动实施"五绿润城"示范性工程，推进岷江沱江城市生态蓝网系统建设，加快龙泉山城市森林公园、环城生态公园等建设，成都各类公园总数已达1414个，建成区绿化覆盖率达到44.3%，绿道长度达到5583千米。三是注重延续城市历史文脉。超大特大城市积极处理好保护和发展的关系，推动"旧城改造"转向"城市更新"，注重延续城市历史文脉。如北京首钢工业园借助北京冬奥会，实现工业风貌与奥运元素的结合；成都保留"成都味"开展老旧区域改造，将成都机车车辆厂打造成为以工业遗产保护＋TOD开发为触媒的共享微城市。四是提高超大特大城市精细化治理水平。城市有机体理念引领城市治理水平不断提升，突发公共卫生事件对超大特大城市治理提出更高要求，场景治理成为超大特大城市治理走向科学化、精细化、智能化的重要路径。如杭州推动"城市大脑"建设，加快打造以社区为切入点的杭州城市大脑2.0；上海依托"一网通办""一网统管"推进城市经济、生活、治理全面数字化转型，从而实现超大城市数字治理跃迁。截至2023年3月底，"一网通办"实名注册个人用户超过7968.93万个，法人用户超过311.06万个，接入事项3622项，累计办件量达3.36亿件。

2. 新型城市建设稳步推进，宜居、韧性、智慧水平逐渐提高

2022 年我国城镇化率已超过 65.2%，进入城镇化发展中后期，城市发展必须由"外延式扩张"为主向"内涵式发展"为主转变，既要解决好快速城镇化过程中积累的一些突出短板风险，也要有效满足不同群体的多样化品质化需求。《"十四五"新型城镇化实施方案》就推进新型城市建设做出专门部署，强调要坚持人民城市人民建、人民城市为人民，加快转变发展方式，建设宜居、韧性、创新、智慧、绿色、人文城市。

在建设舒适便利的宜居城市方面，增加普惠便捷公共服务供给、健全市政公用设施，完善城市住房体系并有序推进城市更新改造。一是加快保障型租赁住房，着力解决新市民、青年人住房困难问题。2022 年 4 月，国务院办公厅印发《国务院办公厅关于加快发展保障性租赁住房的意见》，明确我国住房保障体系以公租房、保障性租赁住房和共有产权住房为主体，为规范中央预算内投资支持保障性租赁住房建设有关项目管理，国家发展改革委印发《保障性租赁住房中央预算内投资专项管理暂行办法》，对该专项的支持范围和标准、资金申请、资金下达及调整、监管措施等做出规范。2021 年，全国 40 个城市开工建设和筹集保障性租赁住房 94.2 万套。2022 年前 10 个月，全国保租房已开工建设和筹集 233.6 万套（间），完成投资 1750 亿元。二是全面推进城镇老旧小区改造，加强配套设施建设。2021 年 12 月住房和城乡建设部办公厅、国家发展改革委办公厅、财政部办公厅印发《关于进一步明确城镇老旧小区改造工作要求的通知》，从民生工程底线要求、需要重点破解的难点问题和督促指导工作机制等方面明确城镇老旧小区改造工作衡量标准。2022 年 1～12 月，全国新开工改造老旧小区 5.25 万个，共 876 万户。三是积极推进便民生活圈建设。截至 2023 年 6 月底，全国两批共 80 个试点地区积极拓展便民生活圈覆盖范围，累计建设 2057 个便民生活圈，服务社区居民 4201 万人。

在建设安全灵敏的韧性城市方面，增强防灾减灾、内涝治理、管网更新改造等能力。海绵城市建设形成示范，2013 年，习近平总书记在中央城镇化工作会议上的讲话中指出要建设自然积存、自然渗透、自然净化的"海绵城市"。2014 年末"海绵城市"建设试点工作启动，产生第一批中央财政支持的 16 个试点城市；2021～2023 年，系统化全域推进海绵城市建设示范工作加速推进，确定三批共 60 个示范城市，并形成一批典型经验（见表 4-13）。城市管网建设不断完善。党的十八大以来，全国新增污水处理设施超过 1500 座，污水管道约 30 万千米。2021 年，全国城市污水处理能力达 2.1 亿立方米/日，是 2012 年的 1.75 倍，雨污合流管道长度占比从 2012 年的 23.5% 下降至 2021 年的 10.61%。广东省污水收集处理规模居全国首位，且保持高速增长，2022 年新改建管网长度 1.08 万千米，是 2021 年管网长度的 16%，地级以上城市生活污水集中收集率增长 2.2%。地方探索防灾减灾立法，深圳市先行示范打造防灾减灾"韧性城市"，2022 年将《深圳经济特区城市安全发展条例》列入立法计划，从城市规划、建设、运营全生命周期管理的高度进行立法，率先在全国开展创新探索。

表 4 - 13　　　　　　　　　　　海绵城市建设示范城市名单

批次	示范城市
第一批	广州市、唐山市、长治市、四平市、无锡市、宿迁市、杭州市、马鞍山市、龙岩市、南平市、鹰潭市、潍坊市、信阳市、孝感市、岳阳市、汕头市、泸州市、铜川市、天水市、乌鲁木齐市、宜昌市、广安市、安顺市、格尔木市、大庆市
第二批	中山市、晋城市、昆山市、广元市、金华市、昆明市、烟台市、秦皇岛市、桂林市、漳州市、芜湖市、开封市、株洲市、南昌市、呼和浩特市、松原市、渭南市、沈阳市、平凉市、银川市
第三批	衡水市、葫芦岛市、扬州市、衢州市、六安市、三明市、九江市、临沂市、安阳市、襄阳市、佛山市、绵阳市、拉萨市、延安市、吴忠市

在建设富有活力的创新城市方面，优化城市创新环境、降低创新成本、促进成果转化。2016 年，习近平总书记在全国科技创新大会讲话中强调要"加快打造具有全球影响力的科技创新中心，建设若干具有强大带动力的创新型城市和区域创新中心"。我国创新型城市建设的政策扶持力度持续加大，2021 年科技部印发《关于进一步推进创新型城市试点工作的指导意见》，加大布局建设力度。截至 2022 年底，共有 103 个城市（区）开展创新型城市建设，取得显著成效。103 个创新型城市（区）占全国 1/8 的国土面积、一半的人口，汇聚了全国 85% 的研发经费投入和 72% 的地方财政科技投入，拥有全国 88% 以上的有效发明专利，培育全国 85% 的高新技术企业，产出全国 81% 的高新技术企业营收，覆盖全国 67% 的 GDP，取得了一批创新发展的好经验好做法，辐射带动区域乃至全国高质量发展。根据《国家创新型城市创新能力评价报告 2022》，排名前 10 位的城市依次为：深圳、南京、杭州、广州、武汉、西安、苏州、长沙、合肥和青岛（见图 4 - 2）。

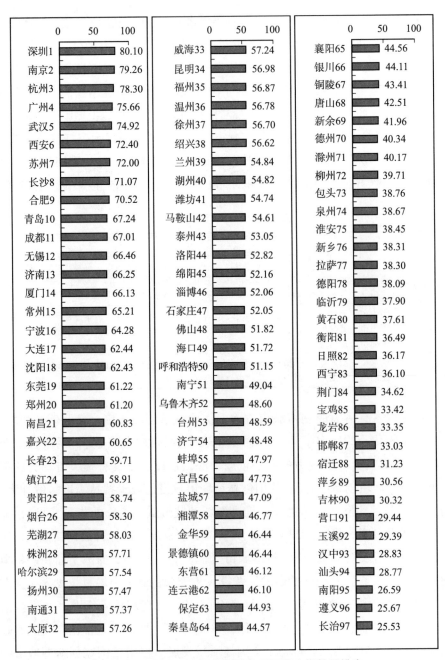

图 4 - 2　2022 年国家创新型城市创新能力指数及排序

资料来源：《国家创新型城市创新能力评价报告 2022》。

在建设运行高效的智慧城市方面，同步推进城镇化和信息化，提升城市治理能力智慧化水平。近年来，我国城市正处于新旧治理模式交替、城镇人口快速上升、信息技术蓬勃发展阶段，智慧城市的出现和建设发展也顺应了我国城市化发展需求。高品质新型基础设施建设持续推进，截至 2023 年 4 月，累计建成 5G 基站超过 273 万个，5G 网络覆盖所有的地级市，具备千兆网络服务能力的端口数超过 1793 万个，5G 移动电话用户 6.34 亿户，千兆光网用户突破 1 亿户。数字政府建设全面提速，2022 年超过九成的省级和重点城市政府政务服务平台实现办事系统的统一申报、统一查询、统一咨询、统一支付、统一评价等功能；数字化履职能力成为建设重点，约有 75% 的省级政府和重点城市政府已经构建或正在构建市场监管大数据平台或系统，支撑对市场主体的管理服务和对市场产品的全流程监管；各地创新实践异彩纷呈，2022 年评估工作征集 220 余家省、市、县级政府部门推荐的 640 个数字政府及政府网站建设实践案例。数字技术应用场景不断丰富，以北京为例，北京智慧城市建设成果显著，以"筑基"为主要任务的智慧城市 1.0 建设基本完成，智慧城市建设进入全域应用场景开放和大规模建设的 2.0 阶段，并发布了《2023 北京智慧城市创新应用案例集》。

在建设清洁低碳的绿色城市方面，推进形成绿色低碳循环的城市生产生活方式和建设运营模式。科学维护城市生态空间，2012～2021 年，我国城市建成区绿化覆盖率由 39.22% 提高到 42.06%，城市人均公园绿地面积由 11.80 平方米提高到 14.78 平方米（见图 4－3）。成都市利用空地绿化改造，对城市的 393 个"金角银边"示范点位完成建设和改造。2021 年，北京市开始实施"揭网见绿"专项行动，2022 年完成治理 7617.54 公顷，提升城市景观品质。南京市推出"生态向学"教育项目，扩大城市公园开放共享的优势，将城市公园打造为生态文明教育的重要阵地，2022 年以来已覆盖近 300 所中小学校，参与人数达 2.2 万人次。城市环境质量显著提升，地级及以上城市细颗粒物浓度为 29 微克/立方米，比 2021 年下降 3.3%，优于年度目标 4.6 微克/立方米。优良天数比例为 86.5%，优于年度目标 0.9 个百分点重度及以上污染天数比例为 0.9%，比 2021 年下降 0.4 个百分点。生产生活低碳化持续推进，深圳、青岛等 25 个城市出台低碳发展专项规划，一半以上的试点城市建立了温室气体考核目标责任制，深圳分批推进近零碳排放区试点建设，建立实施效果动态跟踪评价机制。《国家低碳城市试点工作进展评估报告》显示，2017～2022 年，试点城市以年均 1.3% 的碳排放增速支撑了年均 5.8% 的 GDP 增长，95% 的试点城市碳排放强度显著下降，38% 的试点城市碳排放总量稳中有降，25% 的试点城市碳排放总量增速下降，试点城市二氧化碳排放控制成效显现。

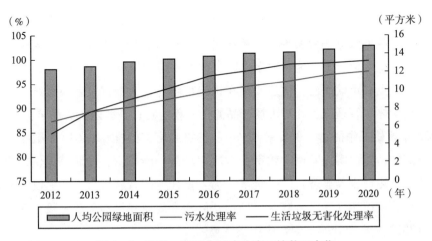

图 4 - 3　2012～2020 年城市生态环境状况变化

资料来源：作者根据《中国城市统计年鉴》自绘。

在建设魅力彰显的人文城市方面，弘扬传承中华优秀传统文化，推动非物质文化遗产融入城市规划建设，提升基层文化服务。2021 年 9 月，中共中央办公厅、国务院办公厅印发《关于在城乡建设中加强历史文化保护传承的意见》是城乡历史文化保护传承工作重要的顶层设计和纲领性文件。党的二十大报告进一步强调，加大文物和文化遗产保护力度，加强城乡建设中历史文化保护传承。广州在全国率先印发实施《广州市关于深入推进城市更新促进历史文化名城保护利用的工作指引》及其后于 2022 年 9 月修订的《广州市关于深入推进城市更新加强历史文化保护传承的实施指引》，再次强调了历史文化遗产传承的"负面清单"，即城市更新项目中的"不可为"事项。2022 年 7 月，重庆市人民政府办公厅印发了《重庆市关于在城乡规划建设中加强历史文化保护传承的实施意见》，总体目标任务中明确需确保各时期重要城乡历史文化遗产得到系统性保护，建设"山水、人文、城市"三位一体的国家历史文化名城。

3. 多领域全面发力，提升城市治理水平

城市治理是国家治理体系和治理能力现代化的重要内容。近年来，聚焦空间治理、社会治理、行政管理、投融资等领域，提高城市治理科学化、精细化、智能化水平，推进城市治理体系和治理能力现代化。

城市空间布局优化，建设用地利用效率明显提高。2022年印发我国首部全国国土空间规划纲要，批准耕地和永久基本农田保护红线、生态保护红线、城镇开发边界划定成果。全国省、市、县三级国土空间总体规划已经全部编制完成。老城区开发强度得到合理控制，城镇建设用地集约高效利用水平进一步提升，新城新区高质量高标准建设稳步推进。2012~2021年，全国单位GDP建设用地使用面积下降了40.85%，2022年发布第三批节地技术和模式推荐目录。雄安新区已进入大规模建设与承接北京非首都功能疏解并重阶段。更多城市重视地下空间开发利用管理，地下空间开发强度进一步提高，截至2021年中国城市地下空间累计建设规模27亿平方米，建成区地下空间开发强度达4.13万平方米/平方千米。截至2022年底，中国内地累计有55个城市开通城市轨道交通线路超过一万千米，达到10291.95千米，嘉兴、佛山、杭州等12座城市相继出台以公共交通为导向的发展模式（TOD）相关政策。

城市体检和城市更新有序推进，促进城市高质量发展。2017年习近平总书记视察北京城市规划建设管理工作时，要求建立城市体检评估机制，2018年北京市率先开展了城市体检工作，经过多轮试点，城市体检评估规程和指标体系逐渐成熟。2021年11月，北京、唐山等21个城市（区）启动第一批城市更新试点工作。城市更新工作进展显著，并于2022年11月发布《住房和城乡建设部办公厅关于印发实施城市更新行动可复制经验做法清单（第一批）的通知》。各地因地制宜，围绕加强历史文化保护和传承、基础设施改造、城市生态修复等开展了城市更新；"留、改、拆、补、建"等方式相互补充，南京、苏州、景德镇等城市提出"渐进式""微更新"和"微改造"，形成典型案例；积极拓宽城市更新资金渠道，各地通过设立城市更新基金、鼓励符合条件项目争取国家政策金融的支持，对符合规定的项目给予税收优惠、贷款贴息等方式，鼓励和引导社会资本参与。

推动资源、管理、服务向基层下沉，街道社区治理服务能力提升。2021
年印发的《中共中央 国务院关于加强基层治理体系和治理能力现代化建设的
意见》指出："基层治理是国家治理的基石，统筹推进乡镇（街道）和城乡社
区治理，是实现国家治理体系和治理能力现代化的基础工程。"2022 年 6 月 28
日，习近平总书记在武汉考察时提出了"夯实城市治理基层基础"的重要命
题。目前，全国社会工作专业人才总量达 163 万人，全国建成乡镇（街道）社
工站 2.1 万余个，驻站社工 5 万余名。网格员达到 450 万名，网格化服务管理
基本实现全覆盖。进入新时代以来，北京市基于问题导向，持续推进基层治理
改革，推进"吹哨报到""接诉即办"与"未诉先办"三项改革，属地管理统
筹协调能力、居民诉求快速响应能力、基层事务主动治理能力得到显著提高。

投融资机制不断健全，创新城市投资运营模式涌现。财政资金支出结构
优化，2016 年发布的《中共中央 国务院关于深化投融资体制改革的意见》
明确表示将城乡基础设施建设、城镇棚户区改造和生态环保等作为重大项目
和民生工程，在政策性和开发性金融机构的资金支持方面给予大力扶持。
2022 年我国共发行专项债 4.03 万亿元，同比增长 12.46%，主要投向市政及
产业园区（30%）、交通（18%）、民生服务 1（17%）、棚改（11%）、农林
水利（6%）等领域。基础设施公募不动产投资信托基金（REITs）政策从试
点到常态化，在盘活存量资产、支持实体经济发展及提高项目运营管理效率等
方面发挥了重要作用。截至 2023 年 3 月 31 日，深/沪交易所成功发行基础设施
REITs 总计 27 单。城市投资运营模式不断创新，以深圳市轨道交通建设运营为
例，经历了从政府单一投资到 BT、BOT、轨道 + 物业、PPP 等多元投融资模式
的探索和尝试；从追求工程建设速度规模向追求线路运营服务质量效益转变，
为构建适合城市发展的市场化、可持续投融资机制积累了宝贵经验。

（二）城市规划、建设、治理水平存在的突出问题

1. 超特大城市密度高、开发强度高，空间格局优化面临挑战

随着我国城市规模的急剧扩张和内部空间结构的重构，职住分离问题越
发突出。以北京和上海为例，2010～2020 年，北京和上海中心城区常住人口
分别下降了 6.3% 和 4.2%，但就业人口却分别增加了 67.6% 和 25.8%，职

住分离问题显著增加通勤成本并降低青年幸福感。《2022年度中国主要城市通勤监测报告》显示，2021年全国承受60分钟以上极端通勤的人口超1400万人，32个城市的极端通勤比重在增加。2021年，北上广深平均通勤距离9.4千米，同比增幅显著，达0.4千米，其中，北京平均通勤距离为11.3千米，单程平均通勤时耗48分钟，超过60分钟的占比在30%以上。超特大城市优质公共服务资源配置与人口存在空间错配问题。以北京市为例，超过60%的重点小学和三甲医院集中在三环内，而该范围内的居住人口仅占全市的30%，而外围区域作为过去10年全市人口增长最快、新增流动人口最多的区域，优质公共服务供给能力与人口增长速度明显错配，导致公共服务资源供需压力较大，公共服务供给能力显著低于中心城区，中心城市与外围区域优质公共服务资源配置失衡。伴随着城镇空间快速扩张，生态空间不断受到挤压，各类自然资源受到不同程度破坏，热岛效应加剧。以深圳市宝安区为例，宝安区现状建设用地237.66平方千米，建成度约为60%，超过深圳全市48%的平均水平，几乎已接近适建区的上限。高密城区内除山体之外的绿色空间极少，生态廊道出现断裂导致生态系统连通性下降；公园绿地和广场的总体规模不足、覆盖率低，特别是社区公园建设滞后，城市地表高度硬质化使城市热岛效应明显。

2. 应对灾害冲击应急保障和快速恢复能力不强，安全韧性短板亟待补齐

"城市看海"暴露出城市防洪排涝设施薄弱。近年来，极端天气频繁发生，各年度《中国水旱灾害统计公报》显示，2006～2017年，我国平均每年有157座县级以上城市进水受淹或发生内涝，城市雨洪管理模式遭遇新挑战。除了基础设施标准偏低、老化和布局不足问题外，城市内涝问题和疫情期间封控后出现的混乱局面暴露出了城市安全韧性问题。一是城市不合理发展方式导致的安全风险，我国城市建设用地中城市生活性用地占比较低，导致实际的居住人口密度较高。高度集聚的人口要求极为复杂的城市物资供应和保障系统支撑。二是复合型、多功能的转换空间规划设计不足，当一座城市面对重大突发冲击时，具备弹性、多功能的大型公共空间（体育场、会议中心）储备及功能转换方案，快速形成以设置定点医院为核心的应急医疗空间体系，是提高城市韧性的重要方法，目前对具有改造潜力的公共设施和公共空间的数量、规模、空间分布和周边环境情况等缺乏统筹规划和科学评估。

三是城市应急治理规划缺乏系统性整体性，难以精准化识别和预防风险。各类监管、风险信息缺乏实时更新和共享，部门、行业应急预案缺乏衔接互通，平时综合整体演练不足，及时指挥协同分散，甚至在个别案例中统一指挥缺失。城市基层应急管理体系还处于改革磨合期，专常兼备、灵活机动的应急管理模式尚在摸索之中。

3. 城市建设投融资模式日趋多元，但仍存在潜在风险和问题

现有投融资模式虽然在投资主体、融资方式等方面已趋向多元，但仍存在很多潜在风险和问题，难以长期持续，主要表现在以下三个方面。一是投融资主体的政府融资占比仍然过高，地方政府债务风险不断显现。地方政府债券作为地方政府融资主渠道，近年来已超过市场化渠道，导致地方政府债务总量大、增速快。截至 2022 年底，我国地方政府债务余额为 35.1 万亿元，其中，一般债务 14.4 万亿元，专项债务 20.7 万亿元。自 2017 年以来，地方政府债务余额以年均 16.3% 的速度快速增长，远高于同期名义经济增速的 7.8%，导致负债率攀升、债务风险不断累积。二是脱离政府信用的融资平台公司很难真正实现市场化转型。在脱离政府信用背书后，融资平台公司以现有资产撬动市场化融资的难度大增，靠资金腾挪化解到期债务越发困难，市场化转型举步维艰。2015～2021 年全国地方融资平台的有息债务规模不断增长，据测算 2022 年达到 63 万亿～67 万亿元。尽管隐性债务监管持续加强，但大部分地区仍有一定规模的隐性债务尚待化解。2022 年以来，多地政府书面声明将保证债券的刚性兑付，为融资平台的"城投信仰"背书，融资平台段时间内仍难以与政府信用和政府干预完全脱钩。三是 PPP 项目问题和风险隐患不可忽视。《国务院关于 2022 年度中央预算执行和其他财政收支的审计工作报告》，经抽查 18 省份本级及 187 个地区计划总投资 1.53 万亿元的 408 个 PPP 项目，发现存在入库环节审核不严、履约环节不尽诚信、建设运营环节不当、推责揽责等问题，截至 2022 年 6 月底，有 151 个项目进展缓慢、停工甚至烂尾等，造成国有资产损失 17.22 亿元。

4. 城市人口密度、流动性、多元度、布局异质性提升，治理精明度和包容度不足

在新型城镇化推进过程中，城市人口密度、流动性、多元度和分布非均

质更高，面临更小规模城市更复杂社会矛盾，传统城市治理模式已不适应当前城市发展需要。一是基层治理能力不足，城市基层普遍存在"多个组织，一套人马"的组织架构，居委会和社区工作站同质化运行，导致基层工作者重视公共服务和公共管理工作而轻视社区自治工作；二是居民共建参与不足，城市事务均由政府亲力亲为，容易出现一线工作人员压力倍增，技能和背景知识不足等问题；三是管理服务能力不足，规划建设滞后于居民群众生活水平提升步伐，从而引起供需质量和标准不匹配问题，导致居民生活不便、获得感、满足感不高；四是城市治理法治不足，政府执法过程中依经验而治或过度依赖"以罚代管"等城市执法方式，造成结果不可预测、民意反应不足、责任主体模糊等问题；五是风险防控能力不足，传统城市应急管理体系在风险点预判精度、发展和处理速度上较弱，难以有效控制风险传播。

（三）提升城市规划、建设、治理水平的展望

推动超大特大城市加快转变发展方式。引导超大特大城市把生态和安全放在更加突出的位置，统筹优化产业结构、空间布局、人口规模。加快出台超大特大城市国土空间总体规划，推动明确核心功能定位，有序疏解与发展方向不一致的非核心功能，合理调控人口规模密度、国土开发强度等。

1. 强化规划源头管控

树立"精明紧凑"城市发展理念，强化发展规划引领和国土空间规划约束功能，加快完成市级国土空间总体规划和城市详细规划编制和审批，在"三区三线"基础上合理优化居住、产业、市政、生态等功能布局，加强低效用地再开发。

2. 补齐城市安全韧性短板

加强城市灾害事故风险隐患排查评估，提高自然灾害和重大事故预测预警能力，合理布局应急避难和物资储备场所。增强城市关键基础设施网络韧性，提升城市生命线保障能力，全面推进燃气管道等老化更新改造，健全常态化管护机制。建设分布式能源资源系统，配备移动公共设施模块，提高各系统冗余度和灵活性。因地制宜构建源头减排、管网排放、蓄排并举、超标

应急的排水防涝工程体系，加快消除易涝积水点，加强城市雨洪管理中基于自然解决方案的应用，有效治理城市内涝现象。

3. 提升城市功能品质

有序完成 2000 年底前建成的老旧小区改造任务，因地制宜增加停车和充电桩等配套设施，推动老旧街区、老旧厂区、城中村等存量片区改造。推进城市"一刻钟"便民生活圈建设，增加托育养老、家政服务、体育健身等服务供给。延续城市历史文脉，坚决防止大拆大建、贪大求洋，推进城市生态环境保护和绿色低碳转型。

4. 提升城市债务治理能力

远近结合妥善化解债务风险，短期应着眼于风险防控化解存量债务风险；中长期应重新划分地方和中央政府事权，由中央接管地方政府不负债就无法承担的事权。合理提升县级政府融资能力，创新担保方式，适当放宽抵押物范围，深化财税体制改革，赋予地方政府一定的融资权，加快推进全国范围内土地跨省交易。提升县级政府财政"造血"能力，探索对税基不易转移的自然资源开采征税，扩大"消费类"税收基础，弥补欠发达县域"生产"不足短板，推行差异化增值税税收比例。

5. 提高城市治理科学化精细化智能化水平

坚持重心下移、资源下沉，健全党组织领导、社区居委会主导、人民群众为主体、各类组织积极参与的城市基层社会治理体系，提升基层治理网格化管理服务水平。依托大数据提升城市服务供需匹配程度，充分运用新一代信息技术，整合共享公共数据资源，推行城市运行"一网统管"和政务服务"一网通办"。

四、推动城乡融合发展

城乡融合发展是全面推进乡村振兴、实现农业农村现代的必由之路，是走好共同富裕之路的基本保证，也是实现中国式现代化的重要支撑。党的二十大报告提出，"坚持农业农村优先发展，坚持城乡融合发展，畅通城乡要素流动"。城乡融合在未来相当长时间将是处理城乡问题的关键。

（一）城乡融合发展取得积极进展

2022 年初，国家发展改革委印发《2022 年新型城镇化和城乡融合发展重点任务》，强调以县域为基本单元推动城乡融合发展，推进城镇基础设施向乡村延伸、公共服务和社会事业向乡村覆盖，城乡融合发展取得积极进展。

1. 城乡收入差距持续缩小

随着新型城镇化和乡村振兴战略的纵深推进，城乡居民收入总体稳步增长。国家统计局显示，2022 年，居民人均可支配收入为 36883 元，比 2021 年名义增长 5.0%，其中，城镇居民人均可支配收入 49283 元，比 2021 年增长 3.9%，比 2013 年增长 86.21%；农村居民人均可支配收入 20133 元，比 2021 年增长 6.3%，比 2013 年增长 113.51%。10 年间，我国农村居民收入增长持续快于城市居民，城乡居民收入差距持续缩小，城乡人均可支配收入比从 2.81 降至 2.45，相较 2021 年，城乡收入差距缩小 0.05。与居民收入增长同步，城乡居民消费能力也不断增强，2022 年，城镇居民人均消费支出 30391 元，同比增长 0.3%；农村居民人均消费支出 16632 元，同比增长 4.5%，农村居民人均消费支出增速远快于城镇（国家统计局，2023）。如表 4-14 所示。

表 4-14　　　　　　城乡居民人均可支配收入比　　　　　　单位：万元

年份	人均可支配收入	工资性收入	经营净收入	财产净收入	转移净收入
2013	2.81	4.55	0.76	13.10	2.62
2014	2.75	4.32	0.77	12.66	2.57
2015	2.73	4.20	0.77	12.10	2.58
2016	2.72	4.12	0.80	12.02	2.54
2017	2.71	4.04	0.81	11.90	2.51
2018	2.69	3.97	0.83	11.77	2.39
2019	2.64	3.88	0.84	11.64	2.29

年份	人均可支配收入	工资性收入	经营净收入	财产净收入	转移净收入
2020	2.56	3.78	0.78	11.05	2.22
2021	2.50	3.58	0.81	10.76	2.16
2022	2.45	3.50	0.80	10.29	2.11

资料来源：根据国家统计局相关数据整理。

2. 城乡要素交换明显加快

（1）人口在城乡间流动加速。我国依然将加快农业转移人口市民化当作新型城镇化的首要任务，2022 年 4 月，财政部修订了《中央财政农业转移人口市民化奖励资金管理办法》；2022 年 11 月，中办、国办发布《乡村振兴责任制实施办法》，提出"加快农村转移人口市民化，持续推动农业转移人口融入城镇，积极推进城镇基本公共服务常住人口全覆盖"。2022年我国城镇人口比重增速明显，城镇化率进一步提升。2022 年末，我国城镇人口达 9.21 亿人，占全国人口比重的 65.22%，比 2021 年提升 0.5 个百分点（见图 4 - 4）。与此同时，乡村人才队伍建设也得到更多重视，2023 年1 月，中共中央、国务院印发《中共中央 国务院关于做好 2023 年全面推进乡村振兴重点工作的意见》，提出大力发展面向乡村振兴的职业教育，推动城市技术人员返乡创业，促进城乡之间人才要素的双向流动。数据显示，截至2022 年底，全国返乡入乡创业人员数量累计达 1220 万人（徐达，2003）。如图 4 - 4 所示。

（2）土地改革取得积极成效。人口城镇化必然带来农村土地的流转需求。2022 年中共中央办公厅、国务院办公厅联合发布《乡村振兴责任制实施办法》，再次提出"保障进城落户农民合法土地权益，鼓励依法自愿有偿转让"。此前，农业农村部开展农村承包地确权登记颁证工作，将 15 亿亩承包地确权给 2 亿农户，并颁发土地承包经营权证书，截至 2020 年 11 月，颁证率已超过 96%（农业农村部，2020），进一步激活了土地要素有序流转。到2021 年底，全国家庭承包耕地流转面积超过 5.5 亿亩（央视网，2021），有力推动了土地现代化、规模化经营，加速了现代农业发展。为进一步提高土地、人才、资金要素配置效率，2022 年 1 月，国务院办公厅印发《要素市场化配置综合改革试点总体方案》，探索土地管理制度改革的新手段、新做法，强调以市场化方式盘活存量用地，畅通劳动力和人才社会性流动，推动技术和资本要素融合发展，统筹资源要素配置服务乡村振兴。

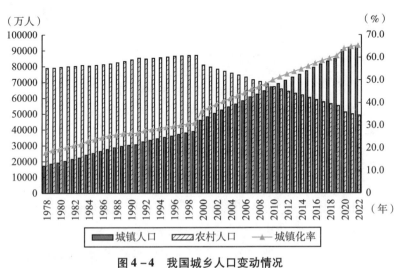

图 4-4 我国城乡人口变动情况

资料来源：根据《中国经济与社会发展统计数据库》相关数据整理。

（3）涉农资金显著增加。近年来，城市反哺农村的机制逐步完善，对农村支持力度不断加大。2022 年中央财政预算安排衔接推进乡村振兴补助资金1650 亿元，同口径较 2021 年增加 84.76 亿元，并加大对重点帮扶县的倾斜支持。与此同时，金融对农支持力度也不断加强，近 10 年来，涉农贷款余额从 2013 年末的 20.88 万亿元增至 2022 年末的 49.25 万亿元，增长率为135.87%，同比增长 13.98%，增速比 2021 年末提高 3.04 个百分点（见图 4-5），大量用于支持乡村产业发展、乡村基础设施建设和民生工程等。工商资本入乡机制日益完善，为农业"输血""造血"，注入资本活力，社会反响热烈，2022 年，四川省向全社会推介返乡创业项目 242 个，引资额达400 多亿元，工商资本入乡对乡村振兴做出积极贡献。

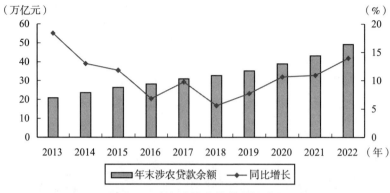

图 4 – 5　各年末涉农贷款余额对比

资料来源：根据《中国金融年鉴》年度报告整理。

3. 城乡面貌改善不断提速

农村是近 5 亿农民人口的生活家园，然而长期以来城乡二元结构造成我国城乡发展不平衡，农村发展不充分，农村基础设施不够完善，人居环境与城市存在较大差距。农村基础设施改善是保障人才、资金流向农村的基本前提，近年来，农村水电路网等基础设施条件得到了全面提升，促进了城乡面貌改善和城乡基础设施一体化。以城乡供水普及率为例，2012 年我国乡市政供水普及率仅为 66.7%，至 2021 年已提升至 84.2%；2012 年我国建制镇供水普及率为 80.8，至 2021 年提升至 90.3%（见表 4 – 15）。据水利部统计，2022 年全国农村自来水普及率达到 87%，农村规模化供水工程覆盖农村人口比例达到 56%（新华社，2023）。除此之外，我国乡镇人均道路面积、农村发电设备容量、农村宽带接入用户数量均有了显著增长，城乡电力差距明显缩小，具备条件的建制村基本实现村村通公路、通客车、通光纤、通邮、通快递。

表 4 – 15　　　　　　　　　　　我国城乡供水普及率　　　　　　　　　　　单位：%

年份	乡市政供水普及率	建制镇供水普及率	县城供水普及率	城市供水普及率
2012	66.7	80.8	86.94	97.16
2013	68.2	81.7	88.14	97.56

续表

年份	乡市政供水普及率	建制镇供水普及率	县城供水普及率	城市供水普及率
2014	69.3	82.8	88.89	97.64
2015	70.4	83.8	89.96	98.07
2016	71.9	83.9	90.5	98.42
2017	78.8	88.1	92.87	98.3
2018	79.2	88.1	93.8	98.36
2019	80.5	89.0	95.06	98.78
2020	83.9	89.1	96.66	98.99
2021	84.2	90.3	97.42	99.38

资料来源：《中国城乡建设统计年鉴》。

4. 城乡基本公共服务均等化稳步推进

城乡基础设施和公共服务一体化是推进城乡融合发展的主要抓手，也是实现共同富裕的坚实基础。伴随着各类基本公共服务政策和文件的连续出台，城乡基本公共服务均等化持续推进，农村公共服务水平不断提升，2022 年教育、卫生、社保等各个领域取得显著成效。教育方面，九年义务教育巩固率提升至 95.5%，义务教育阶段进城务工人员随迁子女在公办学校就读和享受政府购买学位的比例达 95.2%（教育部规划司，2023）。卫生方面，通过城乡对口支援，县乡级医疗卫生服务能力持续增强，全国已有 87.7% 的县医院达到了二级医院能力，45.6% 的县医院达到了三级医院能力（光明日报，2023）。社会保障方面，全国养老保险参保人数达 10.5 亿人，全国社会保障卡持卡人数 13.68 亿人（新华社，2023），并为 2687 万名困难群体代缴城乡居民养老保险费，基本医疗保险参保人数 13.46 亿人（国家医疗保障局，2023），基本养老服务保障机制不断完善，城乡居民的社会保障服务便利化程度和可及化水平不断提高。

我国城乡水电路网等基础设施发展情况如图 4-6 所示。

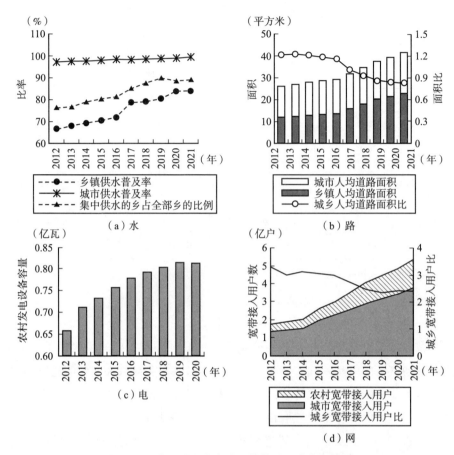

图 4 - 6　我国城乡水电路网等基础设施发展情况

资料来源：杨骞、金华丽：《新时代十年中国的城乡融合发展之路》，载《华南农业大学学报（社会科学版）》2023 年第 3 期，第 127 ~ 140 页。

5. 城乡融合发展改革持续深化

近年来，随着城乡统筹、城乡一体化、城乡融合政策不断推进，城乡融合发展改革不断深入化、具体化（见图 4 - 7）。2019 年 12 月，国家发展改革委等 18 个部门联合引发了《国家城乡融合改革发展试验区改革方案》，公布了 11 个国家城乡融合发展试验区名单，聚焦城乡统筹规划，多措并举，先行先试，试点引路，为全国城乡融合发展打造可推广、可借鉴、可复制的典型经验。同时，自 2020 年起，国家发展改革委每年会同 17 个部委下发《新型城镇化和城乡融合发展重点任务》，推进城乡融合纵深化、系统化、具体化、高质量发展。

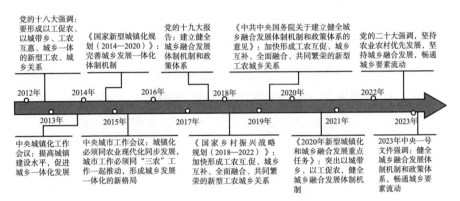

图4-7 新时代十年我国城乡融合发展历程

资料来源：杨骞、金华丽：《新时代十年中国的城乡融合发展之路》，载《华南农业大学学报（社会科学版）》2023年第3期。

（二）城乡融合发展存在突出问题

"不平衡是普遍的，要在发展中促进相对平衡"。城乡发展不平衡、乡村发展不充分是不平衡不充分发展的集中体现，尽管近年来城乡差距日益缩小，但离城乡融合发展的要求相距甚远。

1. 城乡融合发展区域差异明显

受我国区域发展差异的影响，我国东部、中部、西部、东北地区城乡融合发展存在明显差异。从城乡居民可支配收入可以看出，2021年，东部、中部、西部、东北地区城乡居民人均可支配收入比分别为2.39、2.28、2.60、2.09，东北地区城乡收入差距最小。但从城乡居民人均可支配收入的绝对数来看，东部地区无论是城镇还是农村居民的人可支配收入都远高于其他地区，从实际调研来看，东部部分省份城乡融合发展走在全国前列，例如，浙江省2022年的城乡收入比已经下降为1.90，实现了较高水平的城乡均衡。除此之外，城乡融合的差异还取决于所处的具体区位，城市群都市圈范围内、中心城市周边地区城市对乡村的辐射带动作用较大，要素流动较为充分，城乡融合具备较好基础，其他地区特别是偏远农村地区缺乏城市辐射带动，基础较为薄弱，发展相对缓慢（见图4－8）。

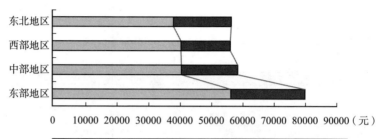

	东部地区	中部地区	西部地区	东北地区
□ 城镇居民人均可支配收入	56378.3	40706.8	40582.6	38224.6
■ 农村居民人均可支配收入	23556.1	17857.5	15608.1	18280.4

图4－8　2021 年东部、中部、西部、东北地区城乡居民可支配收入

资料来源：《中国统计年鉴》。

2. 城乡差异较大影响双向互促

尽管我国高度重视农业农村发展，乡村振兴取得显著成效，但不可回避的是城乡差异依然较大。2022 年，城乡居民收入比仍高达2.45，超过国际警戒线，特别是农村居民财产性收入较低，人均可支配财产净收入仅为509 元，占农村居民人均可支配收入的2.5%。城镇居民的工资性收入、财产净收入、转移净收入分别是农村居民的3.50 倍、10.29 倍、2.11 倍。同时，城乡基础设施和公共服务差异明显（见图4－9），截至2021 年底，农村每千人医疗卫生机构床位数较之城市少1.46 张（国家统计局，2021），如表4－16 所示，义务教育阶段农村学生人均教育经费只有城市的77%（教育部发展规划司，2021）。尽管浙江城乡均衡性较好，但浙江省2022 年群众"四感"（获得感、幸福感、安全感和认同感）监测数据显示，21.17% 的居民仍然认为城乡"差距比较大"，3.16% 的居民认为城乡"差距非常大"，主要原因在于城市和农村在"经济收入"（73.05%）、"教育资源"（52.91%）、"医疗资源"（44.62%）等领域存在较大差距。基础设施条件和公共服务水平的落差难以有效吸引城市人才、资本、技术等先进要素流入农村地区，导致许多农村地区劳动力呈现老化、弱化趋势，抛荒弃耕现象严重，内生发展动力不足，严重影响农业产业发展、农村面貌改善、农民收入提高，制约农村的可持续发展。

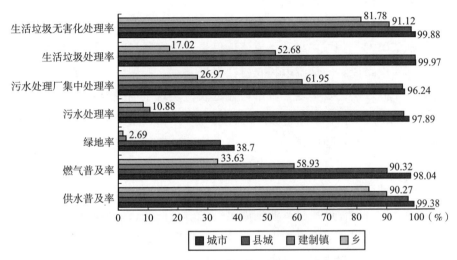

图4-9　2021年我国城乡基础设施情况

资料来源：《中国城乡建设统计年鉴》。

表4-16　　　　　　　　我国城乡医疗资源发展对比　　　　　　　单位：人

年份	每千人卫生技术人员		每千人执业（助理）医师		每千人注册护士	
	城市	农村	城市	农村	城市	农村
2012	8.54	3.41	3.19	1.40	3.65	1.09
2013	9.18	3.64	3.39	1.48	4.00	1.22
2014	9.7	3.77	3.54	1.51	4.30	1.31
2015	10.21	3.9	3.72	1.55	4.58	1.39
2016	10.42	4.08	3.79	1.61	4.75	1.5
2017	10.87	4.28	3.97	1.68	5.01	1.62
2018	10.91	4.63	4.01	1.82	5.08	1.80
2019	11.10	4.96	4.10	1.96	5.22	1.99
2020	11.46	5.18	4.25	2.06	5.40	2.10
2021	9.87	6.27	3.73	2.42	4.58	2.64

资料来源：《中国统计年鉴》。

3. 城乡融合发展缺乏有效抓手

城乡融合一边连着城镇化；另一边连着乡村振兴，着眼于城与乡的互利共生，具体包括城乡要素、城乡经济、城乡空间、城乡基础设施建设、城乡公共服务以及城乡生态环境多方面的融合，是城乡形态、要素等的全面融合（李爱民，2019）。但城乡融合不应该仅仅是一个发展目标，更需要具体的实施手段和实现路径。一是城市和农村在发展基础、发展模式、发展特点等方面都有着千差万别，要实现大城市与偏远农村实现全面融合、共同繁荣，既没必要，也不现实，目前未将城乡融合发展具体化，城乡融合发展缺乏实施主体。二是城和乡范围广阔，要实现城乡空间、基础设施、公共服务、生态环境多方面融合，还只是一个长远目标，不可能一蹴而就，必须树立"点状突破、面上铺开"的理念，久久为功，目前还缺乏这样的路径设计。三是推动城乡经济融合，促进乡村产业发展是城乡融合的关键，但农村空心化、老龄化的现实给农村产业发展带来严峻挑战，特别是部分农村集体经济衰退和破产直接让农村发展成为不可能，还没有形成以集体经济提升为手段推动农村产业发展，增强农村发展内生动力的整体设计。

4. 城乡改革还差"最后一公里"

受城乡二元经济体制的影响，人、财、物等要素在城乡之间自由流动受到诸多限制，自由流动机制尚存严重壁垒，制约了城乡融合发展水平的提升。户籍制度提高了农民进城的门槛，尽管户籍制度改革、城市就业制度改革等使农民流入城市的环境有所改善，但农民依然无法同等分享城市公共服务和社会保障，特别是城市住房和子女教育等制度让农民无法实现在城市定居目标，乡村吸引人才、留住人才、使用人才的通道还没有完全打开。农村土地制度改革尚须突破，尽管农村土地征收、集体经营性建设用地入市、宅基地制度改革这"三块地"改革及农村承包地这"一块地""三权分置"改革有所推进，但具体的实施细则还不明确。城乡金融存在严重藩篱，乡村各类资产抵押担保存在障碍，工商资本下乡在政策上受到谨慎支持，乡村金融资金供给不足。这些都是城乡融合发展面临的制度性障碍，要推动城乡融合发展，要进一步推进各项改革措施，创造良好的制度环境，切实实现城乡要素自由流动（李爱民，2019）。

（三）城乡融合发展需要创新举措

城乡融合是城乡关系的最高形态，要始终坚定城乡融合发展的方向，遵循城乡发展的客观规律，统筹推进，以改革为引领推进城乡要素自由流动，切实实现以工促农、以城带乡、城乡共融共生。

1. 系统推进，以县域为主体推进城乡融合

县域是连接城市、服务乡村的天然载体，兼具城市特色和乡土风情，要以县域为基本单元推进城乡融合发展。在县域的空间框架内统筹谋划城镇和乡村发展，确保一张蓝图管全域、设施服务一体延伸、城乡建设协调推进，推动县乡村功能衔接，实现工农互促、城乡互补。扎实推动县城补短板、强弱项，推进以县城为重要载体的城镇化建设，增强集聚农业转移人口能力，提升县城对乡村的辐射带动水平。大力推进乡村振兴，挖掘农村发展潜力，促进农业供给侧结构性改革，发展壮大乡村产业，提升农民收入水平，实现城乡经济良性循环。

2. 精准施策，划定城乡融合发展实施单元

我国城乡区域差异明显，城乡融合是城乡关系的高级阶段，要实现城乡融合是一个不断探索的过程，必须树立久久为功的观念，步步为营，稳扎稳打。可借鉴浙江省共同富裕建设的经验，以社区、村庄等为基础，划定城乡融合基本单元，作为推动城乡融合的空间载体，推动城乡空间规划管控一体、基础设施同规同网、生态环境共融共生，率先实现单元内部城乡融合。复制推广以最小单元模式推动相关领域改革创新，将城乡融合基本单元不断扩展延伸，逐步从"点上创建"向"全域推进"转变，构建从"盆景"到"风景"的转换路径，形成城乡全域各美其美、美美与共。

3. 改革创新，加快推进城乡要素双向流动

城乡要素合理配置是城乡融合的关键，必须不断完善城乡要素双向流动体制机制，为城乡融合发展注入动力。要持续推进农业转移人口市民化集成改革，落实人地钱挂钩、以人定地、钱随人走制度，破除农业转移人口落户城镇的制度性障碍，不断提升农业转移人口市民化质量。同时，要创新体制

机制，积极营造支农助农的良好氛围，疏通人才、科技、资金等入乡通道，激发乡村发展活力，打造农村创业创新示范样板。在增强乡村金融支持方面，可推广浙江省"农户家庭资产负债表""整村授信"等融资模式，发展普惠金融，实现金融资源精准配置支农助农，推动乡村全面振兴。

4. 聚焦产业，推动实施强村富民集成改革

产业兴旺是乡村振兴的重点，也是推动城乡融合发展的切实有效手段，可借鉴浙江"千村示范、万村整治"经验，以产业发展为核心开展强村富民集成改革。围绕发展现代农业、培育新业态，积极推进"农业＋"行动，打造一二三产业融合的农业全产业链，依托"互联网＋"和"双创"推动农业生产经营模式转变，打造农业发展新模式。推动实施农村集体经济巩固提升行动，积极探索强村公司、村庄经营、服务增收、"众筹＋"等集体经济发展模式，联动农村"三权"改革，实现农业农村现代化方面取得新突破。同时，加强土地要素保障，在年度新增建设用地计划指标中安排一定比例支持乡村新产业新业态发展，在符合条件的地区跨乡镇开展全域土地综合整治行动，实施农用地整治、村庄整治、低效用地整治和生态保护修复，为产业发展守住耕地保护、粮食安全底线。

5. 品质提升，推进城乡基本公共服务均等化

城乡基本公共服务均等化是推进城乡融合发展的核心，必须推动公共服务向农村延伸、社会事业向农村覆盖，健全全民覆盖、普惠共享、城乡一体化的基本公共服务体系。总结推广浙江海盐"标准化＋基本公共服务"模式，通过建立"一张清单""一系列标准""一套评价体系"，以标准化体系引领城乡基本公共服务均等化，构建覆盖城乡、可持续发展的现代化公共服务体系。适当提升公共服务品质，引导优质服务资源向基层延伸下沉，推动服务项目朝着品质化、多样化、品牌化发展，建立优质公共服务供需动态平衡的调整机制。完善政府主导、社会多元参与机制，鼓励社会组织、社会资本参与城乡基本公共服务供给，增强优质基本公共服务供给能力。

参 考 文 献

［1］中共中央办公厅国务院办公厅. 乡村振兴责任制实施办法［EB/OL］. https：//www. gov. cn/zhengce/2022-12/14/content_5731828. htm，2022 - 11 - 28.

［2］中共中央国务院. 关于做好2023 年全面推进乡村振兴重点工作的意见［EB/OL］. https：//www. gov. cn/zhengce/2023-02/13/content _ 5741370. htm，2023 - 01 - 02.

［3］徐达. 新农村呼唤青春力量［N］. 经济日报，2023 - 03 - 25.

［4］中共中央办公厅国务院办公厅. 乡村振兴责任制实施办法［EB/OL］. https：//www. gov. cn/zhengce/2022-12/14/content_5731828. htm，2022 - 11 - 28.

［5］农业农村部. 农村承包地确权登记颁证工作基本完成［EB/OL］. https：//www. gov. cn/xinwen/2020-11/03/content_5556878. htm，2020 - 11 - 03.

［6］央视网. 全国家庭承包耕地流转面积超5. 55 亿亩今年稳慎推进农村承包地二轮延包试点［EB/OL］. https：//news. cctv. com/2021/04/26/ARTI84jFWqfVaUt2spwEZhJc210426. shtml，2021 - 04 - 26.

［7］新华社. 2023 年我国农村自来水普及率将提升至88% ［EB/OL］. https：//www. gov. cn/xinwen/2023-01/16/content_5737378. htm，2023 - 01 - 16.

［8］教育部发展规划司. 2022 年全国教育事业发展基本情况［EB/OL］. http：//www. moe. gov. cn/fbh/live/2023/55167/sfcl/202303/t20230323 _1052203. html，2023 - 03 - 23.

［9］光明日报. 我国87. 7% 的县医院达到了二级医院能力［EB/OL］. https：//baijiahao. baidu. com/s？id = 1763064594816647956&wfr = spider&for = pc，2023 - 04 - 13.

［10］新华社. 全国基本养老保险参保人数达10. 5 亿人［EB/OL］.

https：//www. gov. cn/xinwen/2023-01/22/content_5738486. htm，2023 – 01 – 22.

［11］国家医疗保障局 . 2022 年医疗保障事业发展统计快报 ［EB/OL］. http：//www. nhsa. gov. cn/art/2023/3/9/art_7_10250. html，2023 – 03 – 09.

［12］李爱民 . 我国城乡融合发展的进程、问题与路径 ［J］. 宏观经济管理，2019.

［13］杨骞，金华丽 . 新时代十年中国的城乡融合发展之路 ［J］. 华南农业大学学报（社会科学版），2023.

［14］龚正 . 加快转变超大特大城市发展方式 ［N］. 人民日报，2022 – 12 – 16（009）.

［15］吉富星，刘兆璋，徐浩然 . 融资平台市场化转型面临的困境和可行路径研究 ［J］. 经济纵横，2023（5）：98 – 108.

［16］李沛霖，欧阳慧，杨浩天 . 当前我国超特大城市治理面临的挑战与对策 ［J］. 城市发展研究，2022，29（4）：1 – 8.

［17］李沛霖 . 我国城市治理体系和治理能力现代化研究 ［J］. 宏观经济管理，2021（11）：66 – 71.

［18］荣西武，雷海丽 . 超大城市人口变动趋势挑战及应对 ［J］. 中国党政干部论坛，2023（2）：74 – 78.

［19］邢开成，贾桂梅，刘咪咪，等 . 气候变化背景下基于自然解决方案的雄安新区雨洪管理模式 ［J］. 中国人口·资源与环境，2023，33（4）：13 – 22.

［20］欧阳慧，李智 . 加快农业转移人口市民化的战略决策——区域差别化梯次推进农民工落户城镇 ［M］. 北京：中国建筑工业出版社，2023.

［21］欧阳慧，李智 . 推进长期进城农民工美好安居城镇的总体构想和重点举措 ［J］. 经济纵横，2023（5）：68 – 75.

［22］李智，欧阳慧 . 推进农民工在城镇实现安居梦——基于全国 14 省 46 个城市的问卷调查 ［J］. 宏观经济管理，2022（7）：36 – 44.

［23］程郁，赵俊超，殷浩栋，等 . 分层次推进农民工市民化——破解"愿落不能落、能落不愿落"的两难困境 ［J］. 管理世界，2022，38（4）：57 – 64，65，81.

[24] 欧阳慧，李智. 迈向 2035 年的我国户籍制度改革研究 [J]. 经济纵横，2021 (9)：25 - 33.

[25] 王明姬，魏义方. 健全常住地提供基本公共服务制度 [J]. 宏观经济管理，2022 (11)：52 - 58，65.

[26] 李国平，崔丹. 我国城市群人口和经济承载力及其提升策略 [J]. 改革，2022 (7)：37 - 48.

[27] 蔡翼飞，刘金凤，宋佳萍. 经济带：新发展阶段的新愿景 [J]. 开放导报，2021 (4)：32 - 39. DOI：10. 19625/j. cnki. cn44 - 1338/f. 2021. 0045.

[28] 刘秉镰，高子茗. 城市群空间结构视角下中国式城镇化的内涵、机制与路径 [J/OL]. 西安交通大学学报（社会科学版）：1 - 18 [2023 - 05 - 27]. http：//kns. cnki. net/kcms/detail/61. 1329. C. 20230410. 1554. 002. html.

[29] 袁建军. 都市圈建设促进共同富裕的内在逻辑、制约因素与实践路径 [J]. 学习论坛，2022 (5)：71 - 79. DOI：10. 16133/j. cnki. xxlt. 2022. 05. 006.

[30] 彭青. 推进以县城为重要载体新型城镇化的对策探讨 [J]. 理论探讨，2023，231 (2)：161 - 168. DOI：10. 16354/j. cnki. 23 - 1013/d. 2023. 02. 016.

[31] 分析维度参照李沛霖，欧阳慧，杨浩天. 当前我国超特大城市治理面临的挑战与对策 [J]. 城市发展研究，2022，29 (4)：1 - 8.

[32] 刘秉镰，高子茗. 城市群空间结构视角下中国式城镇化的内涵、机制与路径 [J/OL]. 西安交通大学学报（社会科学版）：1 - 18 [2023 - 05 - 27]. http：//kns. cnki. net/kcms/detail/61. 1329. C. 20230410. 1554. 002. html.

第五篇

构建高质量发展的国土空间布局

一、国土空间开发保护格局的现状

2000 年以来，伴随着区域协调发展战略、区域重大战略、主体功能区战略、新型城镇化战略的深入实施，城镇空间快速重组，农业空间和生态空间稳步调整，国土空间开发保护呈现新格局。

（一）城镇空间分化态势逐渐明朗

中国经济进入新常态以来，部分城镇化地区快速发展，经济和人口集聚能力不断增强，同时有些城镇化地区发展缓慢，甚至进入负增长，经济和人口出现外流，城镇空间发展不平衡问题越来越明显。"两横三纵"城镇化战略格局中，长江轴带、沿海轴带和京广京哈轴带集聚经济和人口的能力明显强于陇海兰新轴带、包昆轴带。从近 10 年发展态势来看，沿海轴带和京广京哈轴带尽管受南北差距扩大影响，集聚经济能力下降明显，但集聚人口的能力依然高于长江轴带、陇海兰新轴带和包昆轴带。从国家"十四五"规划提出的 19 个城市群来看，京津冀、辽中南、哈长 3 大城市群无论是 GDP 占全国的比重，还是人口占全国的比重，都在下降；长三角、长江中游、成渝、粤闽浙、北部湾、滇中、黔中、兰西、宁夏沿黄 9 大城市群，GDP 占比和人口占比都在上升；珠三角、山东半岛、中原、关中、

山西中部、呼包鄂榆、天山北坡 7 大城市群的 GDP 占比和人口占比则有升
有降。这表明 19 个城市群内部也有分化。从城市来看，第七次人口普查和
第六次人口普查数据表明，27 个省会城市人口均在增加，除兰州人口占全
省比重略有下降外，其余 26 个省会城市人口占全省比重都在上升。其中，
西安占比上升最多，达到 10.1%。不过，也有 47 个地级行政单元建成区
的常住人口在减少。其中，人口减少 4% 以上的有 12 个，人口减少 2% ~
4% 的有 14 个（中国宏观经济研究院国土开发与地区经济研究所课题组，
2020），如表 5 - 1、表 5 - 2 所示。

表 5 - 1　　　2010 年和 2021 年"两横三纵"经济和人口集聚变化趋势　　单位：%

轴带	GDP 占全国比重			常住人口占全国比重		
	2010 年	2021 年	占比变化	2010 年	2021 年	占比变化
长江经济带	44.31	46.43	2.12	42.65	42.75	0.10
陇海兰新线	8.34	7.97	-0.36	9.10	9.38	0.28
沿海	50.49	44.69	-5.80	30.01	33.21	3.20
京广京哈	30.73	25.58	-5.15	20.77	22.07	1.30
包昆	6.19	6.10	-0.09	6.21	6.63	0.43

资料来源：根据 Wind 数据库整理测算。

表 5 - 2　　　2010 年和 2021 年 19 个城市群经济和人口集聚变化趋势　　单位：%

城市群	GDP 占全国比重			常住人口占全国比重		
	2010 年	2021 年	占比变化	2010 年	2021 年	占比变化
长三角	18.41	20.18	1.77	10.80	11.66	0.86
京津冀	9.79	8.34	-1.45	7.86	7.83	-0.03
珠三角	8.43	7.37	-1.06	4.22	5.54	1.32
山东半岛	9.04	8.79	-0.25	7.21	7.91	0.70
长江中游	7.74	9.28	1.54	9.02	9.02	0
中原	6.06	6.22	0.16	8.98	8.84	-0.14
成渝	5.29	6.74	1.45	7.39	7.45	0.06

续表

城市群	GDP 占全国比重			常住人口占全国比重		
	2010 年	2021 年	占比变化	2010 年	2021 年	占比变化
辽中南	4.44	2.27	−2.17	2.93	2.72	−0.21
粤闽浙	4.01	4.90	0.89	4.15	4.24	0.09
哈长	3.82	1.97	−1.85	3.68	3.01	−0.57
关中	2.08	2.23	0.15	3.22	3.09	−0.13
北部湾	2.02	2.13	0.11	2.99	3.13	0.14
呼包鄂榆	1.97	1.45	−0.52	0.81	0.85	0.04
滇中	1.11	1.51	0.40	1.64	1.65	0.01
山西中部	0.98	1.01	0.03	1.15	1.13	−0.02
黔中	0.80	1.32	0.52	1.96	2.07	0.11
天山北坡	0.62	0.60	−0.02	0.42	0.49	0.07
兰西	0.60	0.63	0.03	1.09	1.09	0.00
宁夏沿黄	0.32	0.36	0.04	0.38	0.43	0.05
合计	87.53	87.32	−0.21	79.90	82.13	2.23

资料来源：根据 Wind 数据库整理测算。

（二）农业空间向北移动较为明显

伴随着工业化和城镇化的推进，农业结构调整、新增建设用地占用耕地的规模越来越大。根据自然资源部门的统计，1957～1996 年，中国耕地年均净减少超过 600 万亩；1996～2008 年，年均净减少超过 1000 万亩；2009～2019 年，年均净减少超过 1100 万亩。南方省份是退耕还林的主战场，是工业化和城镇化快速发展的集中地，耕地减少更快。第三次国土调查数据显示，全国水稻面积增加区域占 45%，主要位于北方，全国水稻面积减少区域占 55%，主要位于华东和华南。降水量 800 毫米以上的耕地占 39%，降水量 800 毫米以下的耕地占 61%。一年三熟的耕地面积占 15%，一年两熟的耕地占 37%，一年一熟的耕地占 48%。第三次国土调查和第二次土地调查 10 年中，耕地面积减少较大的广西、四川、贵州、重庆、陕西、山西、山东七个省份中，四个省份位于南方；耕地面积增加较多的新疆、内蒙古、辽宁、吉林、黑龙江五个省份全部处于北方。第三次国土调查数据进一步显示，北方黑龙江、内蒙古、河南、吉林、新疆五个省份耕地面积较大，占全国耕地面积的40%。北方耕地面积快速增加，推动农业发展新空间不断向北移动。北方粮食产粮在2005年首次超过南方粮食产粮。近年来，南北方粮食产粮占比的差距持续扩大，2021年，北方粮食占比超过南方18.8个百分点（见图5-1）。从2008年开始，"南粮北运"逐步被"北粮南运"取代，成为农业发展新的稳态（黄征学和张燕，2018）。

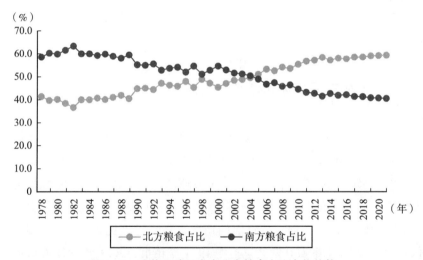

图5-1　改革开放以来南北方粮食占比变化趋势

资料来源：根据历年统计年鉴数据整理。

（三）生态空间向东偏移逐步显现

《全国主体功能区规划》明确提出，构建以青藏高原生态屏障、黄土高原—川滇生态屏障、东北森林带、北方防沙带和南方丘陵带（以下简称"两屏三带"）以及大江大河重要水系为骨架，以其他国家重点生态功能区为重要支撑，以点状分布的国家禁止开发区为重要组成的生态安全战略格局。至此，"两屏三带"成为生态保护修复的重点。新时代以来，伴随着长江经济带发展与黄河流域生态保护和高质量发展先后上升为区域重大战略，特别是"生态优先，绿色发展"原则的确立，长江和黄河生态环境保护修复受到社会各界越来越高的重视。国家"十四五"规划提出建立以青藏高原生态屏障区、黄河重点生态区、长江重点生态区和东北森林带、北方防沙带、南方丘陵山地带、海岸带等为主体的"三区四带"生态保护和修复格局。与"两屏三带"生态安全战略格局相比，"三区四带"生态格局包括长江和黄河全流域，生态空间由西部的黄土高原—川滇生态屏障沿主干流向东延伸到海。同时，强化统筹陆海生态环境保护，增加东部海岸带。这表明在生态文明建设的大背景下，重点流域生态安全受到更多重视，流域人与自然和谐共生成为探索中国式现代化的重要载体，同时也表明生态空间沿着长江、黄河向东偏移。

（四）不同空间主体功能稳步增强

《全国主体功能区规划》根据资源环境承载能力和国土空间开发适宜性，结合开发密度和发展潜力，从开发强度的角度将全国划分为优化开发区、重点开发区、限制开发区、禁止开发区 4 类地区；从主体功能的角度将全国划分为城市化地区、农产品主产区和重点生态功能区 3 类；从强度和功能两个方面明确各地的发展方向。从目前的情况来看，进展比较顺利。例如，3 个优化开发区和 18 个重点开发区包括的 19 个城市群，2021 年常住人口占全国的比重比 2010 年高 2.23 个百分点，11 年间常住人口增加 8923.51 万人。优化开发区中上海、北京已开始实施城乡建设用地减量化发展政策。全国重点生态功能区县的数量由最初的 476 个增加到 2021 年的 819 个，增加了 343 个；禁止开发区的数量由 2010 年的 1443 个增加到 2021 年的 1952 个，增加了 509 个（见表 5 - 3）。设立生态保护红线制度，把超过 25% 的国土面积划为生态保护红线；划定 35 个生物多样性保护优先区域，112 种特有珍稀濒危野生动植物实现野外回归。农业地区尽管耕地在减少，但 2010 ~ 2021 年粮食产粮增加 1.36 亿吨，维护粮食安全的功能稳步增强。

表 5 - 3 　　　　　2010 年和 2021 年禁止开发区数量变化情况　　　　　单位：个

类型	2010 年数量	2021 年数量	增减
国家级自然保护区	319	474	155
世界文化自然遗产	40	56	16
国家级风景名胜区	208	244	36
国家森林公园	738	897	159
国家地质公园	138	281	143
合计	1443	1952	509

资料来源：根据收集资料整理测算。

二、国土空间开发保护存在的问题

近年来，伴随生态文明理念逐渐深入人心以及区域协调发展的积极推进，国土空间开发保护格局逐渐优化，高质量发展动力源得以加快构建，高质量发展动力系统逐渐形成，优势互补、高质量发展的区域经济布局和国土空间体系加快构建。但由于多方面原因，国土空间开发保护依然还存在城镇空间经济和人口集聚不匹配、农业空间和生态空间发展与保护矛盾交织、城乡建设空间开发不平衡、能源和粮食生产与消费空间不协调等问题。

（一）城镇空间经济集聚和人口集聚不匹配

经济集聚和人口集聚基本匹配是协调发展的重要表现形式，也是缩小城乡区域发展的重要手段（黄征学和吴九兴，2022）。以日本为例，2019 年东京都人口总数为 1392 万人，占日本总人口的 11.03%，GDP 为 9654 亿美元，占日本全国的 17.71%，经济和人口占比相差 6.68 个百分点，人均 GDP 最高的东京都与最低的奈良县之比为 2.79：1，七大地区之间人均 GDP 最高和最低的比 1.77：1（见表 5 - 4）。尽管从我国 19 个城市群来看，2021 年 GDP 占全国的比重与常住人口占全国的比重差距并不大，但从京津冀、粤港澳大湾区和长三角三大动力源地区来看，经济占比较人口占比多 12.29 个百分点，从"十四五"规划提出优化提升的京津冀、粤港澳、长三角、长江中游和成渝 5 个城市群来看，经济占比与人口占比的差距也达 11.83 个百分点。从超大特大城市经济和人口集聚匹配度来看，2020 年，上海、北京、深圳、重庆、广州等 21 个超特大城市 GDP 占全国比重的 32.83%，但人口占全国的比重仅 14.87%，两者相差 17.96 个百分点，表明超特大城市户籍门槛阻碍人口流动。从 27 个省会城市来看，GDP 占全省比重比人口占全省比重多 10 个百分点的城市有兰州、吉林、武汉、长沙、拉萨、成都、合肥、银川 8 个城市，其中最高的兰州 GDP 占比较人口占比超出 19.22 个百分点，表明部分省份在"强省会"中更强调经济集聚。

表 5 – 4　　　　　　　　　2019 年日本七大地区人均 GDP

地区	人均 GDP（美元）	占日本平均（%）
北海道东北地区	31646	74.93
关东地区	45218	107.06
中部地区	56124	132.88
近畿地区	39645	93.86
中国地区	38758	91.77
四国地区	36617	86.69
九州地区	34074	89.67

资料来源：根据《2020 年日本统计年鉴》数据整理。

（二）农业空间和生态空间发展与保护矛盾交织

农业空间和生态空间是维护粮食安全与生态安全的重要载体。2009 年颁布的《全国新增 1000 亿斤粮食生产能力规划（2009 – 2020 年）》提出"从 13 个粮食主产省（区、市）选出 680 个县（市、区、场）作为粮食生产核心区"，"从晋、浙、闽、粤、桂、渝、贵、云、陕、甘、宁 11 个非粮食主产省（区、市）选出 120 个粮食生产大县（市、区）"，共 800 个产粮大县。名单经几次扩容，目前产粮大县已有 1039 个。重点生态功能区县也从第一批和第二批认定的 476 个增加到 819 个。2020 年，全国绝大多数县或是农业空间，或是生态空间。第七次全国人口普查结果显示，2020 年，县市常住人口 7.48 亿人，占全国人口比重的 52.98%，但 GDP 仅占全国的 38.30%，两者相差 14.67 个百分点。除此之外，2010 ~ 2020 年，县域人均 GDP 从全国平均水平的 86.2% 下滑至 72.3%，二产增加值全国占比从 51.9% 下滑至 40.1%，县域发展不充分的问题非常突出。一方面，农业空间和生态空间需要强化保护，尽量减少人类活动对其干扰；另一方面，超大的存量人口规模和发展不充分的现实需要跨越式高质量发展，努力实现共同富裕目标。同时，140 个边境县 2010 ~ 2020 年人口持续流出的问题也值得高度重视。总体而言，农业空间和生态空间发展和保护、发展和安全的问题相互交织。

（三）城乡建设空间开发不平衡

城乡建设空间均衡开发是提高资源节约集约利用的重要途径。随着新型城镇化战略的深入实施，农村人口向城市转移，农村建设用地减少和城镇建设用地增加相协调，尽量降低新增建设用地占用农业空间和生态空间，对维护粮食安全和生态安全具有重要意义。第七次全国人口普查数据显示，全国居住在城镇的人口占 63.89%，居住在乡村的人口占 36.11%。但第三次国土调查的数据显示，全国城市和建制镇用地共 1035.12 万公顷，占城镇村及工矿用地总面积的 29.32%，村庄用地 2193.56 万公顷，占城镇村及工矿用地总面积的 62.13%。意味着城镇近 64% 的人口占用不到 30% 的城乡建设用地，但农村近 36% 的人口占用近 62% 的城乡建设用地，表明村庄用地节约集约利用效率低下。近 10 年，全国乡村居住人口从 2010 年的 50.32% 下降到 2020 年的 36.11%，下降 14.21 个百分点，但村庄用地却从 1847.28 万公顷增加到 2193.56 万公顷，增加了 346.28 万公顷（见表 5 - 5）。从不同区域的城市来看，东南沿海地区城市和城市群开发强度高，部分城市，如深圳、东莞、佛山、珠海等都超过 30% 的警戒线，中西部很多城市开发强度总体比较合理。

表 5 - 5　　　　中国国土"二调"和"三调"中城镇村及工矿用地规模及占比变化

地类名称	"二调"面积（万公顷）	占比（%）	"三调"面积（万公顷）	占比（%）
城镇村及工矿用地	2873.90	100	3530.64	100
城市用地	352.76	12.27	522.19	14.79
建制镇用地	372.28	12.95	512.93	14.53
村庄用地	1847.28	64.28	2193.56	62.13
采矿用地	225.45	7.84	244.24	6.92
风景名胜区及特殊用地	76.13	2.65	57.71	1.63

资料来源：根据自然资源部第二次土地调查和第三次国土调查数据整理。

（四）能源和粮食生产与消费空间不协调

大宗物质生产空间和消费空间相对协调是防范贸易风险和交易风险的重要举措。新冠疫情期间，部分地方封城封路，极大影响商品的流动和循环，对国民经济社会发展产生重大影响。近年来，南北分化日益严重，经济中心不断南移。2021 年，南方省份 GDP 占全国的比重为 64.75%。南北方经济占比差距从 2010 年的 20.92 个百分点上升到 2021 年的 29.50 个百分点。南方人均 GDP 也从新中国成立初不足北方的九成持续上升，于 1997 年首次超越北方，2020 年是北方的 1.2 倍。在经济增长新空间和城镇空间逐步向南方转移的过程中，农业空间和能源空间则持续向北移动。南北方粮食产粮差距逐渐扩大，能源产地也开始向山西、陕西、内蒙古等地不断集中。2010 年，山西、内蒙古、陕西三地煤炭产量仅占全国的 54.14%，但到 2021 年，三地煤炭产量占全国比重上升到 72.02%，上升了 17.88 个百分点。粮食、能源的生产与消费空间不断向相反方向移动，导致运输距离越拉越长。以国家铁路货运平均距离为例，在煤、石油、钢铁及有色金属、金属矿石、水泥、木材、粮食等大宗商品中，除了煤（特别是焦炭）和粮食的平均运距在扩大，且均在 1000 千米左右外，其他大宗商品平均运距都在稳步缩小（见表 5 - 6）。

表 5－6　　　　　　　　2010～2020 年国家铁路货运平均距离　　　　　　单位：千米

指标	2010 年	2011 年	2012 年	2013 年	2014 年	2015 年	2016 年	2017 年	2018 年	2019 年	2020 年
货物平均运距	831	832	835	830	814	792	802	825	808	785	765
煤	642	653	645	647	646	619	626	651	659	658	656
焦炭	990	1031	1070	1034	1028	1007	1025	1060	1064	1059	992
石油	942	898	855	851	870	842	810	779	749	739	749
钢铁及有色金属	1093	1090	1124	1108	1088	1038	987	934	896	876	806
金属矿石	652	669	653	635	576	533	528	560	537	511	501
非金属矿石	705	708	693	688	622	564	529	507	561	580	534
矿建材料	362	373	354	313	285	342	399	334	339	324	327
水泥	521	460	427	375	387	367	374	348	339	371	359
木材	1361	1104	1131	1122	1066	845	780	780	752	770	648
粮食	1302	1795	1817	1791	1765	1811	1790	1974	1903	1981	1837

资料来源：根据 2010～2021 年《中国统计年鉴》数据整理。

三、构建高质量发展的国土空间布局机理分析

构建高质量发展的国土空间布局，是推进生态文明建设、促进经济社会可持续发展的重要支撑。我国国土空间布局与资源、环境、人口、产业的"结构性失衡"问题仍比较突出，应从处理好发展和保护、外部性和内在化、效率和公平、发展和安全等几对关系的角度分析其作用机理，深化构建高质量发展的国土空间开发保护新格局的理论支撑。

（一）基于人地关系理论处理好发展和保护的关系

人地关系理论被广泛应用到社会经济可持续发展领域，实现人地关系协调是实现可持续发展的重要目标。实现人地关系协调发展需要从全局或区域

的空间结构、时序演变、协同互补、整体效应等方面追求经济、社会、环境效益综合最优，实现人地关系的优化与调控。

我国经济社会发展取得巨大成就的同时也面临着空间开发与保护之间不衔接、不协调的问题，特别是面临资源过度消耗、环境污染、生态系统退化等。面对大规模国土开发产生的这些问题，需要借鉴人地关系理论，重视人地关系协调。第一，国土开发要以促进人与自然和谐共生为前提。国土空间布局应突出生态本底的保护，加强生态环境修复，维持良好的自然生态系统，在不损坏生态环境的前提下实现人们对美好生活的追求，守望绿水青山，方得金山银山，形成资源节约型的绿色国土空间布局。第二，在可持续发展要求下，优化国土开发布局要综合考虑各地资源环境承载能力。国土开发的规模和布局应以资源环境承载能力为基础，科学划定三条控制线，优化整合生产、生活和生态空间，落实永久基本农田、生态保护、城镇开发等空间管控边界，强化国土空间规划和用途管控，实现自然—经济—社会复合系统协调发展。第三，实现国土空间布局从无序状态演化为在时间、空间、结构上的有序状态，从保护和开发的不协同向全域统筹开发与保护转变。同时，加大对科技创新的投入，提倡绿色、清洁生产模式，形成符合可持续发展导向的国土空间开发模式。

（二）基于"公地悲剧"与"反公地悲剧"理论处理好外部性和内在化的关系

"公地悲剧"与"反公地悲剧"反映的是公共物品问题。"公地悲剧"是公共物品过度使用的结果，"反公地悲剧"则是公共物品被闲置而造成的资源浪费。"公地悲剧"在于产权不清，所以需要明确产权。"反公地悲剧"则在于产权支离破碎，所以要整合产权。我国国土开发中存在"公地"特性，也存在两种"悲剧"的现象。

国土开发中的生态空间具有典型的"公地悲剧"效应。生态空间具有非排他性和非竞争性，属于典型的公共物品，外部性的存在使保护生态空间的边际收益与边际成本不相匹配，市场配置资源的方式已不能实现帕累托最优，由于缺乏有力制度安排以及利益主体多元化，生态保护的外部性不能有效地内在化，很难对生态空间形成高效的保护，从而导致生态空间流失，生态环境污染破坏，造成"公地悲剧"。例如，长江、黄河两大流域过去存在突出的工业企业"围江"和尾矿库问题，长江流域曾聚集数十万家化工企业，排放基数特别大。黄河流域沿河工业以能源、重化工、造纸、有色金属等高能耗、高污染行业为主，且工业企业普遍废水处理率低。长江、黄河流域上游汇水区广泛分布着各类金属和非金属矿用于堆积废渣的尾矿库，存在着巨大的环境风险。

"反公地悲剧"的主要表现有：第一，空间发展资源的低效利用。在空间开发过程中，除了存在有形资产流失的问题，实际上还存在严重的低效利用问题。由于产权支离破碎，没有形成一个完整统一的产权主体，造成许多空间资源的显性或是隐性闲置。第二，行政审批手续复杂。在我国市场经济建设过程中，仍然存在着许多不符合市场经济要求的行政审批项目。有些地方还出现了地域封锁和部门壁垒，不利于经济一体化开发和规模化发展，很难通过市场调节来实行资源配置，造成资源利用效率低下。

（三）基于比较优势理论处理好效率与公平的关系

比较优势理论是国土空间分区利用和管制的重要理论基础，通过区域分工和合作的方式，发挥不同区域的比较优势，促进整个国土空间经济发展与资源环境保护的协调。效率是实现高质量发展的关键所在，公平是落实以人民为中心发展理念的重要途径，高质量国土空间布局的重要任务是为不同地区和不同群体公平地提供发展空间和资源需求。

我国正处于快速发展阶段，东部地区形成了三大动力源地区，起到了带动全国发展的增长极作用，但是，我国区域差距仍然比较突出，面临人口资源环境约束仍然比较严峻，亟须通过空间结构优化提升资源环境承载能力和整体运行效率。一方面，东部地区发挥了动力源作用，但资源环境约束日益严峻。改革开放40余年来，京津冀、长三角和珠三角（不包括港、澳地区）GDP增幅高达43.5倍，为整体国力的提升贡献度达到38.5%。但是，我国沿海城市2020年开发强度平均值为5.1%，超过了2030年4.67%的国土开发强度红线。与此同时，城市"摊大饼"式的发展模式，导致建设用地低效扩张，土地利用效率低、产出效益低。2020 年我国城市人均建设用地面积为 65 平方米，大大超出国家标准和其他国家水平。此外，城市建设用地扩张速度也明显高于人口增速，很多城市建设用地弹性系数远大于 1。另一方面，我国区域经济发展不平衡的矛盾也日益突出。改革开放以来，"以东部为重心"的沿海经济发展战略深刻改变了我国国土空间开发格局，沿海与西部的人均 GDP 绝对差距值增长了 30.8 倍，特别是由于生态补偿机制、生态产品价值实现机制、市场化投入机制、社会资本激励参与机制等还不够完善，"绿水青山变成金山银山"的生态价值转化不畅，影响了生态保护用途管制和监管作用的发挥。构建优势互补、高质量发展的区域经济布局和国土空间体系，需要逐步缩小区域差距、城乡差距、收入差距。

（四）基于总体国家安全观和系统论处理好发展与安全的关系

习近平总书记强调，安全是发展的前提，发展是安全的保障。总体国家安全观揭示国家安全的体系性特征，国家安全是各安全要素构成的一个相互联系、相互作用的统一体，涵盖国土、经济、社会、科技、生态、资源等诸多领域。处理好发展和安全必须坚持系统思维，既立足当前又着眼长远，既整体推进又突出重点。国土空间布局也是要坚持总体国家安全观和系统论，要守住国土空间安全底线，为发展提供更为稳固的空间基础和条件。运用系统论的思想与方法，从系统整体与组成部分、系统与外部环境的相互联系、相互制约和相互作用的关系中对国土空间进行全面考察。

我国国土空间布局仍存在"三区"空间挤占叠压，"三线"划定不清晰，开发保护导向不明确的问题。在城镇化和工业化的快速发展背景下，我国各地耕地的"非农化""非粮化"形势十分严峻，新型城镇化建设、工矿业发展、公共基础设施建设等一系列开发建设活动占用了大量耕地和基本农田，这都在一定程度上改变了耕地的利用方式，减少了种粮面积，从而降低了粮食产量，影响粮食安全。因此，国土空间布局要坚持国家利益、公共利益优先，把国家粮食安全、生态安全、能源安全、产业链供应链安全等放在优先位置，协调好保护耕地、修复生态、保障发展之间的关系，不能"顾此失彼"，更不能"因噎废食"，着力推动我国实现更具韧性、更加安全的可持续发展。

四、构建高质量国土空间开发保护的基本思路

瞄准不匹配、不充分、不平衡、不协调四大问题，系统谋划国土空间开发保护新格局，增强中心城市、都市圈和城市群的承载能力，增强农业空间、生态空间和边疆地区在保障粮食安全、生态安全、边疆安全等方面的功能，加快构建高质量发展动力系统。

（一）推进城镇空间经济和人口高质量协同集聚

从欧美等发达国家经验来看，经济和人口都同时向少数地区集中。例如，加拿大2/3的人生活在多伦多、蒙特利尔和温哥华，美国东西海岸和五大湖区是美国乃至全球的人口稠密带，西欧经济产出强度远高于东欧。改革开放以来，特别是伴随着社会主义市场经济体制的建立，中国经济向海、向江（河）、向心（省会）集聚态势非常明显。但受户籍制度改革相对滞后的影响，人口和经济的集聚并不同步，特别是超大特大城市集聚差距更大，影响更加协调、更加均衡发展。应顺应城镇空间分化的新形势，立足资源环境承载力和国土空间开发适宜性评价，按照构建高质量发展动力系统的要求，推进经济与人口高效协同集聚，改变各城市要"人手"不要"人口"的惯性思维，改善资源配置方式，激发城镇空间发展动力和活力。牢牢把握新发展格局加快形成的趋势，增强京津冀、粤港澳大湾区、长三角等高质量发展动力源地区核心城市的创新策源、资源配置、国际交往、国际消费和文化创意等功能，吸引全球高端人才集聚，强化中国的全球引领力、辐射力、影响力。持续推进其他城镇空间新型工业化、新型城镇化、信息化和农业现代化同步发展，增强中心城市、都市圈和城市群综合承载能力，提高城镇空间人口吸纳能力，缩小常住人口城镇化率和户籍人口城镇化率的差距，提升城镇化水平和质量。

（二）促进国土空间协调联动开发保护

城镇空间人口集聚不充分及生态空间、农业空间人口规模较大是国土空间开发保护面临的重要问题。城镇空间人口集聚不充分，高效市场难以形成，消费潜力难以释放，不利于新发展格局的构建。生态空间和农业空间人口规模庞大，人类活动会威胁生态安全和粮食安全，也不利于乡村振兴和共同富裕。只有生态空间的人口从山上转移到山下、农业空间的人口从农村转移到城市，尽量减少人类活动对生态空间和农业空间的干扰，生态安全和粮食安全才更有保障，生态空间和农业空间才可能在构建高质量发展动力系统中发挥更大作用。从两大空间依然有 7 亿多人口规模来看，任务还相当繁重。以新型城镇化为抓手，瞄准生产空间集约高效、生活空间宜居适度的目标，按照常住人口基础配置公共资源，推动公共服务资源均衡配置，加快提高城镇生活品质和吸引力，引导生态空间人口有序集聚，赢得生态空间山清水秀。深化农村产权制度改革，盘活农村存量资产，创造农业转移人口带上"嫁妆"进城的条件，鼓励以家庭为单位的农业转移人口市民化，用存量带增量，推动农业空间人口持续向城镇空间转移。

（三）推动城乡建设空间节约集约开发

中国人口密度较高，土地资源相对紧张，可开发利用的国土空间更少。广阔的国土空间上，适宜工业和城市建设及耕作的土地仅 180 多万平方千米（肖金成和欧阳慧，2012）。平原既是都市圈和城市群等城镇空间重要的承载地，也是农业空间主要的集中地；广大的中西部山区既是重要的生态屏障，也是资源富集地区。有限的国土面积上，既要实现人口规模巨大的现代化，又要维护粮食安全、生态安全、能源安全和边疆安全。发展和保护、发展和安全的问题非常突出。但长期以来，城镇空间"摊大饼"式的蔓延和乡村空间无序扩张导致大量闲置和低效存量用地。根据自然资源部门的统计，2019年，31 个省（区、市）认定低效用地面积为 862.2 万亩。在强化永久基本农田、生态保护和城镇开发边界三条红线控制的基础上，推动城乡建设空间节约集约利用，增强中国式现代化空间保障能力。要在深入实施建设用地总量和强度双控的同时，结合城市更新，加快盘活存量建设用地，提升城镇空间节约集约利用水平。此外，深入推进城乡建设用地协同开发，用好乡村建设用地减少和城镇建设用地增加挂钩机制，稳步降低乡村建设用地规模，提高乡村建设用地节约集约利用水平，为新型城镇化发展腾挪空间。鼓励和支持有条件的城市率先开展减量化发展，稳步降低国土开发强度，增加城市"增绿""留白"空间。

（四）同步提升不同空间单元的多元功能

城市空间、农业空间和生态空间都拥有各自的主导功能，如城镇空间主要提供工业品和服务产品、农业空间主要提供农产品、生态空间主要提供生态产品，但主导功能并不排除其他功能，特别是在人与自然和谐共生的中国式现代化深入推进的大背景下，不仅生态空间和农业空间要强化生态功能，城镇空间也要增强生态功能。统筹划定中心城市、都市圈、城市群内部生态空间和农业空间，支持超大和特大城市构建以郊野公园、城市公园、社区公园、口袋公园为主体的绿地体系，推动绿地形态与城镇空间有机融合，推进城市群、都市圈的"米袋子""菜篮子"互济共保，增强城镇空间韧性。支持农业空间的县城补短板强弱项，加快提升产业基础设施、市政基础设施、公共服务设施和环境基础设施，加快发展农副产品加工、纺织服装、电子装配等劳动密集型产业，着力推进以县城为重要载体的新型城镇化，引导农业转移人口就近城镇化。鼓励生态空间在严格控制开发强度的前提下，坚持"点上开发、面上保护""内聚外迁"的原则，平衡好发展和保护的关系，实行据点式开发，引导人口向城镇聚集、超载人口有序向外转移，在保护中实现高质量发展、在发展中维护生态安全。

五、完善支撑高质量国土空间开发保护格局的体制机制

开拓高质量发展的重要动力源，提升重要功能性区域的保障能力，重点

是要充分发挥城镇空间、农业空间、生态空间的比较优势，确保各司其职、各美其美，这离不开以顺畅的体制机制作为支撑。

（一）健全市场一体化发展机制

贯彻落实全国统一大市场建设要求，充分发挥市场促进竞争、深化分工等优势，加快建立全国统一的市场制度规则，打破地方保护和市场分割，促进各类要素合理流动和高效集聚。强化市场基础制度规则统一，深入实施公平竞争审查制度，消除区域市场壁垒，打破行政性垄断，清理和废除妨碍统一市场和公平竞争的各种规定和做法，推进市场设施高标准联通。构建完善的国家综合立体交通网，加快建设高效率国家综合立体交通网主骨架，重点依托 20 个国际性综合交通枢纽城市和 80 个全国性综合交通枢纽城市，推进多层次一体化综合交通枢纽建设，推动交通运输设施跨区域一体化发展。推进现代流通网络建设，重点依托现代流通战略支点城市和骨干流通走廊，优化流通基础设施布局，构建东西互济、南北协作、内外联通的现代流通骨干网络。推进商品和服务市场高水平统一，健全商品质量体系，推进内外贸产品同线同标同质，完善标准和计量体系，强化消费者权益保护，进一步畅通商品异地、异店退换货通道，提升消费者售后体验。深化户籍制度改革，消除劳动力和人才社会性流动路径障碍，推动形成完备、规范、高效的人力资源市场体系，努力实现各部门劳动力和人才流动政策的协调衔接，坚决杜绝身份歧视现象。完善土地管理体制，探索建设用地、补充耕地指标跨区域交易机制，推动建设用地资源向中心城市和重点城市群倾斜。统筹推进区域自然资源资产交易平台建设，完善其使用权转让、租赁、抵押市场规则，健全市场监测监管机制，促进资源资产流转顺畅、利用高效。将碳排放权、用能权、用水权、排污权等资源环境要素一体纳入要素市场化配置改革总盘子，支持出让、转让、抵押、入股等市场交易行为，加快构建环保信用监管体系，规范环境治理市场，促进环保产业和环境服务业健康发展。完善区域性股权市场，促进资本跨区域有序自由流动。引导培育大数据交易平台，覆盖直接产生的数据及通过对数据挖掘和分析产生的统计结果、主体偏好、决策信息等，推进数据依法合规开展交易。加快探索建立国家科技成果共享和交易大数据平台，完善技术成果转化公开交易与监管体系，促进全国创新资源的开放共享和科技成果的跨区域转移转化。鼓励各地结合实际，积极开展首创性、差异性的要素市场改革试点探索。

近年来促进市场一体化发展相关文件如表 5 - 7 所示。

表 5 - 7　　　　　　　　　近年来促进市场一体化发展相关文件

序号	时间	文件名
1	2022 年 3 月	《中共中央 国务院关于加快建设全国统一大市场的意见》
2	2022 年 1 月	《要素市场化配置综合改革试点总体方案》
3	2022 年 1 月	《国家发展改革委 国家能源局关于加快建设全国统一电力市场体系的指导意见》
4	2021 年 1 月	《建设高标准市场体系行动方案》
5	2020 年 5 月	《中共中央 国务院关于新时代加快完善社会主义市场经济体制的意见》
6	2020 年 3 月	《中共中央 国务院关于构建更加完善的要素市场化配置体制机制的意见》

资料来源：作者根据资料整理得出。

（二）优化公共资源配置机制

建立区域均衡的财政转移支付制度，以缩小地区间人均公共服务财力保障水平差距为出发点，调整完善中央对地方一般性转移支付办法，加大均衡性转移支付力度，加大对重点生态功能区、农产品主产区、边境地区等均衡性转移支付力度。推进省级以下财政体制改革，进一步理顺省级以下政府间财政关系，通过调整收入划分、加大转移支付力度，增强省级以下政府区域协调发展经费保障能力，建立健全权责配置更为合理、收入划分更加规范、财力分布相对均衡、基层保障更加有力的省级以下财政体制。理顺省级以下政府间收入关系，规范收入分享方式，逐步清理不当干预市场和与税费收入相挂钩的补贴或返还政策。提高医疗、养老、教育等公共服务统筹层次，推动各种群体基本公共服务的对接，积极推动在省级层面实现基本医疗保险统筹，推动形成全国统一的医疗保障标准化体系，着力推动实现养老保险全国统筹，探索建立全国统筹、省负总责、市县管理、社会监督的义务教育经费保障机制和基于统一高考的综合评价多元录取制度，确保各地居民可以在统一制度框架下获取基本公共服务。针对人口流动性不断增强，加快探索建立医疗卫生、劳动就业等基本公共服务跨地区流转衔接制度，研究制定跨省转移接续具体措施和支持政策，强化跨区域基本公共服务统筹合作。探索建立行政资源配置与常住人口等相匹配机制，根据"控制总量、盘活存量、优化结构、有减有增"的原则，研究建立行政资源特别是地方政府机构编制资源配置与常住人口数量、城镇化水平、城市管理能力和经济发展水平相匹配的机制，建立政府购买服务与机构编制动态评估调整机制。围绕促进区域间基础设施通达程度比较均衡，进一步加大对农产品主产区、重点生态功能区基础设施建设支持力度，重点支持跨区域交通、水利、生态环境保护、民生等重大工程项目，加快欠发达地区和广大农村信息化、智慧城市和数字乡村建设进程，避免"新基建"造成区域分异进一步加剧。

（三）完善多元化区际利益补偿机制

搞好主体功能四类区域政策和"三区"空间政策之间的衔接，落实好重点生态功能区县生态补偿政策完善，适时推出农产品主产区补偿政策。调整重点生态功能区生态补偿计算方法，完善横向生态保护补偿机制，加快总结推广京津冀水源涵养区、安徽浙江新安江、江西广东东江以及广西广东西江流域等跨地区生态保护补偿试点的经验，按照成本共担、利益共享的原则，鼓励生态受益地区与生态保护地区通过资金补偿、对口协作、产业转移等方式，建立权责清晰的横向补偿机制。完善粮食主产区与主销区之间利益补偿机制，鼓励粮食主销区通过在主产区建设加工园区、建立优质商品粮基地和建立产销区储备合作机制以及提供资金、人才、技术服务支持等方式开展产销协作。加大中央财政对粮食主产区的支持力度，依托新一轮千亿斤粮食产能提升行动加大对粮食主产区财政投入力度，完善奖励资金稳定增长机制，增加产粮大县、生猪调出大县奖励资金规模，充分调动主产区地方政府抓粮食生产和农民种粮的积极性，促进主产区提高粮食综合生产能力。健全资源输出地与输入地之间利益补偿机制，围绕煤炭、石油、天然气、水能、风能、太阳能以及其他矿产等重要资源，坚持市场导向和政府调控相结合，加快完善有利于资源集约节约利用和可持续发展的资源价格形成机制，确保资源价格能够涵盖开采成本以及生态修复和环境治理等成本。充分考虑资源输出地区发展水平、资源条件和要素禀赋差异，鼓励资源输入地通过共建园区、产业合作、飞地经济等形式支持资源输出地可持续发展。支持资源型地区积极承接有利于延伸产业链、提高技术水平、促进资源综合利用、充分吸纳就业的接续替代产业，加快形成多点支撑、多业并举、多元发展的新格局，破解"资源诅咒"。

（四）健全自然资源资产开发和保护机制

加快建立生态产品价值实现机制，鼓励和支持地方立足山清水秀、蓝绿交织的生态优势，构建"生态＋"和"＋生态"产业体系，加快发展"红、绿、古"三色文化旅游产业，谋划发展环境友好型和环境偏好型的生物医药、大数据等产业，大力发展绿色生态有机农业，不断建立健全生态产品价值实现机制，畅通"两山"转化通道，以"绿水青山"焕活"金山银山"。健全自然资源有偿使用制度，创新完善自然资源、污水垃圾处理、用水用能等领域价格形成机制，健全市场化的自然资源资产产权交易制度，建立和完善公共资源产品的价格政策和有偿使用制度，搭建统一公开的信息平台，制定交易方案，推动水权、碳排放权、碳汇、排污权及用能权等的交易，将资源权益直接转化为资产。建立健全以监管分离为核心的管理体制，健全中央与地方政府间法制化的职责分工体系，明确中央和地方政府在自然资源资产管理中的职能和权责，构建边界清晰、权责明确、上下互动、形成合力的自然资源资产管理体制。守住自然生态安全边界，严格生态保护红线监管，推进以国家公园为主体的自然保护地体系建设，促进人与自然和谐共生。以县（市、区）空间为载体，建立一套集经济、社会、文化和生态文明于一体的绩效考核指标体系；按照"指标一样、权重不同"的原则，建立与空间主体功能相协调的分类考核评价机制；建立激励相容的绩效考核配套体系，把差异化绩效考核结果作为领导干部综合考核评价、选拔任用和奖惩的重要依据，建立领导干部自然资源资产离任审计制度。

六、加快构建高质量国土空间开发保护的建议

高质量国土空间开发保护格局是动力源地区引擎作用不断增强、中心城市和城市群综合承载能力稳步提升以及生态安全、粮食安全、能源安全、边疆安全均得到高水平维护的格局，是城镇、农业、生态三类空间比较优势得到充分发挥、发展差距不断缩小的格局。坚持目标导向和问题导向相结合，优化空间布局，分门别类完善城镇、农业、生态三类空间的发展政策，强化永久基本农田、生态保护红线和城镇开发边界三条控制线的管制，实现开发与保护、发展与安全相协相宜、相得益彰。

（一）完善要素有序自由流动的政策体系

深化户籍制度改革，推动人口有序自由流动，做大城镇空间人口的"分子"，降低农业和生态空间人口的"分母"（黄征学，2020），协同推进经济和人口集聚。聚焦 2 亿多人在城市有稳定就业和生活的农业转移存量人口，坚持存量优先、带动增量的原则，畅通农业转移人口举家进城落户渠道，推动与城镇居民享有同等权利、履行同等义务。以京津冀、粤港澳大湾区、长三角三大动力源地区为重点，优化超大城市积分制落户政策，精简积分项目，确保社会保险缴纳年限和居住年限分数占主要比例，逐步取消年度落户名额限制，实现"愿落尽落"。健全中央和省级农业转移人口市民化的激励机制，调动超大城市和特大城市吸纳农业转移人口的积极性。探索实行电子居住证制度，健全与居住年限相挂钩的基本公共服务供给机制。鼓励和支持都市圈和城市群内居住证、落户积分互认，促进人口在都市圈和城市群自由流动。完善全国公开统一的户籍管理政务服务平台，提高户籍登记和迁移便利度。同时，探索实施电子居住证改革，推动居住证从"卡端"到"指端"的迭代升级，降低常住人口享受公共服务的成本，释放新型居住证改革红利。健全统一规范的人力资源市场体系，完善协调衔接的劳动力、人才流动政策体系和交流合作机制。完善技术技能评价制度，加快建设劳动者终身职业技能培

训制度，探索实现职业技能等级证书和学历证书互通衔接，支持人才跨区域流动。积极推动养老保险全国统筹和医疗保险省级统筹，夯实人口有序自由流动的制度基础。

完善"人地钱"挂钩的机制，创新土地、水、能源、资金等领域管理方式，搭建指标交易平台，引导土地指标、水权、碳排放权等要素向优势地区和潜力地区集中。积极开展集体经营性建设用地入市试点，完善土地增值收益分配等配套政策，健全城乡统一建设用地市场。鼓励探索土地混合利用，建立有利于复合兼容的相关行业标准，实行公益性和经营性设施混合的土地供应制度。支持超大城市和特大城市开展地下空间利用，完善地下建设用地使用权出让制度，优化简化办理程序，降低地下空间用地成本。深化工业用地市场化配置改革，完善多方式、多主体、多价格、多标准、多监管制度体系，提高工业用地集约节约化利用水平。建立闲置土地处置台账，分析闲置土地产生原因，完善闲置土地处置措施。及时更新公开规划和建设等相关审批信息，鼓励地方建立自然资源、市场监管、财政税务等部门的互联互通机制，实施重大闲置地块挂牌公示制度。借鉴各地的好做法、好经验，结合城市体检、城市更新等新要求，及时修订《关于深入推进城镇低效用地再开发的指导意见（试行）》。提前研究"增存挂钩""增减挂钩"等机制到期后的新举措，保持政策的稳定性和持续性。开展《全域土地综合整治办法》前期研究，系统谋划盘活城乡存量土地的新办法。完善城乡建设用地增减挂钩制度，稳妥推进挂钩指标跨市域和跨省域调剂，营造农业转移人口带指标进城的制度环境。

（二）构建提升城镇综合承载能力和竞争力的政策体系

围绕提升产业功能平台，加快完善信息通、政策通、资金通和政府服务平台等新"三通一平"，推进共性公共技术服务平台、通用基础制造设备、共性技术研发仪器设备以及质量基础设施等的建设，增强城镇产业承载能力。健全商贸物流、运输仓储、消费场景等基础设施，促进产业配套设施提质增效，畅通城市内部循环，增强城市发展活力。完善市政交通、市政管网、防洪排涝、防灾减灾设施，加强数字化改造，实施老旧小区改造，推进市政公用设施提档升级。完善医院、疾控中心、妇幼保健机构等医疗卫生体系，优化教育资源供给，发展养老托幼服务，完善公共图书馆、文化馆、博物馆等场馆功能，建设全民健身中心、公共体育场、健身步道、社会足球场地、户外运动公共服务设施，推动公共服务设施提标扩面。合理布局危险废弃物收集和集中利用处置设施，推进大宗固体废弃物综合利用，完善垃圾收集处理体系，改造污水收集管网，扩容改造污水处理厂，推进环境基础设施提能扩级。结合国土空间规划的编制和实施，科学划分城市生产、生活、生态空间，完善生态绿地系统，加强河道、湖泊、滨海地带等湿地生态和水环境修复，合理保持水网密度和水体自然连通，打造蓝绿交织的生态空间。保护历史文化名城名镇和历史文化街区，合理利用工业遗产，强化历史文化保护传承，提升城市软实力。

健全中央财政和省级财政基建预算投资和保障性住房建设与农业转移人口市民化挂钩的机制，综合应用财政政策工具，采用 REITS、TEIT、BOT 等融资方式，拓展融资渠道，多途径筹集资金，改造提升城市新老基础设施，缓解农业转移人口市民化造成的城镇基础设施承载压力。依托城市更新平台，统筹一般公共预算收入、土地出让收益、保障性安居工程补助资金、老旧小区改造资金、住房公积金增值收入和专项债券等政府资金，采用 REITS、"投资人 + EPC""经营性用地 + 配建"等方式引进社会资本，投资公共服务设施和基础设施建设，增强城镇综合承载能力。统筹各类管线实际发展需要，合理确定地下综合管廊建设布局、平面位置、竖向控制，综合考虑城市发展远景，预留和控制有关地下空间，提升城镇空间开发效率。健全混合用地和工业用地分割转让政策，推进城镇空间复合型开发，塑造高品质城镇空间。支持中心城市、都市圈和城市群依托综合性科创中心、科创走廊、科技城、自贸区、高新技术开发区等功能性平台，加快构建"人才 + 金融 + 平台 + 研发"的产业创新生态系统，推动产业链、创新链、资金链和人才链深度融合，提升城镇空间发展创新力、源动力和引领力。

（三）健全提高农业保障能力的政策体系

支持东部沿海的河北、山东、江苏、浙江、福建等地推广种植"海水稻"，鼓励贵州、湖南、广西、湖北、重庆等地区发展现代山地农业，推进黄淮海平原、江汉平原、华南主产区等地区建设高标准农田；采用种粮大户补贴、农机购置补贴、耕地地力补贴和购肥优惠补贴等方式打好撂荒地复耕复种"组合拳"，增强南方省份粮食自给率，缓解"北粮南运"压力。贯彻"藏粮于地""藏粮于技"战略，落实耕地占补平衡、进出平衡、耕地非农化、耕地非粮化等保护制度，探索设立东北黑土地保护特区，开展农业关键核心技术攻关，加强农业科技推广，提升农业科技含量，让中国人的饭碗牢牢端在自己手中。加大中央和省级财政对农业空间基础设施建设投入力度，加强骨干水利工程等大中型工程建设，配套完善田间工程、节水改造等基础设施建设，健全粮食主产区利益补偿机制，建立以绿色生态为导向的农业补贴制度。深化涉农领域专项资金改革，明确专项转移支付和基建投资管理的职责分工，深入推进涉农资金统筹整合，构建形成农业发展领域权责匹配、相互协调、上下联动、步调一致的涉农资金统筹整合长效机制，确保财政支农资金使用的规范和效果。开展全域土地综合整治，整体推进农业用地和建设用地整理，强化生态保护修复和地质灾害治理，赋能农业高质量发展，助力乡村振兴。制定统筹协调的政策和措施，整合政府相关部门的资源和力量，建立跨部门协作的机制，明确部门之间的职责与权限，形成全域土地综合整治合力。

深化农业政策体制改革，以推动农业农村现代化为目标，在确保农业农村投入只增不减的前提下，调整优化农业政策的支持方向，提高农业补贴的精准性。强化政策监督评估机制，探索建立第三方政策效果评估体系，并根据评估结果对政策做出调整。合理利用国际规则调整优化农业政策结构，减少市场扭曲性政策，更加注重发挥综合服务支持政策的作用，加大中央财政对基础研究的支持力度，鼓励农业基础研究，促进技术、管理的创新，提高农业生产率。健全"大专项＋考核任务＋绩效管理"涉农资金管理新模式，依托涉农项目资金信息平台，完善全流程的实时监控和预警反馈机制，提高涉农财政使用安全和效率。在实施全国统一的农业支持保护政策的同时，补充制定更加精准的区域性农业政策，针对各个农产品主产区的生产特点制定差异化的政策，提高政策的适用性。

（四）建立筑牢生态安全屏障的政策体系

结合自然资源领域改革和部门分工，推动自然资源权属登记法治化、标准化、规范化、信息化，建立准确高效的产权信息查询和权属转移抵押登记服务体系。健全全国"生态云"大数据平台，完善资源编码、实时更新、分析监测等技术手段，实现当前可交易生态资源的质量、数量及分布情况全面、动态管理。根据公共产品、公共资源、俱乐部产品、私人产品的不同特征，开展生态产品价值实现分类，鼓励因地制宜采取市场比价、行业估值、政府指导、买卖双方协商等多种方式。对于公共产品类生态产品价值实现，以政府为主，着力完善生态价值评估与核算、财政转移支付、生态税费调节、政府购买、纵向生态补偿等工作；对于公共资源类生态产品价值实现，强化政府和市场的合作，彰显政府在强化交易市场构建、公共资源确权、初始权分配、交易机制设计、价格调节、监测监管等领域的作用；对于俱乐部类生态产品价值实现，结合具体情况，夯实市场化生态保护和修复及机制设计、横向生态补偿、绿色融资、市场流转等环节；对于私人产品类生态产品价值实现，以市场为主，政府从宏观政策支持和引导、市场监管、产品认证等方面规范市场运行。

落实中央有关精神，完善生态空间纵向生态补偿制度，综合考虑不同空间生态服务价值，结合生态保护红线划定的面积，调整重点生态功能区生态补偿计算方法，提高生态保护红线和生态空间占比高的县市补偿标准。以流域上下游生态补偿为重点，采取资金补偿、共建产业园区等措施，推动建立地方政府横向生态补偿机制，建立多渠道、多方面共同参与的新格局，增强对生态空间的补偿力度。结合《产业结构调整指导目录》和《市场准入负面清单（2022年版）》，加快完善生态空间产业准入+产业布局+产业退出政策，逐步退出不符合生态功能的产业，积极培育环境友好型和生态偏好型产业。推广借鉴浙江丽水等地的经验，加快发展生态旅游、生态工业和生态农业，鼓励地方构建"生态+"和"+生态"产业体系，畅通生态产品价值实现机制，把生态优势、生态资源转化为生态产品和生态价值。在积极推进国家公园管理体制试点的基础上，按照"管经分离、特许经营"的要求，探索特许经营模式、"功能分区"模式、可持续社区发展模式，提升生态空间的旅游文化价值。加大生态修复财政支持力度，健全生态资源融资担保体系，鼓励金融机构开展绿色金融试点，引导社会资本参与生态保护修复，筑牢绿水青山底色。强化生态产品价值实现的社会属性，逐步完善不同类型生态产品价值实现的工作机制、技术平台、监管举措、法律法规体系等。

（五）强化国土空间用途管制制度

结合国土空间规划的实施，推广使用空天地一体化自然资源监测监管系统，强化城镇、农业、生态"三区"空间和永久基本农田、生态保护红线和城镇开发边界三条控制线的差异化管控。加快建立以"三区"空间为一级、"三线"空间为二级、土地用途管制为三级的管控体系（黄征学等，2019），突出一级管控的国土空间开发强度和负面清单、二级管控的边界管理和正面清单、三级管控的审批管理和转用管理，提高国土空间分级分类管理效率。在城镇空间采用"用途准入＋指标控制"的方式强化功能区的用途管制，同时，在功能区内部沿用"一书两证"的管制方式，在农业空间按要求分别建立"用途准入＋指标控制"和"详细规划＋规划许可"的管制方式，在生态空间采用"清单＋指标"的管制方式。

在统一土地分类标准的基础上，加快建立统一调查、统一评价和统一登记的管理体系，结合国土资源大调查，摸清土地、林地、草原、湿地、水域等各类自然资源的用途、权属和分布，夯实从土地用途管制走向国土空间用途管制的基础。针对自然资源产权争议较大的问题，建议成立自然资源确权登记争议调处机构、建立权属争议数据库，积极稳妥推进确权登记，缓解社会矛盾。以明晰产权为基础，协调好自然资源社会属性的冲突，确保自然资源的自然属性和社会属性均能充分实现。协调耕地、草原、林地、湿地等不同要素管控规则，结合自然资源要素供给侧结构性改革的要求，参照土地审批制度改革的做法，统一林地、草原、湿地、水域等生态要素转用和征用的审批机构，增强区域—要素管控的协同性，统筹山水林田湖草沙系统治理。协调好永久基本农田、生态保护红线和资源战略储备区的关系，设定生态保护红线和永久基本农田范围内战略资源开采条件，维护资源安全。支持云贵、两淮等南方煤炭基地适度增加煤炭产量，提高用能负荷中心保障水平，降低能源大跨度运输。统筹好粮食安全、生态安全和边疆安全的关系，支持有条件的边疆县市发挥口岸优势，推动"口岸—城市—腹地"联动发展，做强商贸、物流、旅游等特色优势产业，加快集聚人口。

参 考 文 献

[1] 杨伟民. 构建国土空间开发保护新格局 [J]. 中国经济评论，2020 (Z1)：32 - 35.

[2] 杨开忠. 以提升国土空间品质驱动高质量发展 [J]. 中国国情国力，2021 (2)：1.

[3] 薄立明. 构建国土空间开发保护新格局 [J]. 决策与信息，2020 (12)：30 - 31.

[4] 马俊杰. 统筹山水林田湖草沙系统治理 [N]. 人民日报，2022 - 06 - 01 (09).

[5] 王静，曹卫星，刘晶晶，等. 泛"胡焕庸线"过渡带的地学认知与国土空间开发利用保护策略建构 [J]. 经济地理，2022 (3)：22 - 32.

[6] 肖金成，董红燕，李瑞鹏. 我国国土经济高质量发展的内涵、任务与对策 [J]. 河北经贸大学学报，2021 (4)：84 - 90.

[7] 樊杰. 我国"十四五"时期高质量发展的国土空间治理与区域经济布局 [J]. 中国科学院院刊，2020 (7)：796 - 805.

[8] 邓兴栋，韩文超，霍子文. 基于人地和谐的国土空间治理框架——以广州市为例 [J]. 城市规划学刊，2022 (2)：47 - 53.

[9] 林坚，刘松雪，刘诗毅. 区域—要素统筹：构建国土空间开发保护制度的关键 [J]. 中国土地科学，2018 (6)：1 - 7.

[10] 张尚武，刘振宇，王昱菲. "三区三线"统筹划定与国土空间布局优化：难点与方法思考 [J]. 城市规划学刊，2022 (2)：12 - 19.

[11] 陈耀. 我国国土空间布局优化的重大问题思考 [J]. 河北经贸大学学，2021 (2)：12 - 17.

[12] 谭琦璐. 优化国土空间开发保护，更好支撑经济社会高质量发展 [J]. 中国发展观察，2022 (3)：58-64.

[13] 戈大专，孙攀，汤礼莎，等. 国土空间规划支撑城乡融合发展的逻辑与路径 [J]. 中国土地科学，2023 (37)：1-9.

[14] 中国宏观经济研究院国土开发与地区经济研究所课题组. 中国新型城镇化空间布局调整优化的战略思路研究 [J]. 宏观经济研究，2020 (5)：5-17.

[15] 黄征学，张燕. 完善空间治理体系 [J]. 中国软科学，2018 (10)：31-38.

[16] 黄征学，吴九兴，加快中部地区协调发展的建议 [J]. 科技导报，2022 (6)：76-81.

[17] 习近平. 推动形成优势互补高质量发展的区域经济布局 [J]. 共产党员，2022 (2)：4-5.

[18] 肖金成，欧阳慧. 优化国土空间开发格局 [J]. 经济学动态，2012 (5)：18-23.

[19] 黄征学. 用"两个匹配"推动区域协调发展 [J]. 中国经济时报，2020-06-09 (A04).

[20] 黄征学，蒋仁开，吴九兴. 国土空间用途管制的演进历程、发展趋势与政策创新 [J]. 中国土地科学，2019 (6)：1-9.

[21] 黄征学，吴九兴. 国土空间用途管制政策实施的难点及建议 [J]. 规划师，2020 (11)：16-20.

[22] 岳文泽，王田雨. 构建高质量的国土空间布局 [N]. 光明日报，2021-02-04.

[23] 张杨，王跃国，宋家宁. 对高质量发展背景下国土空间规划的几点认识 [J]. 中国土地，2020 (3)：29-30.

第六篇

区域开放合作

2022 年，共建"一带一路"以共商共建共享为原则，秉持开放、绿色、廉洁理念，以高标准、可持续、惠民生为目标，取得了实打实、沉甸甸的成就；自贸试验区及海南自由贸易港围绕贸易自由便利、投资自由便利、跨境资金流动自由便利、人员进出自由便利、运输来往自由便利和数据安全有序流动等领域，把制度集成创新摆在突出位置，深化首创性、集成化、差别化改革探索；澜湄合作、图们江国际次区域合作积极推进，区域全面经济伙伴关系的顺利实施为我国稳外贸稳外资发挥了重要作用；东西部协作、对口支援、对口协作三大区域合作稳步推进，在推动缩小区域发展差距、实现区域协调发展中发挥了重要作用。

一、共建"一带一路"

2022 年，共建"一带一路"坚持以高标准、可持续、惠民生为目标，拓展政策沟通新空间，巩固互联互通合作基础，积极提升中欧班列开行规模和质量，着力推动西部陆海新通道和中老铁路建设，与共建国家贸易投资保持较快增长，新增工程承包规模有所增长，境外经贸合作区建设稳步推进，资金融通和民心相通合作再上新台阶。

（一）"一带一路"建设的进展成效

1. 政策沟通"朋友圈"进一步扩大

截至2022年底，中国已与151个国家、32个国际组织签署200余份共建"一带一路"合作文件。2022年有5个国家同中国签署了共建"一带一路"合作文件。积极发挥多双边经贸机制作用，深化沟通对接，与相关国家新建了12个贸易、投资和服务贸易合作机制。中非合作"九项工程"以及与东盟国家共建的经贸创新发展示范园区等重点合作有序推进。中国—东盟博览会、中国—亚欧博览会、中国—中亚经贸合作论坛以及中拉基础设施合作论坛等展会论坛成功举办。

2. 设施联通稳步推进

2022年，多个标志性基础设施建设项目载入共建"一带一路"的史册。铁路方面，雅万高铁试验运行，成为东盟地区第一条运行通车的高速铁路；中老铁路运行一年，累计发送旅客850万人次，运送货物1120万吨，开行跨境货物列车3000列，跨境运输货值超130亿元人民币，明显促进共建区域经济社会发展；匈塞铁路建成并安全运营，中泰铁路建造顺利推进；中蒙俄经济走廊中线铁路升级改造和发展可行性研究正式启动，规划已久的中吉乌铁路即将开工建设。公路方面，柬埔寨第一条高速公路正式通车；中巴经济走廊"两大"公路顺利完工并移交通车；塞尔维亚E763高速公路通车，成为中东欧国家合作框架下首个落地项目。港口方面，巴基斯坦瓜达尔港、希腊比雷埃夫斯港、肯尼亚拉穆港等项目为共建国家和地区提供可靠便捷的出海大通道，加快实现地区经济一体化。航空方面，国际民航运输航线网络不断拓展，我国与100多个国家签订双边政府间航空运输协定，与其中50多个国家保持定期客货运通航，与东盟、欧盟签订区域性航空运输协定。

3. 中欧班列开行规模和质量稳步提升

在欧洲和全球遭遇经济困境之时，中欧班列2022年全年开行超过1.6万列，同比增长9%。截至2022年底，中欧班列已有82条线路开通运行，已通达欧洲25个国家208个城市，累计开行6.5万列。2022年，西安中欧班列开行数量、货运量、重箱率三项核心指标位居全国第一，开行班列 4639 列，率先开辟跨里海、黑海南向通道，实现与西部陆海新通道互联互通，国际图定运行线路达 22 条，国内"＋西欧"集结线路达 17 条。创新拓展新能源汽车班列，全国首个陆路启运港退税试点实施达效。

4. 西部陆海新通道和中老铁路建设顺利推进

目前，西部陆海新通道铁海联运班列已辐射我国 17 省份、60 市、115 个车站，通达全球 119 个国家和地区的 393 个港口。2022 年，西部陆海新通道铁海联运班列开行超过 8800 列，班列发送货物 75.6 万标箱，同比增长 18.5%。北部湾港完成货物吞吐量 3.71 亿吨，集装箱吞吐量 702 万标箱。通道运输干线重点项目——泸州叙永至毕节铁路贵州段正在铺轨，钦州自动化集装箱码头二期、吴圩机场改扩建工程正加快建设，海南洋浦区域国际集装箱枢纽扩建工程、百色水利纽枢等重点工程加快推进。

中老铁路自 2021 年 12 月开通运营至 2023 年 5 月 16 日，全线累计发送货物突破 2000 万吨。其中，跨境货运量超 400 万吨，货值达 177 亿元。中老铁路开通运营以来，发送货物品类日益丰富，从开通初期的 10 余种拓展到目前的 2000 余种。中国发运到老挝的货物主要是机械设备、家用电器、蔬菜、鲜花、机械配件等，覆盖老挝、泰国、越南、缅甸等多个"一带一路"共建国家；从老挝发运到中国的货物主要是金属矿石、木薯、薏米等，通达中国 25 个省（区、市），为沿线产业链、供应链的稳定畅通提供了有力支撑。2022 年 12 月，云南磨憨铁路口岸进境水果指定监管场地建成投入使用，中老铁路正式具备入境水果全铁路运输能力，东南亚水果搭乘中老铁路"澜湄快线"国际货物列车抵达昆明，促进中老铁路货运量稳步提升。

5. 贸易投资保持较快增长

如图 6-1 所示，2022 年，我国与"一带一路"共建国家贸易规模创历史新高，货物贸易额达 13.8 万亿元，同比增长 19.4%，高于整体增速 11.7 个百分点，占我国外贸总额比重达到 32.9%。如图 6-2 所示，我国企业在"一带一路"共建国家非金融类直接投资 1410.5 亿元，较 2021 年增长 7.7%（折合 209.7 亿美元，增长 3.3%），占同期总额的 17.9%，与 2021 年同期持平，主要投向新加坡、印度尼西亚、马来西亚、泰国、越南、巴基斯坦、阿拉伯联合酋长国、柬埔寨、塞尔维亚和孟加拉国等国家和地区。2013～2022年，我国对"一带一路"共建国家非金融类直接投资累计约1822亿美元，累计占同期总额比重从10%左右一路上行至20%左右，并保持稳步提升态势，"一带一路"共建国家已成为我国企业对外投资的重要目的地。

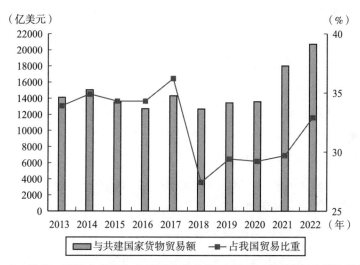

图6-1　2013～2022年我国与共建国家货物贸易额及占我国外贸总额比重变化

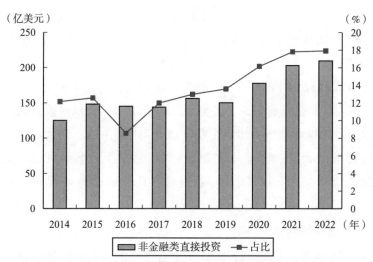

**图6-2　2014～2022年我国与共建国家非金融类直接投资额
及占我国对外非金融类直接投资比重变化**

6. 新增工程承包规模有所增长

对外承包工程方面，我国企业在"一带一路"共建国家新签对外承包工程项目合同 5514 份，新签合同额 8718.4 亿元人民币，增长 0.8%（折合 1296.2 亿美元，下降 3.3%），占同期我国对外承包工程新签合同额的 51.2%；完成营业额 5713.1 亿元人民币，下降 1.3%（折合 849.4 亿美元，下降 5.3%），占同期总额的 54.8%。

7. 境外经贸合作区提质升级

截至 2022 年底，我国企业在共建国家建设的合作区已累计投资 3979 亿元，为当地创造了 42.1 万个就业岗位。"一带一路"共建国家积极借鉴我国经验和做法，将开发区、工业园区建设作为实现经济增长的重要手段，柬埔寨西哈努克港经济特区、中埃·泰达苏伊士经贸合作区、中国—白俄罗斯工业园等境外经贸合作区，已成为推动国际产能合作的主要平台，对促进东道国经济开放和产业发展起到重要作用。

8. 经贸合作规则机制逐渐完善

《区域全面经济伙伴关系协定》（RCEP）2022 年 1 月 1 日正式生效，全球最大的自由贸易区落地。正式实施一年多以来，RCEP 对推动整个亚太区域的经济一体化发挥巨大的作用。从贸易来看，2022 年我国与 RCEP 的其他成员进出口总额达到 12.95 万亿元，同比增长 7.5%，占我国外贸总额的 30.8%。其中，我国对 8 个成员的进出口增速超过了两位数。从双向投资来看，2022 年我国对 RCEP 其他成员的非金融类直接投资 179.6 亿美元，增长 18.9%，吸收其直接投资 235.3 亿美元，增长 23.1%，双向投资的增速都高于总体水平。2022 年我国的出口企业申领 RCEP 项下的原产地证书和开具原产地声明共 67.3 万份，享惠出口货值达到 2353 亿元，预计可以享受进口国的关税减让 15.8 亿元。我国企业享惠进口货值 653 亿元，享受税款减免 15.5 亿元。

9. 资金融通顺利推进

截至 2022 年底，人民银行与 30 多个合作经济体央行签署双边本币互换协议，尚在有效期内的存量规模 1.8 万亿元人民币，占人民银行所签双边本币互换协议总存量的 44%；并在 16 个合作经济体建立了境外人民币清算行机制。截至 2022 年底，丝路基金已签约项目 70 个，承诺投资金额约 215 亿美元，涵盖基础设施、资源开发、产能合作、金融合作等领域，覆盖东南亚、南亚、中亚、西亚北非、欧洲等地区和国家，对促进互联互通、国际产能合作以及当地经济社会发展、民生福祉等都发挥了积极作用。

截至 2022 年底，国家开发银行国际业务余额 2856 亿美元，涉及全球 136 个国家和地区，其中，"一带一路"共建国家 109 个。设有中国香港地区分行和开罗、莫斯科、里约热内卢、加拉加斯、伦敦、万象、阿斯塔纳、明斯克、雅加达和悉尼 10 家代表处。主要融资模式包括主权融资、公司融资和项目融资三大类。截至 2022 年底，进出口银行"一带一路"贷款余额达 2.2 万亿元。

随着 2022 年底非洲国家毛里塔尼亚的获批加入，亚投行现已拥有来自世界六大洲的 106 个成员，覆盖全球 81% 的人口和 65% 的 GDP，成为成员数量仅少于世界银行的全球第二大国际多边开发机构。2016~2022 年，在基础设施建设、推动当地经济与社会发展、改善人民生活等方面，亚投行已累计批准 202 个项目，融资总额超过 388 亿美元，撬动资本近 1300 亿美元，涉及能源、交通、水务、通信、教育、公共卫生等领域的可持续基础设施建设与成员经济的绿色复苏，项目遍布全球 33 个国家。2022 年全年，亚投行的气候融资总额已占批准融资总额的 55%，提前 3 年实现了其在《中期发展战略（2021－2030）》中制定的气候融资目标。同时，亚投行加大对域外成员的融资支持力度，2022 年批准首个巴西项目与首个科特迪瓦项目，进一步扩展了亚投行在拉丁美洲与非洲的业务范围。

10. 民心相通取得积极进展

截至 2022 年底，我国与全球 159 个经济体合作兴办孔子学院，其中在"一带一路"共建国家的孔子学院超过 200 所；与 58 个经济体签了学历学位互认协议，并在"一带一路"合作经济体建设了 23 个鲁班工坊。丝绸之路国际剧院、博物馆、艺术节、图书馆等联盟成员单位超过 530 家；丝绸之路（敦煌）国际文化博览会、丝绸之路国际艺术节、海上丝绸之路（福州）国际旅游节等系列活动的品牌影响力进一步扩大。

截至 2022 年底，中国积极推进科技人文交流、共建联合实验室、科技园区合作和技术转移中心建设四项行动，分三批启动 53 家"一带一路"联合实验室建设，支持 3500 余人次的青年科学家来华开展为期半年以上的科研工作，培训超过 1.5 万名国外科技人员，资助专家近 2000 人次。中国面向东盟、南亚、阿拉伯国家、中亚、中东欧国家、非洲、上合组织、拉美建设了 8 个跨国技术转移平台，并在联合国南南框架下建立"技术转移南南合作中心"，基本形成了"一带一路"技术转移网络。由中国主导发起的"一带一路"国际科学组织联盟，目前成员单位已经达到 67 家。一批"小而美"的农业、医疗、减贫等民生项目也相继落地。

（二）共建"一带一路"存在的问题和挑战

1. 有影响力的品牌有待进一步培育

各地在创新、数字、绿色、健康丝绸之路等领域还未打造出共建"一带一路"品牌。地方冠名"一带一路""丝绸之路"的文化和旅游交流合作机制、平台和活动数量增多，但质量有待进一步提高，缺少大型具有国际影响力的人文合作品牌。中欧班列集结中心功能尚未有效发挥，各地中欧班列无序竞争依然存在。

2. 风险防控体系有待进一步完善

尚未建立全国统一的海外风险监测体系，部门间风险防控信息沟通和协同联动不够，对企业海外发展情况监管缺乏法律依据。项目风险防控工作目前缺少固定的工作机制，对于民营企业项目风险防控工作缺少抓手。大部分民营中小企业存在国际化经验不足、经营管理体系不完善等问题，在"走出去"参与共建"一带一路"过程中对合规风险预判和应对不力，影响业务按计划开展。

3. 投融资支撑保障能力有待加强

目前"一带一路"建设中央预算内专项资金、地方政府专项债券仅涉及中欧班列国内物流枢纽建设等，项目类别较少。中央预算内投资要求较高，教育、文化、卫生、科技等领域国际交流合作项目资金保障不足，"鲁班工坊"等"小而美"项目未在"一带一路"建设中央预算内投资支持范围内。同时，境外园区和项目的融资目前大多采用"内保外贷"方式，由相关境内企业为境外企业提供担保后，银行才发放贷款。

（三）共建"一带一路"展望

1. 以高标准落实《区域全面经济伙伴关系协定》（RCEP）协定规则为主线，前瞻性做好跨周期调节稳外贸工作

下一步，我国应将《区域全面经济伙伴关系协定》（RCEP）生效实施作为稳外贸的重要抓手，积极支持地方充分发掘自身优势，在服务贸易负面清单管理、数字贸易规则、知识产权保护等方面开展先行先试，深化与 RCEP 成员在科技创新、服务贸易、数字经济等产业链高端环节的合作。加大对传统外贸企业、跨境电商和物流企业等建设和使用海外仓的金融支持，推动跨境电子商务综合试验区、离岸贸易中心城市（地区）和加工贸易梯度转移重点承接地和示范地扩围提质，调整优化跨境电商零售进口商品清单并扩大进口类别，支持创新发展离岸贸易，提升加工贸易水平。支持出口信用保险和金融机构创新保单融资等产品，发展远期结售汇业务，加大对中小微外贸企业、出运前订单被取消风险等的保障力度以及对跨境电商、海外仓等新业态的支持力度。

2. 深化与"一带一路"共建国家的沟通谈判，形成应对全球债务危机的系统性解决方案

在许多"一带一路"共建国家可能因美国加息出现债务危机的大背景下，我国需要从自身国情出发，构建"一带一路"主权债务风险预警体系。我国主要贷款机构可在债务风险、偿付要求、救济措施等方面更加协调一致，形成对不同国家优惠贷款的统一标准，完善债务可持续框架。积极参与国际出口信贷规则的谈判提升话语权，推动出口信贷机构的优惠政策逐步对接国际多边机构的贷款框架。在确保"一带一路"共建国家债务可持续的基础上，对增量合作资金进行压减并引导其投向能够提升经济社会可持续发展的领域。积极加强与新兴经济体和新型发展融资机构在主权债务治理层面的合作，从新兴债权人角度出发维护债权国的利益，保证债权人的集体行动能力。充分利用金砖国家开发银行和亚投行等合作平台，提升主权债务治理的透明度。

3. 推进"一带一路"交通互联互通，着力强化规则和标准对接

继续稳步推进既有关键项目，同时高标准完成规划中的建设任务，推进中老铁路等重点新通道持续延伸，形成布局合理、功能完备的交通基础设施网络，持续推进区域内贸易畅通。加强政策规则和标准惯例对接，继续推广多式联运一单制等创新模式，提高中欧班列物流效率并完善相关服务体系。要实现通道建设与产业贸易融合发展，推动经济走廊建设，增强经济辐射能力，重点发展创新型新业态、新产业，提高共建区域产业升级水平，创造更多就业机会。应提高"一带一路"交通网数字化、绿色化水平。在数字化方面，提高相关交通运输系统运行的智能化水平，改善运行效率；绿色化方面，把节能减排、低碳发展作为交通基础设施下一步发展的重点方向。

4. 支持各地发挥比较优势创新品牌，不断提升"一带一路"品牌影响力

统筹考虑"一带一路"标志性工程建设，分类研究系统性支持政策，指导各地着力打造具有国际影响力的国家级平台品牌。国家层面加强规划引导，做好长期规划，统筹配置资源，配套相关政策。开展质量效益评价，加强典型案例推介，做好宣传引导。巩固稳定提升中欧班列品牌，积极推广班列市场化发展地方经验，提升班列可持续发展能力。做优做强"丝路海运"品牌，指导地方加快信息化平台建设，打造港航贸一体的"丝路海运"综合服务平台。复制推广郑州—卢森堡空中丝绸之路建设经验。以高标准、可持续、惠民生为目标和导向，继续培育和创建若干"小而美"民生工程品牌。

5. 构建多层次的金融服务体系，完善"一带一路"银行常态化合作交流机制

加强政策性、开发性金融机构和商业性金融机构以及股权投资机构和贷款发放机构之间的合作，发挥各自的优势，对"一带一路"建设提供持续的资金支持至关重要。为有效发挥金融在"一带一路"建设中的重要支撑作用，要以市场化为原则发挥地缘、成本、规模、配套和政策支持四大优势，整合政策性金融、开发性金融、商业性金融资源，构建和完善多层次的金融服务体系。加强与国际多边组织、开发性金融机构的协调配合，并发挥商业性金融机构的全球市场融资功能，利用好区域内多层次资本市场，广泛吸引民间资本参与。加强信息共享和沟通协调，发挥商业银行的桥梁作用，优化

资源配置，匹配好本地金融需求和全球金融供给。促进征信评级的共建共享，提高各银行的风险评估能力，为实体经济的跨境发展提供更大的金融便利。

6. 构建风险高质量防范机制，最大限度化解海外投资面临的风险挑战

制定海外投资保险条例，通过拓宽海外投资承保范围、完善海外投资保险评估、强化代位求偿维权等途径推动海外投资保险立法。扩大适格投资者及投资的范围，适当放开金融投资（股权、证券）保险，出资形式可扩大到债权、知识产权及特许权投资。细化和扩大风险险种覆盖范围。推动海外投资保险制度与《双边投资条约》（BITs）有效衔接。逐渐将中信保单边海外投资保险转为双边投资保险，把海外投资保险的适格东道国限定为与我国签订 BITs 并承认代位求偿权的国家，确保中信保对东道国代位求偿权的顺利实施。逐步扩大代位求偿权的主体范围。鼓励私人资本和民营保险机构参与海外投资保险。探索在共同保险形式下为合格投资者提供海外投资保险的保险模式。多渠道改进企业境外风险防范机制。引导我国企业做好市场准入前风险尽职调查，提醒企业在境外项目出现支付风险时不主动大量垫资施工，引导企业建立完善舆情监测和预警机制，在项目协议中明确与市场退出相关的条款内容。

二、自由贸易试验区（港）建设

推动自由贸易试验区和海南自由贸易港建设是我国加快更高水平开放型经济体制建设的重要战略举措，在加快制度集成创新和国际一流营商环境建设导向下，我国 21 个自由贸易试验区集聚要素能力显著提升，吸引外资规模和注册市场主体数量明显提高，海南自由贸易港建设由平稳开局实现蓬勃展开。

（一）自贸试验区建设的进展成效

1. 自由贸易试验区改革开放纵深推进

建设自由贸易试验区是以习近平同志为核心的党中央在新时代推进改革

开放的重要战略举措，在我国改革开放进程中具有里程碑意义。自 2013 年上海自贸试验区批准设立以来，我国已在 21 个省份设立自贸试验区，基本形成了覆盖东西南北中的改革开放创新格局（聂新伟，2022）。近 10 年来，各自贸试验区立足自身功能定位和特色特点，持续深化首创性、差别化探索，全力推进制度创新实践，充分发挥了自贸试验区作为改革开放试验田的示范引领作用。

一是吸引外资引力场作用凸显。目前，自贸试验区外资准入负面清单条文数已从 2013 年版的 190 条，缩减至 2021 年版的 27 条，并且 2021 年版负面清单进一步深化制造业开放，实现了自贸试验区负面清单制造业条目清零、服务业持续扩大开放。例如，在探索放宽服务业准入方面，进一步提高了外资准入负面清单精准度。负面清单的缩短和精准度提升，大大提升了投资贸易的自由化便利化水平，为国际经贸环境日趋复杂多变的形势下稳外资稳外贸做出了积极贡献。2022 年，全国 21 家自贸试验区实际使用外资达 2225.2 亿元，占全国利用外资比重的 18.1%。其中，高新技术产业实际使用外资 863.4 亿元，同比增长 53.2%，增速远超全国平均水平，吸引、积聚功能凸显。从重点片区来看，2022 年，广东自贸试验区实际利用外资 70.18 亿美元，以全省万分之六的面积吸引了全省外资总额的 1/4。

二是贸易自由便利水平不断改善。近年来，各自贸试验区围绕国际贸易"单一窗口"建设，立足各自开放实际，加快推进通关便利化举措实施落地。例如，广西、云南、黑龙江等沿边自贸试验区积极创新"跨境"贸易模式，进一步推动了边民互市贸易发展。数据显示，2022 年 1～6 月，云南省进口整体通关时间为 11.38 小时，排全国进口整体通关时间较短省份第二位；出口整体通关时间为 0.33 小时，排全国出口整体通关时间较短省份第六位。陕西省通过跨境电商散货"先报关、后装箱"的模式创新，使通关时效提高了 2～3 日。受此推动，2022 年，21 家自贸试验区实现进出口总额为 7.5 万亿元，同比增长 14.5%，占全国的 17.8%。其中，云南自由贸易试验区海关注册企业进出口总额为 926.2 亿元，占全省进出口总额的比重提升至 28%；广东自贸试验区实现进出口总额为 5350.8 万亿元，同比增长 27.8%，实现外贸占比的稳步提升。

三是优质要素集聚能力持续增强。经过近 10 年的发展，自贸区已成为我国对外开放的先导力量。从新设企业情况来看，无论是数量、占比还是增速，均出现明显领先优势。作为全国第一家自贸试验区，上海自贸试验区自挂牌以来，新设外资企业1.2万户，占比从挂牌初期的5%，上升到20%左右。其中，2018年上海自贸试验区全年新设外资企业近1300家，实到外资额67.7亿美元，占上海全市的39.13%。截至2023年2月底，成都高新自贸试验区累计新设企业151534户，新增注册资本总额13680.4亿元，其中，外商投资企业新增1763户，新增注册资本金1351.6亿元，贡献了全市自贸试验区64.4%的新增企业数和87.8%的新增外商投资企业数。与此同时，围绕国际高端人才集聚高地打造，各个自贸区持续出台引人、聚人、留人、育人、用人创新政策举措。例如，山东青岛为营造宜居宜业宜创的国际人才发展环境，以《国际人才社区建设指南》的发布实施为契机，率先在青岛自贸片区启动全省首个国际人才社区建设。近年来，陕西自贸试验区通过设立人才驿站，颁发外国人才创业工作证，以及持续优化外国人来华工作许可及流程，鼓励优秀外国留学生毕业后直接在自贸试验区工作，助力自贸区企业发展。

四是制度集成创新取得突破性成效。近年来，自贸试验区以制度集成创新为目标导向，深化首创性、集成化、差别化改革探索，充分发挥了改革开放试验田的作用。目前，商务部会同有关地方和部门，在国家层面先后分四批次向全国或特定地区复制推广278项制度创新成果。从地方实践来看，各地围绕投资贸易自由化便利化，加快制度集成创新，取得显著成效。上海自贸区通过大胆试、大胆闯、自主改，率先构建与国际通行规则接轨的制度体系，形成了外商投资负面清单、国际贸易"单一窗口"、自由贸易账户、"证照分离"等一批基础性和核心制度创新成果并复制推广到全国。河南自贸试验区作为全国唯一一个以交通物流枢纽为主题的自贸试验区，自成立以来，围绕把物流做实、交通做优、产业做强，着力加强制度创新。截至目前，河南自贸试验区累计形成515项制度创新成果，其中，属于"两体系、一枢纽"范畴的约占四成。围绕跨境资金流动便利，陕西自贸试验区创新开展资本项目收入支付便利化试点，推进外债登记管理改革，快速落地实施非金融企业多笔外债共用一个外债账户政策，有效降低了企业交易成本。

五是体制机制改革红利持续释放。自贸试验区坚持以制度创新、营商环境优化来推动政府治理能力提升、推进政府职能加快转变。2022年，商务部和有关部门推动出台了支持自贸试验区建设的文件 56 份，赋予了自贸试验区更多先行先试的改革任务。截至 2022 年底，各省、自治区、直辖市已经累计向自贸试验区下放了超过 5400 项的省级管理权限，大幅减少了审批层级。山东、广西等地还创新开展了"负面清单"式的放权。与此同时，着眼于高质量发展和高水平开放需要，自贸试验区积极探索破除阻碍国内外创新资源和要素集聚的体制机制性障碍，推动新产业、新业态、新模式加快发展，初步建成了一批具有较强竞争力的产业集群。例如，重庆西永片区形成了年产 1 亿台件以上的千亿元级智能终端产业集群；湖北武汉片区大力发展光电子信息产业，聚集相关企业超过 16000 家。

六是自贸区协同开放格局加快构建。近年来，自贸试验区主动作为，积极融入和服务区域协调发展战略和区域重大战略实施，加快推动自贸区跨区域协同创新机制建设，优势互补、协同开放的新格局加快形成。2021 年 5 月，围绕长三角"一体化"和"高质量发展"两个关键词，长三角自由贸易区联盟在上海成立，目前已成功召开 3 次工作会议，有力推动了各类功能性平台资源、制度集成创新和营商环境的共建共享，为长三角高质量一体化发展注入了新动能。2021 年 9 月，首届京津冀自贸试验区联席会议在天津召开，会议签署了《京津冀自贸试验区三方战略合作框架协议》，明确将着力通过政府协同、多方参与、资源整合，推动形成优势互补、各具特色、共建共享的协同发展格局。2022 年 8 月，黄河流域自贸试验区联盟启动暨对外开放高质量发展大会在山东济南开幕，与会各方明确表示，将加强黄河流域九省（区）合作，进一步发挥自贸试验区制度创新优势，推动黄河流域开放型经济发展，构建优势互补、各具特色、共建共享的区域协同发展格局。

2. 海南自由贸易港建设蓬勃兴起

支持海南逐步探索、稳步推进中国特色自由贸易港建设，分步骤、分阶段建立自由贸易港政策和制度体系，是习近平总书记亲自谋划、亲自部署、亲自推动的改革开放重大举措。5 年来，海南自贸港建设稳步有序推进，实现了从"顺利开局"到"蓬勃展开"再到"进展明显"，最终为"蓬勃兴起"的跳跃式发展，正成为引领中国新一轮高水平对外开放的新高地。

一是政策与制度体系不断完善。海南自贸港政策体系基本建立，以"零关税、低税率、简税制"和"五自由便利一安全有序流动"为主要特征的180多个自贸港政策文件陆续落地生效。例如，在贸易政策方面，全国首张跨境服务贸易负面清单、试点放宽部分进出口货物管理措施、加工增值货物内销免征关税政策，以及原辅料、交通工具及游艇、自用生产设备三项"零关税"政策监管办法等陆续出台；"一线"放开、"二线"管住进出口管理制度试点已扩大至海口综合保税区、海口空港综合保税区等。在航运政策方面，以"中国洋浦港"为船籍港的国际船舶登记制度改革大力推进，"中国洋浦港"国际船舶达33艘，载重吨达508万吨，助力海南省国际航行船舶总吨位历史性跃居全国第二。在防范风险方面，建立了琼粤桂三省反走私联防联控机制，开展多轮次打击治理离岛免税"套代购"走私专项行动。

二是对外贸易发展进入"快车道"。外贸增势强劲、规模连创新高，2022年货物进出口总额达2009.47亿元，同比增长36.8%。其中，出口722.60亿元，增长120.7%。2023年一季度，外贸保持稳中有进，实现进出口额577.4亿元，创历史同期新高。外贸经营主体数量倍增、活力彰显，有进出口实绩企业数量从2018年的近600家，增加到2022年的1500多家。其中，民营企业成为海南外贸增长主力，占海南外贸比重从2018年的近两成提升到2022年的近五成。外贸伙伴更趋多元、往来更为密切，贸易伙伴数量从2018年的近160个国家和地区，已经增加到2022年的近180个国家和地区，其中对欧盟、日本、巴西等主要贸易伙伴进出口增长保持较高态势；2022年与RCEP成员货物进出口额达711.8亿元，同比增长23.7%，占同期进出口总额的35.4%。

三是产业结构转型升级成效显现。房地产市场调控成功突破，经济结构不断优化，2022年非房地产投资占比较2018年提高18.2个百分点，工业投资占全省投资比重提高5.2个百分点，高技术制造业投资占比提高0.5个百分点。旅游业、现代服务业、高新技术产业和热带特色高效农业四大主导产业占海南GDP比重由53%提升至70%。重点产业园区成为增长新引擎，营业收入保持快速增长。2022年，重点园区累计实现营业收入18246.43亿元，同比增长31.6%。其中，营业收入超千亿元的园区有5个，分别是洋浦经济开发区、海口江东新区、海南生态软件园、海口复兴城互联网信息产业园、海口综合保税区，5个园区合计实现营业收入占园区总营收的比重超九成，合计拉动园区营业收入增长 30.1 个百分点。

四是一流营商环境建设持续推进。从营商环境联席会议制度，到优化营商环境工作专班，再到成立全国目前唯一营商环境建设厅，海南营商环境建设持续优化、迭代升级。深入推进"放管服"改革，推出"一枚印章管审批"改革，加快政府职能转变。广泛实施市场准入承诺即入制，严格落实"非禁即入"，在"管得住"的前提下，对具有强制性标准的领域，原则上取消许可和审批，建立健全备案制度，市场主体承诺符合相关要求并提交相关材料进行备案，即可开展投资经营活动。营商环境持续优化，激发市场主体创业投资热情，截至 2022 年底，新增市场主体连续 34 个月保持全国第一，一批国际知名企业机构落户海南。其中，2022 年新增市场主体 96.33 万户。利用外资水平持续走高，2018～2022 年实际使用外资年均增长 63.5%，累计实际使用外资超过之前 30 年的总和，新设外商投资企业 4798 家，覆盖 142 个国家和地区。

五是离岛免税购物等品牌影响力稳步提升。离岛免税门店与品牌数量不断扩围，游客便利化体验提升。随着海口、万宁两家免税店获批设立，离岛免税数量扩增至 12 家，初步形成海南自贸港东西南北中全覆盖格局。离岛免税商品品类不断丰富，各免税门店商品品牌数量已超过 1500 个，首饰、手表、箱包、服装、电子产品重量级品牌纷纷加盟入驻，游客购物满意度大幅提升。离岛免税购物额度不断放宽，对消费回流的促进效应进一步显现。自 2011 年落地实施离岛免税政策以来，经过 8 次调整，离岛旅客免税购物额度已提升至每人每年 10 万元，免税商品增加到 45 大类，游客提货方式从机场扩展到港口码头、火车站，游客购物获得感显著提升。从 2020 年 7 月离岛免税购物新政落地到 2022 年 6 月底，海关监管离岛免税购物金额 906 亿元、销售件数 1.25 亿件、购物旅客 1228 万人次；日均购物金额 1.24 亿元，较新政实施前增长了 257%，有力促进了海南国际旅游消费中心建设。此外，医疗、教育的消费回流效应也在不断显现，目前博鳌乐城国际医疗旅游先行区引进使用的特许药械产品已超 300 种，陵水黎安国际教育创新试验区 6 所中外合作办学机构（项目）获批并正式招生开学。

（二）自贸试验区和海南自贸港建设存在的问题和挑战

1. 空间布局分散化碎片化，管理协调机制不畅通

从空间来看，现有自贸试验区总面积大多在 120 平方千米左右，并以此进一步细分为若干个片区甚至区块，造成了自贸片区的空间碎片化，尤其是与行政边界普遍不重合，大大增加了横向管理协调难度。调研发现，全部位于同一行政区内的片区工作存在"以大事小"的尴尬，即片区面积占行政区比例过小，对全行政区而言，占比过小造成集聚要素能力和带动增长贡献率明显较弱，地方深入推进自贸区建设的积极性就会下降；对于横跨多个行政区的自贸片区，则会因经济社会职能归属所在行政区，自贸片区综合服务配套设施供给容易陷入协调难度较大、保障不力的尴尬状况。此外，由于平台之间主推单位不同，也加大了横向协调的难度，如自贸区与保税港区、综保区和开发区等协调力度明显偏弱。

2. 海南自贸港产业发展基础薄弱，对外资吸引动力不足

2022 年，海南三次产业比重为 20.8∶19.2∶60.0，第三产业占比过大的产业失衡问题比较突出。由于诸多历史原因的影响，海南制造业长期以来没有形成完整的产业链和产业集群，很多企业处在产业链的中低端环节，缺乏具有核心竞争力的高端产品。第三产业多为低端服务业，旅游服务附加值不高，如博鳌乐城国际医疗旅游先行区，其进口药品与器械均为"少量、急需"审批使用，没有规模效应。由于第二产业发展相对滞后，尤其是制造业基础比较薄弱，使在利用外资和国内资金时缺乏必要的配套企业主体或产业门类，影响了外资进入和实际到资率水平。2021 年制造业实际使用外资为3786 万美元，仅占全年实际利用外资总额的 1.07%，较 2020 年仅高出 0.45个百分点，低于同期房地产 2.2% 的比重（聂新伟和卢伟，2022）。

3. 开放权限不够大，制度集成创新步伐放慢

纵向来看，市场准入相关的股比限制开放权限大多集中在中央部门，试点地区权限明显不足。由于我国在服务业等领域对外资准入限制较多，且并没有赋予局部地区开展先行先试，使在对接 CPTPP 高标准自贸协定规则方面

难度较大，例如商务人员临时入境、电信服务和跨境服务贸易等方面。横向来看，对照 2020 年海南自贸港、全国自贸试验区负面清单，河北省主要以全国版自贸试验区负面清单为准绳，北京市虽然拥有自贸试验区和服务业扩大开放综合示范区"两区"叠加优势，然而在扩大服务业开放试点中权限并没有更大放开。例如，在基础电信业务和保险机构的外资股比限制，以及邮政公司、信件的国内快递业务的禁止准入方面（聂新伟，2022）。

（三）自贸试验区和海南自贸港建设展望

1. 加强自贸区横向协调机制建设，适时推动自贸区物理与制度扩区

下一步，要按照探索经验的可复制性和试点任务完成的可能性来优化调整重要开放空间和重点开放领域的空间界限和制度界限，实现重点开放平台等特殊经济功能区的地理空间和制度空间扩围。一方面，在切实按照中央统筹稳步推进不同平台、不同地区梯度渐次开放的同时，要着力发挥地方试点探索的积极性，借鉴浙江自贸区升级路径，进一步扩大成熟片区空间覆盖面和不同片区的有机整合，实现开放能力、开放力度和开放高度的统一。另一方面，着力加强政府机构内部统筹协调力度，对于开放平台叠加的情况，适时试点高位推动模式。积极推动制度扩围，在加强自贸片区和其他平台统筹协调的基础上，逐步淡化空间范围概念和"本位"思维，推动自贸区开放政策在保税港区、综保区等平台复制推广，形成"有点到线、有线到面"的全方位高水平开放新格局。

2. 以高水平制度型开放为契机，加快推进自贸试验区提升战略

以适应国际经贸规则加速重构和我国加快更高水平开放型经济新体制建设为导向，全面推动实施自贸试验区提升战略。一是对接国际高标准经贸规则要提升。聚焦贸易投资、政府采购、知识产权、环境等重点领域，制定出台改革试点措施，选择自由贸易港和有条件的自贸试验区先行先试，率先构建与国际高标准经贸规则相衔接的制度体系和监管模式，为深化国内相关领域改革破冰、破题。二是市场准入水平要提升。重点在投资和服务贸易领域加大压力测试。自贸试验区很重要的一个功能就是要进行压力测试。下一步，还将继续合理缩减外资准入负面清单，加大现代服务业领域的开放力度。服务贸易领域，出台自贸试验区和全国版跨境服务贸易负面清单，在更大范围内实行跨境服务贸易管理新模式。三是改革系统集成、协同创新上要提升。加强跨部门、跨领域、跨行业统筹协调，增强先行先试的系统性、整体性、协调性，顺应当前新产业、新模式、新业态不断涌现的态势，进一步在提升贸易投资自由化便利化水平的基础上，加强制度集成创新。聚焦新一代信息技术、生物医药等领域，探索制度创新，以制度创新助力加快建设现代化产业体系，维护我国产业链供应链安全稳定。

3. 对标国际先进水平，加快一流营商环境建设

要坚持以让市场主体更多获得感为导向，主动对照对标世界银行营商环境评价指标体系"找差距""补短板""强弱项"，借鉴区域内北京、上海等国际营商环境排名不断提升地区的有益做法和创新举措，不断"强弱项、补短板"，打造成为国际上代表中国营商环境的"样本区"。要积极探索建立以《中华人民共和国海南自由贸易港法》为基础，以地方性法规和商事纠纷解决机制为重要组成的自由贸易港法治体系，着力营造国际一流的自由贸易港法治环境。要着力加快有助于推进制度型开放的体制机制改革，加大内外贸、投融资、财政税务、金融创新、出入境、政府采购等改革力度，推进与中国香港地区、新加坡等世界自贸港在市场准入、标准认定、产权保护等方面接轨，全面提升营商环境的国际化水平。

三、次区域合作

次区域合作是我国与周边国家开展经贸往来、人文交流、产业协作的重要区域合作机制。近年来，我国主要的次区域合作机制包括澜湄合作、《区域全面经济伙伴关系协定》（RCEP）、图们江国际次区域合作。伴随着次区域合作的框架和机制不断完善，我国与次区域合作国家之间在基础设施、生态环保、产业创新、民生文化等领域合作取得明显成效。

（一）次区域合作的进展成效

1. 澜湄合作主要进展

一是合作机制和框架不断完善。澜沧江—湄公河合作（以下简称"澜湄合作"）是中国与柬埔寨、老挝、缅甸、泰国、越南共同发起和建设的新型次区域合作机制，是首个流域六国共同参与的次区域合作机制。自 2016 年 3 月澜沧江—湄公河合作首次领导人会议以来，澜湄六国共同确立了"3＋5"合作框架，"3"即政治安全、经济和可持续发展、社会人文三大支柱，"5"即互联互通、产能、跨境经济、水资源、农业和减贫五个优先合作方向，实施了许多惠及民生的项目，为全面长期合作奠定了坚实基础。湄公河五国全部加入了"全球发展倡议之友小组"，共同打造高质量共建"一带一路"示范区、全球发展倡议先行区、全球安全倡议实验区，建设更为紧密的澜湄国家命运共同体。

二是推进交通基础设施互联互通。中老铁路顺利通车，雅万高铁、中泰铁路等一批共建项目取得明显进展。中老铁路开通以来，积极推行快速通关和转关模式，大幅提升口岸通关效能，逐步压缩货物通关时间，实现昆明至万象最快 26 小时直达。同时，创新"中老铁路＋中欧班列""中老铁路＋西部陆海新通道班列"国际运输模式，定点、定时、定线、定车次"客车化"的中老"澜湄快线"国际货物列车开行。中国企业承建的柬埔寨 11 号国家公路改扩建项目、泰国素万纳普机场新候机楼、越南河内轻轨二号线实现竣工，缅甸皎漂深水港项目开展环评社评和地勘可研。

三是积极推进民生合作。六国举办了澜湄旅游城市合作联盟大会、澜湄产能与投资合作论坛等活动，持续深耕扶贫、减灾、妇女、教育、青年等领域合作，努力让澜湄合作成果更多惠及六国民众。充分发挥澜湄公共卫生专项资金作用，深化检测能力、药物研发、疫苗灌装生产合作，实施"本草惠澜湄"等传统医药项目，为湄公河国家培训中医师及中医学生 1300 余人次。深化水资源合作，澜湄合作因水而生，水资源合作是澜湄合作的中心内容，澜沧江水电站发挥了"调丰补枯"的积极作用。

四是有效推动产能合作。六国通过成立产能与投资合作促进联盟、启动

"多国多园"合作等方式，努力把经济互补性转化为发展互助力，推动流域各国经济提质增效升级。中国—马来西亚、中国—印度尼西亚"两国双园"已成为双向投资的热土。2022年10月，第四次澜湄国家产能合作联合工作组会议召开，国家发展改革委与湄公河各国产能合作牵头部门保持密切沟通，持续推动制订澜湄国家产能合作三年行动计划，指导有关机构企业筹建支持澜湄产能合作的投资基金，并着力推进"多国多园"合作。

2.《区域全面经济伙伴关系协定》（RCEP）实施进展

一是协定对全体成员国全面生效。2020年11月15日，东盟10国和澳大利亚、中国、日本、韩国、新西兰共同签署RCEP，并推动协定于2022年1月1日正式生效。2023年6月2日，RCEP对菲律宾正式生效，至此，协定对15个签署国全面生效。RCEP区域总人口、GDP总值、货物贸易金额均占全球比重约30%，协定对15方全面生效标志着全球人口最多、经贸规模最大、最具发展潜力的自由贸易区进入全面实施的新阶段。15方货物、服务和投资市场开放承诺，叠加各领域高水平规则，将极大促进区域内原材料、产品、技术、人才、资本、信息和数据等生产要素的自由流动，推动逐步形成更加繁荣的区域一体化大市场。受益于RCEP生效实施释放的积极信号，本地区持续成为全球投资的热点区域，大多数成员利用外资呈现积极上升态势，有力促进区域产业链供应链价值链深度融合，大幅提振地区经济复苏信心，为区域乃至全球贸易投资增长注入新动能。

二是RCEP实施为我国稳外贸稳外资发挥了重要作用。从贸易来看，2022年，我国与RCEP其他成员进出口总额近13万亿元人民币，同比增长7.5%，占我国外贸进出口总额的30.8%。从吸引外资来看，2022年，我国实际利用RCEP其他成员投资额235.3亿美元，同比增长23.1%。RCEP落地后，通关电子化和便利化模式已在多个成员方迅速生效，众多企业表示享受到物流环节单证无纸化操作、易腐货物和快件放行时间减少等措施红利。

三是RCEP为我国广大企业带来实惠。RCEP叠加我国和RCEP其他成员已生效的双边自贸协定，为企业更好享受开放红利创造了良好条件，帮助企业降低了贸易成本。2022年，我国企业在RCEP项下享惠出口货值2353亿元人民币，可享受进口国关税减让15.8亿元；享惠进口货值653亿元，减让税款15.5亿元。中国贸促会的数据显示，2022年1月至2023年6月25日，全国贸促系统已经签发 RCEP 项下原产地证书 24.9 万份，涉及出口金额 99.9 亿美元，预计为我国产品在 RCEP 进口成员方减免关税 1.5 亿美元。

3. 图们江国际次区域合作进展

一是大图们倡议持续实施。1991 年，在联合国开发计划署的倡导下，中国、俄罗斯、朝鲜、韩国、蒙古国五国共同启动了图们江区域合作开发项目，1995 年该项目进入区域合作开发的实施阶段，2005 年更名为"大图们倡议"。大图们倡议是东北亚地区的政府间合作机制，秘书处设在中国北京，目前包括中国、韩国、俄罗斯及蒙古国 4 个成员和日本 1 个观察员。大图们倡议的最高决策机构是一年一度的部长级会议，各成员轮流主办。2022 年 12 月，大图们倡议（GTI）第 22 届政府间协商委员会部长级会议以视频方式举行。

二是东北亚区域合作深入推进。中俄全方位合作不断扩大和深化，两国在能源、电力、航空、通信、金融、基础设施建设等一系列重要领域的合作实现了历史性突破，中国连续 13 年稳居俄罗斯第一大贸易伙伴国，俄罗斯位列中国第十大贸易伙伴国（不包括东盟、欧盟等经济体），2022 年中俄进出口总值为 12760.6 亿元人民币（1902.7 亿美元），增长 34.3%（29.3%），无论是以人民币还是美元计，涨幅都居于首位。中韩关系迎来大发展的新起点，韩中战略对话、人文交流共同委员会等机制加强，中韩战略合作伙伴关系进入"合作升级"新通道。2022 年，中韩贸易额达 3622 亿美元，韩国从此前中国的第五大贸易伙伴上升一位。中蒙关系提升为全面战略伙伴关系，把建设丝绸之路经济带倡议和蒙方草原之路倡议对接起来，优先推动互联互通、矿产、电力、农牧业等一系列重要领域合作，目前中国是蒙古国的第一大贸易伙伴国，同时也是蒙古国的第一大投资来源国。2022 年，中蒙贸易额达到 137 亿美元、约占蒙古国总贸易额的 65%。

三是长吉图地区开发开放有序推进。长吉图包括吉林省长春市、吉林市部分区域和延边朝鲜族自治州，是中国图们江区域的核心地区。2009 年，国务院正式批复实施《中国图们江区域合作开发规划纲要——以长吉图为开发开放先导区》，标志着长吉图开发开放先导区建设上升为国家战略，并在长春建成了长春国际自由贸易港，在珲春成立了中国图们江区域（珲春）国际合作示范区，地区经济发展取得了长足的进步。2022 年，长吉图地区实现地区生产总值 9101.32 亿元，年均增长 6.2%，占吉林省经济总量的 70%；实现进出口总额 1455.33 亿元，占吉林省贸易总额的 93.4%。

（二）次区域合作存在的问题和挑战

1. 国际形势错综复杂

美国的"逆全球化"策略阻碍了世界经济一体化的正常进程，采取了贸易保护主义，与中国产生贸易争端。近年来，美国及其盟友构建"印太经济框架"，目前共有 14 个成员，分别是美国、澳大利亚、文莱、印度、印度尼西亚、日本、韩国、马来西亚、新西兰、菲律宾、新加坡、泰国、越南和斐济，与我国次区域合作的主要国家高度重合，影响了我国推进更高水平的次区域合作。

2. 主要合作国家条件差异较大

我国开展次区域合作的主要国家有些是发达经济体，有些是相对落后国家，经济发展阶段跨度大，形成紧密的共同体关系难度较大。部分国家加速对我制造业的替代，越南、泰国等国家近年来成为电子信息、纺织服装等制造业主要转移对象，与我国形成了直接竞争关系。图们江国际合作涉及的中国、俄罗斯、蒙古国、韩国四国，从意识形态到经济发展再到语言文化差异较大，增加了多国合作开发的难度。

3. 合作国家的不确定因素较多

RCEP 部分成员与我国贸易关系存在不稳定因素，澳大利亚、日本等发达国家出台技术性贸易措施比较频繁，我国产品对其出口受到阻碍，企业容易因此受损。企业和地方对接 RCEP 政策红利准备不足，落实和应用 RCEP 时存在较多制约因素。例如，部分原产地证认证耗时长、成本高，企业享受相关优惠手续烦琐、难度较大。有些成员方国内政局动荡、社会不稳定性因素较多，企业面临的外部风险较大。

（三）推动次区域合作展望

1. 建设更为紧密的澜湄国家命运共同体

积极对接澜湄各国发展规划，打造高质量共建"一带一路"示范区、全球发展倡议先行区、全球安全倡议实验区，构建更加强韧的澜湄流域经济发展带。一是发挥通道红利。释放中老铁路通车利好，推动建设中老泰铁路，深化"陆海新通道"合作，构建海关智能治理合作新模式，维护区域产业链供应链、金融、能源安全，打造共同参与、普遍受益的澜湄大市场。二是推动产能合作高质量发展。以务实高效的合作机制推动"多国多园"落地，加强多元化的资金支持，促进政策、规则、标准软对接，选择代表性园区赋予更多优惠的贸易投资便利化政策，推动产业链供应链深度融合发展。三是共同推进农业合作。共同解决贫困与饥饿问题、保障粮食安全与营养、提升农业生产能力，促进乡村可持续发展，加强农业政策对话，推动农业产业发展、农产品贸易投资合作，稳步推进"丰收澜湄"项目，加强农技、农资、人才培养合作，打造农特优产品价值链，共同做大"米袋子""菜篮子"和"果盆子"。四是持续深化水资源务实合作。坚持保护与开发并举，推动水资源开发利用、水文信息、防灾减灾、能力建设、人员培训等全流域治理的国际交流与合作，保护好澜湄流域生态环境，以共赢思维应对复杂多变的水安全挑战。

2. 推进 RCEP 成员间产业链供应链深度合作

一是增强产业适应性。支持各地结合本地资源禀赋和产业特点，积极发展面向 RCEP 成员的中间品生产和贸易。用好 RCEP 原产地累积规则、服务贸易和投资市场开放优惠政策，积极优化区域贸易投资布局，促进区域产业链供应链深度融合发展。提升中高端产业竞争力，积极拓展 RCEP 成员方市场。二是加强软硬件支撑。研究开拓和增加面向 RCEP 成员方向的外贸班轮、空运航线、铁路货运班列和站点，提升物流和供应链综合服务水平，增强口岸通关效率和通行能力。着力提升贸易投资便利化水平，加大参与国际标准制定和对接力度。三是优化企业服务。加大宣介培训力度，通过多种方式加强 RCEP 专题培训和政策宣讲，针对不同行业开展精准培训，进一步引导企业高效利用 RCEP 政策红利。支持商会、协会等社会机构与 RCEP 各成员对口机构对接，面向企业加强 RCEP 优惠政策宣传解读培训，搭建多元平台。

3. 推动图们江区域合作开发与高质量共建"一带一路"全面融合

一是与"冰上丝绸之路"建设深度融合。中俄共建"冰上丝绸之路"主要依托图们江航道，把中国、俄罗斯、蒙古国、朝鲜、韩国、日本联结起来，构成全球的第七条经济走廊。下一步，建议将图们江地区合作开发与"冰上丝绸之路"建设深度结合起来，加快畅通沿北冰洋航线，建设东北亚物流大通道，推动图们江地区深度融入"一带一路"建设。积极争取亚洲开发银行等国际金融机构参与图们江区域合作项目开发。二是增强东北地区区域产业影响力。站在推动区域经济发展一体化和经济全球化的战略性高度，加大力度支持长吉图地区打造东北地区重要的增长极，深化产业结构调整，推动更大力度面向东北亚乃至欧洲开放，打造面向东北亚国家开展区域合作的国际贸易中心和枢纽，促进生产要素跨国优化组合，加强工业、农业、能源、物流、文化旅游和服务贸易多领域合作。

4. 促进次区域数字合作

一是加强数字化基础设施建设。推动对次区域合作国家云计算、大数据、物联网、区块链、人工智能、5G等新型基础设施建设。建设互联互通的数字化基础设施、数字化信息发布平台和数字化服务平台，在资源、环境、能源、经济社会发展方面提供数字信息，为各国贸易往来、区域合作提供基础数据支持平台。二是促进产业数字化和数字产业化合作。推动合作国家间数字要素和数字技术产业化，形成产业合作的新增长点。以东盟国家、蒙古国等为重点，积极输出数字技术，加强数字技术在传统产业改造升级中的运用。利用数字赋能贸易畅通、资金融通、民心相通，积极开展跨境电子商务、跨境金融支付。三是完善数字治理规则。促进数字技术规则的国际融合与对接，加快数字知识产权认证和技术标准建设，积极探索构建跨境电子商务规则标准。

5. 密切人文交流交往

一是共建区域公共卫生健康体系。推动国家间公共卫生合作，加强药物研发合作，与澜湄国家、蒙古国等国家和地区共建传统医药产业基地，共同应对全球突发性公共卫生危机。二是推动文化旅游合作。支持举办地方政府合作论坛、世界文化遗产论坛等系列活动，推动城市间共建旅游城市合作联盟，加强国家间规则对接，促进跨境文化旅游合作。三是推动民间交往。发挥内蒙古、云南、广西与周边国家山水相连、文化相通的天然优势，加强交通网络互联互通，进一步提高智慧化通关程度，推动互市贸易发展，支持"八桂侨乡行"等民间外交，增进民间互动、民心相通。

四、国内区域开放合作

区域互助机制是推动实现区域协调发展、促进共同富裕的重要方式，也是彰显社会主义制度优越性的集中反映。2018 年，《中共中央 国务院关于建立更加有效的区域协调发展新机制的意见》进一步明确将区域互助机制分为东西部扶贫协作、对口支援、对口协作（合作）三种方式。目前来看，在"政府引导、市场主导"的协同作用下，三种区域互助机制通过特色产业帮扶、教育医疗援建、人才联合培养等实践创新，在推动改善发展相对落后地区基础设施改善、特色产业发展、公共医疗教育服务提质等方面发挥了越发重要的作用，有力地促进了区域协调发展。

（一）国内区域开放合作的进展成效

1. 多措并举助力乡村振兴，对口协作工作不断走深走实

东西部协作始于 1996 年。近年来，随着我国从脱贫攻坚迈向乡村振兴新阶段，新一轮对口协作以产业、劳务、消费等多途径协作为重点，不断形成了各具特色的对口协作实践。

一是津甘东西部协作工作走深走实。近年来，天津聚焦增强甘肃脱贫地区和脱贫群众内生发展动力，推动人力投入、物力配置、财力保障更多转移到乡村振兴上，助力甘肃省脱贫村实现由表及里、形神兼备的全面提升。围绕做好"土特产"文章，两地政府部门、企事业单位已达成合作项目 18 个，投资意向额 80.98 亿元，引导落地投产企业 13 家，实际投资到位额 0.92 亿元。深入开展劳务协作"春风行动"，千方百计拓宽农民增收致富渠道。2023 年以来，天津支持甘肃省 703 个就业帮扶车间运营发展，加大"津甘技工"劳务品牌创建力度，举办线上线下招商推介活动 107 场次，提供就业岗位 9.07 万个，帮助甘肃省农村劳动力新增就业 1.46 万人，其中脱贫劳动力 1.17 万人。此外，深入开展消费帮扶助增收行动，充分发挥京东、兴农商城等电商平台优势，组织甘肃 120 余家企业来津推介"甘味"农特产品，累计

完成消费帮扶 7.93 亿元，大幅超前完成了消费帮扶年度目标任务。

　　二是浙川共谱职教、文化合作新局面。近年来，浙江省和四川省坚持把教育支援摆在更加突出的位置，积极探索创新，进一步激发两地合作潜能，推动职业教育合作取得新成效。深化结对关系，两地职业学校签订战略合作协议，充分借助浙江优质资源，通过挂职交流、线上教研、远程指导等方式，提升受援地教育教学质量；开展人才交流，持续加强受援地教师培养培训，组织浙江优秀教师到受援地学校援教，选派受援地教师赴支援方跟岗锻炼，有效促进两地教师互动交流、互学互鉴。与此同时，双方也在深入探索文化交流与合作。通过发布"禹迹图"、成立大禹故里联盟、打造原创歌舞剧等，积极挖掘大禹文化，围绕长征国家文化公园建设、"两山"实践深化，创作推出《母亲的女儿》《希望的羌山》等特色文艺作品，打造汶川古色、红色、绿色"三色"文化精品；组织文旅专家进汶川，为汶川文旅产业发展出谋划策；加强文化人才培养，在浙江长兴文化馆、图书馆、纪念馆、博物馆建立汶川文化人才实训基地，组织到浙江考察学习文艺创作、非遗传承、文物保护及文旅融合等经验，积极为汶川培养培训文化骨干。

　　三是鲁渝聚力打造对口协作全面"升级版"。近年来，在双方共同努力下，鲁渝协作取得良好成效。党的二十大以来，为全面提高鲁渝协作水平，强化资金保障，完善帮扶模式，更大力度巩固脱贫攻坚成果、推动乡村振兴、促进区域协调发展，鲁渝双方正在通过进一步发挥比较优势，加强产业、消费、文旅、生态等领域合作，来深化拓展双方合作空间，实现更高层次合作共赢。具体来看，立足山东优势、重庆实际，培育发展山地农业、农产品加工业等区域特色经济。聚焦推进以县城为重要载体的新型城镇化，着力提升就业、教育、医疗卫生等公共服务水平。坚持点面结合，帮助建设一批乡村振兴示范点。深化产业发展协作，加强汽车、电子信息、装备制造、生物医药等领域的合作，促进数字经济同实体经济深度融合，提升产业链供应链现代化水平。深化科技教育协作，共建科技创新平台，加强两地高校、科研院所、高科技企业间产学研合作，积极推动科技成果转化、产业化。深化文化旅游协作，充分发挥鲁渝两地自然、人文禀赋，推动文旅融合发展，做到互为资源、互为市场，让"好客山东"牵手"大美重庆"。深化生态环保协作，促进绿色发展。

2. 以特色产业发展为着力点，对口支援工作呈现新气象

对口援藏、援疆分别启动于 1994 年和 1997 年，支援的首要任务是保障和改善民生。近年来，围绕特色产业培育发展，对口支援方着力创新支援方式方法，有力推动了新疆、西藏等受援地区的民生改善和乡村振兴发展。从具体实践来看，主要有以下三个方面。

一是聚力打造畜牧产业全产业链。近年来，浙江省湖州市立足新疆维吾尔自治区阿克苏地区柯坪县发展实际，投入支援资金帮助柯坪县谋划发展畜牧产业，积极招引行业龙头企业在柯坪县投资兴业，着力打造涵盖水培牧草、规模化养殖、肉类加工、电商销售的全产业链，积极探索龙头企业育种—合作社扩繁—农户育肥的畜牧产业发展模式，更好带动当地群众增收致富。

二是着力提升旅游产业发展质效。近年来，上海市充分挖掘西藏自治区日喀则市旅游市场潜力，积极支持西藏自治区日喀则市加快推动一批旅游服务设施陆续竣工投用，引入一站式旅行服务平台，运用数字化、智能化手段，推动西藏自治区日喀则市立足特色资源禀赋和优势提升旅游产品供给质量和服务效能，更好地助力西藏自治区日喀则市旅游业高质量发展，带动当地群众就业增收。与此同时，吉林省立足新疆维吾尔自治区阿勒泰地区特色资源优势，持续组织"吉泰"号旅游专列载吉林省游客赴阿勒泰地区观光旅游，实现一线多游、一票到底、一路观景，使来自吉林省的游客深度游览阿勒泰地区独特的自然风光和景点，在赏风景、品美食、体验民俗的过程中，全面感受地区人文之美、自然之美、生态之美，与当地群众广泛交往交流，有力推动了阿勒泰地区旅游业发展。

三是科技赋能蔬菜产业高质量发展。立足山东设施农业发展有益实践，山东省正在积极会同新疆维吾尔自治区喀什地区疏勒县，举行以"科技引领产业振兴，用科技支撑引领蔬菜产业振兴"为主题的春季蔬菜新品种观摩暨培训交流会，此次交流会展示 100 多个蔬菜新品种和多种种植模式，对疏勒县农业干部、技术人员、种植大户及农民合作社等从事农业人员带来更多启发，进一步推动疏勒县蔬菜产业高质量发展。

3. 以科技创新为新突破口，东北地区与东部对口合作纵深推进

2017 年实施的东北三省及四个大城市与东部部分省份的对口合作，以

"政府引导、市场运作"为首要原则，近年来，双方围绕科技创新、产业转移、平台搭建等领域开展了广泛深入合作，积极探索实践，取得了积极成效，为东北振兴提供了有力支撑。

一是辽苏合作共促科研成果转化。近年来，为共促科技研发成果转化，推动企业技术进步和区域经济转型发展，辽宁省与江苏省以培育壮大辽宁省新型研发机构为对口合作的重要方向，合作建立了东北大学无锡研究院，旨在通过整合东北大学工业人工智能、新一代信息技术、新材料等学科资源，在无锡市建立东北大学无锡研究院，开展核心技术研发和科技成果转化。目前，东北大学无锡研究院已成为在长三角地区有影响力的新型研发机构，在更好服务区域经济发展中的作用不断显现。与此同时，依托东北大学未来技术学院，双方在无锡市设立异地创新中心，重点开展未来技术合作，集聚未来技术创新资源，孵化以未来技术学院技术成果为主体的科研成果，推动东北大学成果转化和产业化。在积极借力江苏培育壮大新型研发机构方面，辽宁省也在着力加快体制机制创新，在充分借鉴江苏省新型创新主体先进经验基础上，出台了《辽宁省新型创新主体建设工作指引》，推动辽宁医学诊疗科技研发中心等22家新型研发机构完成备案，有力发挥了科技创新集聚的促进作用。2021年，辽宁省新型研发机构共有研发人员3000余人，累计科研投入超过4亿元，累计引进孵化型科技企业超过300家，累计服务企业数量超过1500家。

二是津长共同打造双创服务中心。2022年，长春市与天津市聚焦使命担当，持续开展对口合作工作，以推动科技成果转化、培育引进科技创新型企业、加速企业成长为目标，协同打造长春市津长双创服务中心，已建设成为集政务服务、双创成果展示、项目路演等功能为一体的综合性、专业化服务平台。目前来看，公共服务平台的成功打造，为企业提供了知识产权、科技金融、项目申报等一系列双创服务，并在积极借鉴天津市经开区先进经验基础上，推出了"创新券"（创业者们可以使用创新券购买相关服务产品），已发放创新券650万元，惠及企业245户，在一定程度上降低了初创企业的运营成本。此外，平台也注重发挥高校科研院所的科技资源创新优势，吸引更多科技人才创办企业，引导更多科技成果实现产业化、资本化，目前在孵高科技企业112户，涉及新一代信息技术、节能与新能源汽车等产业。下一步，长春市与天津市将着力发挥津长双创服务中心示范效应，推广津长双创服务中心的创业孵化模式，强化孵化载体模式对接，加强两地高校、院所、人才、技术的深入交流，营造长春市浓厚双创氛围，推进对口合作工作走深走实。

三是沪连共促科技创新水平提升。根据两地高校、科研院所、企业等各类创新主体的合作需求，大连市与上海市通过积极搭建平台，共同谋划合作新路径，有力促进了双方优势互补和共赢发展。具体来看，一方面，积极推进科技创新交流。大连市与上海市为推动两地科技资源与创新要素精准对接，每年都会共同举办科技对口合作交流活动，研究梳理两市重点产业领域和区域特色资源，聚焦智能制造、节能环保、海洋生物等重点领域，开展科技成果转化项目路演活动。与此同时，通过签订战略合作框架协议的形式，大连共享了上海数据资源。截至 2021 年底，签署服务会员企业约 50 家，入驻配套服务机构 26 家，举办 30 余次项目路演活动，开展科技对接项目 10 次，促成技术转移项目约 17 项。此外，大连市还积极借鉴上海市"双创"企业、"双创"平台和创客的经验做法，推广上海田子坊、八号桥的先进经验和做法，建设冰山慧谷、和舍艺术工厂等文化创意产业聚集区，设立创业培训、创业服务、创新扶持等服务平台。全方位开展科技研发与转化合作。另一方面，充分发挥两地高校和科研院所创新主体优势，在基础研究及科研成果转化等领域深化合作。截至 2021 年底，大连理工大学与上海 90 余家单位签署 160 余项合作协议，与上海九家单位共同承担国家重大科研项目，与上海企业合作创建人工智能联合研发中心。大连海洋大学与上海海洋大学、华东理工大学等八家单位开展科研项目合作。大连医科大学与上海万锦医药科技有限公司共同承担国家科技重大专项。上海交通大学医学院附属第九人民医院、大连大学附属中山医院、辽宁省相关研究机构共建联合研发和服务中心。中国科学院大连化学物理研究所与上海企业开展科研合作，相关科研成果已转化为临床应用。

四是深哈共设创投基金。近年来，哈尔滨市与深圳市推动两地国有企业合作，发展生产性服务业，共同设立黑龙江红土创投基金，支持培育哈尔滨"专精特新"高技术企业，引导社会资本投资，助力哈尔滨新兴产业发展。一方面，以合作设立创投基金为切入点，提升哈尔滨市生产性服务业发展。哈尔滨市与深圳市搭建深哈国资国企合作平台，引导两地国有企业开展精准对接，积极谋划提升哈尔滨市生产性服务业发展，合作设立了黑龙江红土基金。通过共同设立创投基金，哈尔滨市积极借鉴深圳经验，制定了《哈尔滨市战略性新兴产业投资基金管理暂行办法》和《哈尔滨市市级财政专项资金股权投资基金管理暂行办法》，规范产业基金运作机制，培养创投管理团队。另一方面，锚定"专精特新"，助力哈尔滨市新兴产业发展。黑龙江红土基金立足支持创新型初创企业发展，在引导带动社会资本投资新兴产业的同时，积极为优势产业产品在资源嫁接、资本运作、团队组建、品牌打造、市场拓展等方面提供支持，助力企业快速成长，助推新兴产业稳步发展。

（二）国内区域开放合作的展望

1. 围绕产业转型升级，进一步深化对口合作

东北地区产业结构以重化工为主，新业态新模式发展相对滞后，资源型地区产业收缩趋于明显，产业绿色化、智能化和数字化步伐亟待加快。下一步，东部地区与东北对口合作将重点围绕产业转型升级来加快推进创新链和产业链融合发展。首先，可以发挥对口合作城市之间科创资源优势，围绕东北地区传统产业升级和特色产业培育发展，以创新链促进产业链拓展延伸和价值链位次提升；其次，重点发挥东部城市在数字经济等新业态新模式发展中形成的有益经验，支持东北对口合作地区试点探索新兴产业转移新路径，推动产业结构持续优化；最后，加强产业低碳化绿色化转型发展合作。围绕碳达峰碳中和目标，率先以石化等高载能行业为试点，加强能源提升和绿色能源替代。

2. 做强做大特色产业，提升对口支援水平

新疆、西藏等边境民族地区在实现共同富裕的道路上"不掉队"，关键在于形成促进经济增长、就业增加和收入提升的特色产业体系。下一步，对口支援方在特色产业支援方式创新基础上，将着重在特色产业做大做强上下功夫，以此提升当地自主"造血"能力。一是发挥支援方的科技人才优势。继续利用支援方在农牧业等领域的科技人才优势，结合受援地区产业发展实际，不断提升科技赋能水平，推动特色产业提质增效。二是积极开展产业

"链式"互惠合作。加强援受双方之间产业链上下游协同发展，重点推动受援地区产业"强链、补链、延链"，提升特色产业质量效益水平。三是协助推动经济社会效益明显产业品质化提升。立足西藏、新疆特色旅游资源丰富优势，援助方要在产业品牌塑造、市场化经营、高品质供给和消费升级拓展等方面给予有效帮扶。

3. 深化拓展合作空间，推动对口协作高质量发展

继续围绕对口协作地区实现乡村振兴和城镇化的目标要求，加强产业、劳务、消费等协作方式的同时，更要注重强化文化、科技、教育等新的协作方式拓展。一是继续加强特色产业或特色经济的协作力度。结合开展对口协作地区之间的各自优势和各自实际，注重挖潜具有地域特色的产业要素和产业发展前景，适时以试点方式推动特色产业全产业链打造，并不断围绕产业链推动创新链人才链资金链融合发展。二是对口协作内容向文化层面拓展深化。注重发挥人文资源开发利用互补优势，围绕重点文化遗址和特色文化传承，打造特色文艺作品；组织民间艺人、文化传承人等作品收集，打造一批特色精品文化；积极支持"文化下乡"活动，不断提升当地居民精神富足程度。三是继续加强消费帮扶。积极利用对口协作支援方居民消费升级需要，适时加大特色产品推广力度；重点讲好对口帮扶故事，提升民众自觉消费帮扶行动意识；注重加强与电商平台合作，协助受帮扶地区打造一批直播带货等网红"IP"，提高特色产品名誉度和市场影响力。

参 考 文 献

[1] 卢伟，聂新伟. 2022 年全球经济的主要风险点、对我国影响及应对策略 [J]. 中国发展观察，2022（3）.

[2] 国家统计局. 中华人民共和国 2022 年国民经济和社会发展统计公报 [R]. 2023 - 02 - 28.

[3] 卢伟. 世界变局、经济分化和产业人口分流趋势下的新发展格局构建 [J]. 财经智库，2021（6）.

[4] 卢伟，申兵，等. 推进"一带一路"建设高质量发展的总体构想研究

[J]. 中国软科学, 2021 (3).

　　[5] 聂新伟. 京津冀地区推动服务业高水平开放的对策建议 [J]. 城市, 2022 (3)：31 – 38.

　　[6] 聂新伟. 制度型开放：历史逻辑、理论逻辑与实践逻辑 [J]. 财经智库, 2022 (2)：93 – 124.

　　[7] 聂新伟, 卢伟. 海南自贸港：制度型开放的基础和使命 [J]. 开放导报, 2022 (3)：48 – 55.

　　[8] 人民日报. 离岛免税政策调整两周年海南销售离岛免税品 906 亿元 [EB/OL]. https：//sdxw. iqilu. com/w/article/YS0yMS0xMjkxNzQ1MQ. html.

　　[9] 中国经济时报. 自贸区引领高水平对外开放 [EB/OL]. https：//www. 163. com/dy/article/IFN37GUA0512D71I. html.

　　[10] 证券时报. 自贸试验区建设 10 年：发挥制度创新"头雁"效应构建经济发展"增长极" [EB/OL]. https：//www. sohu. com/a/708893489 _ 674625.

　　[11] 中华人民共和国中央人民政府. 王毅：建设澜湄国家命运共同体开创区域合作美好未来 [EB/OL]. 2018 – 03 – 23.

　　[12] 中华人民共和国商务部. 澜湄跨境经济合作联合工作组第四次会议举行 [EB/OL]. 2022 – 10 – 25.

　　[13] 中华人民共和国商务部. RCEP 对 15 个签署国全面生效全球最大自由贸易区开启发展新篇章 [EB/OL]. 2023 – 06 – 05.

　　[14] 人民网. 中国贸促会：今年上半年 RCEP 原产地证书签发量与签证金额同比增长超 25% [EB/OL]. https：//baijiahao. baidu. com/s？ id = 17781 94364690437784&wfr = spider&for = pc, 2023 – 09 – 27.

　　[15] 中国经济网. 2022 年中俄双边贸易额达 1902. 71 亿美元 [EB/OL]. https：//baijiahao. baidu. com/s？ id = 1760751852892914631&wfr = spider&for = pc, 2023 – 03 – 19.

　　[16] 第一财经. 韩国赶超日本, 成为中国第四大贸易伙伴 [EB/OL]. https：//baijiahao. baidu. com/s？ id = 1756446821294984539&wfr = spider&for = pc, 2023 – 01 – 30.

　　[17] 中华人民共和国中央人民政府. 王毅：建设澜湄国家命运共同体

开创区域合作美好未来［EB/OL］. 2018 – 03 – 23.

［18］中华人民共和国商务部. 澜湄跨境经济合作联合工作组第四次会议举行［EB/OL］. 2022 – 10 – 25.

［19］中华人民共和国商务部. RCEP 对 15 个签署国全面生效全球最大自由贸易区开启发展新篇章［EB/OL］. 2023 – 06 – 05.

［20］人民网. 中国贸促会：今年上半年 RCEP 原产地证书签发量与签证金额同比增长超 25%［EB/OL］. https：//baijiahao. baidu. com/s？ id = 17778194364690437784&wfr = spider&for = pc，2023 – 09 – 27.

［21］中国经济网. 2022 年中俄双边贸易额达 1902. 71 亿美元［EB/OL］. https：//baijiahao. baidu. com/s？ id = 1760751852892914631&wfr = spider&for = pc，2023 – 03 – 19.

［22］第一财经. 韩国赶超日本，成为中国第四大贸易伙伴［EB/OL］. https：//baijiahao. baidu. com/s？ id = 1756446821294984539&wfr = spider&for = pc，2023 – 01 – 30.

第七篇

区域绿色低碳发展

一、区域生态保护修复

（一）重点区域生态保护和修复的进展和成效

1. 立足"三区四带"实施山水林田湖草沙一体化保护和修复重大工程

围绕"三区四带"布局实施 51 个山水林田湖草沙一体化保护和修复工程。统筹各类生态要素，以流域为主要单元，实施系统治理、综合治理、源头治理，累计完成治理面积 8000 万亩。2022 年，"中国山水工程"获得联合国首批世界十大生态恢复旗舰项目，被评价为全世界有希望、具雄心、鼓舞人心的大尺度生态修复范例之一。

2. 重点区域生态保护修复取得显著进展

（1）长江流域。坚持综合治理、系统治理、源头治理，精准、科学、依法治污，进一步夯实共抓大保护工作基础。已在长江经济带部署实施了江西赣南南方丘陵山地、四川华蓥山、云南抚仙湖、浙江钱塘江源头区域、湖北长江三峡地区、湖南湘江流域和洞庭湖、重庆长江上游以及贵州乌蒙山区等多个山水林田湖草沙一体化生态保护修复工程试点。加快构建和谐河湖关系，推动全流域生态补水联合调度，重要湖泊治理不断加强。推进洞庭湖、鄱阳湖、太湖等重要湖泊综合治理，保护珍稀动植物栖息地，对重要候鸟栖息地、珍稀鱼类重要产卵区、洄游通道等开展生态修复。长江流域"十年禁捕"加快落实，长江流域鱼类得到休养生息，生物多样性显著提升。

（2）黄河流域。贯彻实施《中华人民共和国黄河保护法》，印发黄河流域生态环境保护、水安全保障等专项规划和生态保护治理攻坚战行动方案，出台黄河流域湿地保护修复、水资源节约集约利用、污染防治、水土流失治理、财税支持等政策举措，开展河湖生态保护治理行动、减污降碳协同增效行动、城镇环境治理设施补短板行动、农业农村环境治理行动和生态保护修复行动等"五大行动"，黄河流域生态保护领域"四梁八柱"政策体系基本建立。2021年警示片曝光的175个问题已按时序进度要求整改完成144个。2019年以来，治理水土流失面积2.4万平方千米，实施甘南黄河上游水源涵养区、内蒙古乌梁素海流域等山水林田湖草沙一体化保护和修复工程，开展2.3万余个历史遗留矿山污染状况调查评价。黄河源头、黄河三角洲生物多样性稳步提升，雪豹、白唇鹿、岩羊等野生动物重现黄河源。

（3）青藏高原。青藏高原生态环境质量逐步改善。约47%的草原综合植被盖度明显增加，32%以上的草原净初级生产力明显增加。森林面积和森林蓄积分别提高到2310.74万公顷和24.40亿立方米。综合评价达优和良等级的森林、灌丛和草原面积比例分别提高了3.9%、1.5%。局部地区沙化扩大趋势得到遏制，实现了由"沙进人退"到"绿进沙退"的历史性转变。流域生态环境趋向良性，水土资源得到有效保持，洪涝灾害、洪水流量和地表冲刷明显减轻。青藏高原已建成各级自然保护区155个，占中国陆地自然保护区总面积的57.56%，三江源、祁连山等区域被列为国家公园，其中，三江源已被设为首批国家公园之一，基本涵盖了高原独特和脆弱的生态系统及珍稀物种资源（见表7-1）。

表7-1　　　青藏高原涉及部分省份自然保护地和生态红线情况

省份	自然保护地		生态红线占比（%）
	数量（个）	面积（万公顷）	
西藏	47	4122	50
青海	79	2661	41.66
甘肃	233	1475	22.73

专栏1：2022年生态保护修复领域重点政策

1. 2022年1月，国家林草局等四部门印发《北方防沙带生态保护和修复重大工程建设规划（2021—2035年)》。

2. 2022年1月，国家林业和草原局等四部门印发《南方丘陵山地带生态保护和修复重大工程建设规划（2021—2035年)》。

3. 2022年1月，财政部发布《关于支持开展历史遗留废弃矿山生态修复示范工程的通知》。

4. 2022年7月，自然资源部发布公告：《国土空间生态保护修复工程实施方案编制规程》（TD/T 1068 – 2022）与《国土空间生态保护修复工程验收规范》（TD/T 1069 – 2022）通过全国自然资源与国土空间规划标准化技术委员会审查，自2022年11月1日起实施。

5. 2022年7月，自然资源部发布公告：《矿山生态修复技术规范第1部分：通则》（TD/T 1070.1 – 2022）、《矿山生态修复技术规范第2部分：煤炭矿山》（TD/T 1070.2 – 2022）、《矿山生态修复技术规范第4部分：建材矿山》（TD/T 1070.4 – 2022）、《矿山生态修复技术规范第5部分：化工矿山》（TD/T 1070.5 – 2022）、《矿山生态修复技术规范第6部分：稀土矿山》（TD/T 1070.6 – 2022）《矿山生态修复技术规范第7部分：油气矿山》。

6. 2022年8月，生态环境部等17部委发布《深入打好长江保护修复攻坚战行动方案》。

7. 2022年8月，生态环境部等12部委发布《黄河生态保护治理攻坚战行动方案》。

8. 2022年10月30日，中华人民共和国第十三届全国人民代表大会常务委员会第三十七次会议通过《中华人民共和国黄河保护法》，自2023年4月1日起施行。

（二）主要区域生态保护和修复存在的问题和挑战

虽然通过生态保护修复，我国生态系统的质量提升明显，但仍然存在大片以沙漠化地区、石漠化地区、水土流失地区和冻融侵蚀地区等为主要类型的生态退化地区。

总体来看，我国沙漠化地区其北界大体自大兴安岭西麓、锡林郭勒高原北部向南穿过阴山山脉和黄土高原北部，向西至兰州南部沿祁连山向西，然后向南绕过柴达木盆地东部，向西抵达青藏高原西部。此外，在西辽河流域、黄河三角洲及其北部、太行山以东，北至大兴，南至河北的山前地区、宣化、怀来和大同盆地、忻定盆地、太原盆地、天山山区、横断山区、藏南谷地和海南岛西部也有零星分布。中国的石漠化灾害主要分布在以贵州高原为中心的贵州、云南、广西、四川、湖南、湖北、重庆和广东 8 个省份，并集中分布在贵州、云南和广西 3 个省份。石漠化总面积已有 10.51 万平方千米。我国的水土流失遍布我国各省份，几乎所有的流域都有不同程度的水土流失发生。但水土流失最严重地区主要分布在黄土高原，由于该区沟壑纵横、坡度陡峭、植被稀疏、降水集中，造成水土流失面积大。另外，长江中上游地区、赣江流域上游地区、南方山地丘陵地区以及鲁中南山地等水土流失也较为严重。

同时，我国生态系统治理的能力和水平也有待加强。仍存在"头痛医头、脚痛医脚"的被动式，"划区而治、只谋一域"的分割式等问题，没有主动从生态系统的完整性和整体性出发进行系统布局。山水林田湖草综合治理尚未破题，对各类生态隐患和环境风险梳理掌握得还不够全面，暂时还无法从源头上提出生态保护与环境修复的整体预案和行动方案。

（三）区域生态保护和修复的重点任务和举措

1. 持续推进山水林田湖草一体化保护修复

综合运用自然恢复、人工修复等措施，考虑自然生态系统整体性，推动河湖、湿地、森林生态系统的综合整治和自然恢复，防止出现生态修复过度景观化现象。开展大规模国土绿化行动，完善长江、黄河沿岸防护林体系，提升森林草原系统质量，增强生态碳汇能力。继续实施水系连通、天然林保护、矿山生态修复和土地综合整治，依法依规推进退耕退牧还林还草、退田（圩）还湖还湿，增强区域水源涵养、水土保持等生态功能。

2. 开展重点类型区保护修复

（1）荒漠化沙化类型区治理。以北方防沙带为重点，切实加强草原保护，严格落实禁牧休牧、草畜平衡、沙化土地封禁保护等制度，对不同程度退化、沙化的草原进行分类治理，重点加强土地沙化严重的农区和农牧交错区系统治理。建立健全义务植树和种草基地体系，深入推进"互联网＋全民义务植树"模式。全力打好黄河"几字弯"攻坚战，以毛乌素沙地、库布齐沙漠、贺兰山等为重点，全面实施区域性系统治理项目，加快沙化土地治理，保护修复河套平原河湖湿地和天然草原，增强防沙治沙和水源涵养能力。全力打好科尔沁、浑善达克两大沙地歼灭战，科学部署重大生态保护修复工程项目。全力打好河西走廊—塔克拉玛干沙漠边缘阻击战，全面抓好祁连山、天山、阿尔泰山、贺兰山、六盘山等区域天然林草植被的封育封禁保护，加强退化林和退化草原修复，确保沙源不扩散。

（2）水土流失类型区综合治理。以黄土高原等为重点，加强水土流失综合治理，加大坡耕地水土流失综合治理力度，加强沟道治理。以建设高产、稳产水平梯田为突破口，建立灵活多样的坡耕地综合治理模式，建成集水土保持、生态涵养、特色农产品生产为一体的生态型基本农田，提高土地利用率，改善农业生产条件。以重要水源地（水库）集雨区、主要干流流域、山区为重点，实施小流域水土流失综合治理。推动水土流失技术创新示范，建设水土流失综合治理示范区。在水土流失重点预防区实施最严格的预防管护措施，保护好植被和水土保持设施，有序推进人口退出。加强水土流失动态监测，及时掌握动态变化情况。

（3）石漠化类型区治理。以西南石漠化地区为重点，加强石漠化监测，摸清石漠化现状、动态变化信息。对岩溶石漠化集中连片地区分区施策，采取天然林保护、封山育林育草、人工造林（种草）、退耕还林还草、草地改良、水土保持和土地综合整治等措施，增加林草植被，增强岩溶山地生态系统稳定性。对深山、远山和中度以上石漠化区域优先开展封山育林工程；对轻度和中度石漠化土地因地制宜选择乡土先锋树种实施人工造林，推进天然草地改良与建设。探索石漠化区域生态化利用，推进石漠化农耕地生态恢复，适度开展石漠化旱地坡改梯整治，实现耕地蓄水保土。

（4）废弃矿山类型区生态修复。积极推进绿色矿山建设，依法依规开展绿色矿山第三方评估，强化绿色矿山名录管理。重点解决历史遗留矿山生态破坏问题，编制恢复治理"一矿一策"方案。加强矿山开采边坡综合整治，进行地形重塑、土壤重构、生态植被重建，恢复矿区生态环境。优先实施自然保护地、生态保护红线范围内矿山地质环境治理恢复与土地复垦。依法依规关闭污染环境、破坏生态、乱采滥挖的矿山。

3. 加强生物多样性系统保护

加强青藏高原生态屏障区、黄河重点生态区、长江重点生态区、东北森林带、北方防沙带、南方丘陵山地带重点生态地区生物多样性保护。在重要基础设施和工程项目中充分考虑为生物栖息、迁徙预留空间，打通水生生物洄游通道及候鸟迁徙通道，保护和修复重要栖息地。在长江流域落实好长江"十年禁渔"，实施"拯救江豚行动"，建设江豚及其他珍稀特有水生生物保护中心，保护黄河源头、黄河三角洲生物多样性。建立濒危动植物基因库和种质资源库，规范生物遗传资源采集、保存、交换、合作研究和开发利用活动。系统建立生物多样性监测体系，开展珍稀物种普查和生物资源调查监测，定期发布监测结果。完善生物多样性评估机制，将生物多样性评估结果作为生态补偿、绩效考核的重要指标。

4. 推进"安澜流域"建设

坚持以防为主、防抗救相结合，健全长江、黄河等大江大河水灾害监测预警、灾害防治、应急救援体系，加强防灾减灾体系建设，全面提高灾害防御能力。持续推进流域干流和主要支流河道综合治理，开展重要河段堤防达标、提标建设，推进河道崩岸治理与河势控制工程。发挥干支流水库群联合调度和调峰错峰作用，降低洪峰危害。加强蓄滞洪区建设和洲滩民垸管理，优化行蓄洪空间布局，及时修订完善蓄滞洪区运用预案，细化落实组织与保障、预警与预报、工程调度与运用、人员转移与安置等各项具体措施，提高重点防洪保护区的防洪能力。加大沿江沿河城市防洪排涝体系建设力度，实施城市河湖联通工程，建设海绵城市、韧性城市。

二、区域环境保护治理

（一）重点区域环境保护与治理的进展和成效

1. 蓝天保卫战进展明显

2022 年，生态环境部等多部门印发《深入打好重污染天气消除、臭氧污染防治和柴油货车污染治理攻坚战行动方案》等攻坚战行动方案，全面加强了大气污染防治工作顶层设计。配合相关部门印发了钢铁、石化化工、有色、建材等重点行业以及工业、能源、交通领域碳达峰实施方案，提出产业、能源、运输结构优化调整等减污降碳协同要求，完善碳达峰、碳中和"1 + N"政策体系。新增 25 个城市纳入中央财政支持北京地区清洁取暖试点城市，累计完成散煤治理 3700 万户左右。有序推进大宗货物运输"公转铁""公转水"，积极创造新能源重卡应用场景。以石化化工、工业涂装、包装印刷等行业为重点，累计完成 4.6 万余个挥发性有机物突出问题排查整改。2.1 亿吨粗钢产能完成超低排放改造。加强消耗臭氧层物质和氢氟碳化物环境管理。

京津冀及周边地区大气环境质量保持稳定。生态环境协同治理是京津冀协同发展战略明确的三个率先突破的重点领域之一。为更好地防控大气污染外溢，强化区域联防联控，国家将京津冀及周边"2 + 26"城市作为整体开展大气污染防治。2015 年，京津冀三地生态环境部门正式签署了《京津冀区域环境保护率先突破合作框架协议》，以统一立法、统一规划、统一标准、统一监测、协同治污等为突破口，共同改善区域生态环境质量。2022 年，北京市、天津市、河北省生态环境部门联合签署了《"十四五"时期京津冀生态环境联建联防联治合作框架协议》，明确将进一步拓宽协同领域、延伸协同深度，齐心协力推动区域生态环境质量持续改善。2022 年，京津冀及周边地区"2 + 26"城市环境空气质量优良天数比例平均为 66.7%，平均超标天数比例为 33.3%（由沙尘天气导致的平均超标天数比例为 1.9%），其中，轻度污染为 25.1%，中度污染为 6.0%，重度污染为 1.9%，严重污染为 0.2%。受新冠疫情影响，大气环境质量比 2021 年略微下降，空气质量优良天数比例比 2021 年下降 0.5 个百分点，但重度及以上污染天数比例比 2021 年下降 0.9 个百分点；$PM_{2.5}$ 平均浓度比 2021 年上升 2.3%，但 PM_{10} 平均浓度比 2021 年下降 2.6%。顺利完成北京冬奥会、冬残奥会等重大活动空气质量保障工作，"北京蓝" 得到国际国内社会一致好评。与疫情前的 2019 年相比，京津冀及周边地区 "2＋26" 城市环境空气质量大幅改善，空气质量优良天数比例比 2019 年提升 13.6 个百分点，$PM_{2.5}$ 平均浓度比 2019 年下降 22.8%，区域大气联防联控取得显著成效（见图 7－1）。

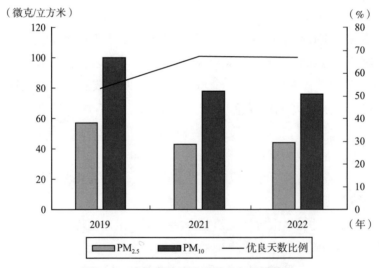

图 7－1　京津冀及周边地区空气质量情况

资料来源：历年《中国生态环境状况公报》。

长三角区域空气质量维持较好水平。长三角区域生态环境保护一体化机制已基本建立完善，原区域大气、水污染协作小组调整为长三角区域生态环境保护协作小组，定期开展协作小组工作会议，发布实施区域空气质量联防联控方案等。坚持 "共商共建共治共享" 原则，持续推进全方位生态环境共保联治，已实现长三角区域非道路移动机械识别标志互认，推进环杭州湾地区石化化工行业 "三统一" 协同治理，圆满完成区域重大活动空气质量保障。2022 年，41 个城市空气质量优良天数比例平均为 83.0%，比 2021 年下降 3.7 个百分点。平均超标天数比例为 17.0%（由沙尘天气导致的平均超标天数比例为 0.7%），其中，轻度污染为 14.7%，中度污染为 2.0%，重度污染为 0.2%，无严重污染，重度及以上污染天数比例比 2021 年下降 0.2 个百分点。长三角地区 $PM_{2.5}$ 平均浓度为 31 微克/立方米，与 2021 年持平，已连续 3 年达到国家空气质量二级标准。与疫情前的 2019 年相比，空气质量优良天数比例上升了 6.5 个百分点，$PM_{2.5}$ 平均浓度下降了 24.4%，保护治理取得明显成效（见图 7-2）。

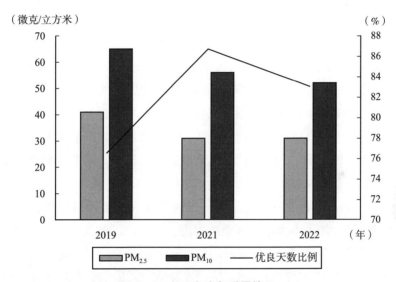

图 7-2　长三角空气质量情况

资料来源：历年《中国生态环境状况公报》。

2. 碧水保卫战取得显著成效

近年来，我国印发《国务院办公厅关于加强入河入海排污口监督管理工作的实施意见》《深入打好长江保护修复攻坚战行动方案》《黄河生态保护治理攻坚战行动方案》等文件，持续推进全国入河排污口排查整治工作。截至 2022 年底，全国累计排查河湖岸线 24.5 万千米，排查出入河排污口 16.6 万余个，约 30% 已整治。2022 年，各级生态环境部门共审批入河排污口 2600

余个。深化工业园区水污染防治。开展长江经济带工业园区水污染整治专项行动，推动 1174 家工业园区建成 1549 座污水集中处理设施，解决污水管网不完善、违法排污等问题 400 余个。深入实施沿黄省份工业园区水污染整治，推动 756 家工业园区建成 976 座污水集中处理设施。指导各地因地制宜推进总磷污染控制工作，湖北、湖南、江西、江苏、贵州和广西 6 省（区）印发总磷污染控制方案。补齐医疗机构污水处理设施短板。累计排查医疗机构 2.5 万余家，发现问题 6400 余个，指导督促各地推动问题整改。实施 2022 年城市黑臭水体整治环境保护行动，推动全国地级及以上城市黑臭水体治理成效进一步巩固，县级城市黑臭水体消除比例完成 40% 的年度目标任务。

长江流域共抓大保护取得扎实成效。生态环境警示片的抓手作用日益凸显。2018 年，生态环境部联合中央广播电视总台拍摄了《2018 年长江经济带生态环境警示片》，共披露涉及污染排放、生态破坏、环境风险等方面的 163 个突出问题。沿江 11 省份不断提高思想认识，积极探索好的经验做法，通过强化部署、专项行动、健全机制、强化考评来扎实推进突出问题整改。领导小组办公室敢于动真碰硬、不回避矛盾，分别开展突出问题整改年中分析评估和下半年"回头看"，进行了两轮全覆盖督促检查，并通过暗查暗访、狠抓负面典型，有力发挥了警示和震慑作用。长江经济带以治污减污为重点，深入实施了污染治理"4 + 1"工程，加强长江入河排污口整治，强化"三磷"污染治理，加大小水电清理整改力度，污染治理效果显著，环境质量持续向好。经过综合治理，长江流域水质有了大幅改善。水质优良比例由 2015 年的 89.4% 上升到 2022 年的 98.1%，特别是Ⅰ～Ⅱ类水体占比由 2015 年的 58.8% 大幅上升到 2022 年的 81.6%，劣Ⅴ类水体占比由 3.1% 下降到 0（见图 7-3）。

黄河流域水环境质量大幅提升。开展河湖生态保护治理行动、减污降碳协同增效行动、城镇环境治理设施补短板行动、农业农村环境治理行动和生态保护修复行动等"五大行动"。2022 年，黄河流域地表水Ⅰ～Ⅲ类断面比例达到 87.5%，比 2019 年提高了 14.5 个百分点；劣Ⅴ类水质断面占 2.3%，比 2019 年下降了 6.5 个百分点，黄河干流全线水质持续改善。

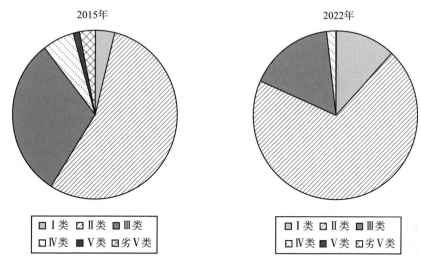

图7-3　长江流域水质变化情况

资料来源：历年《中国生态环境状况公报》。

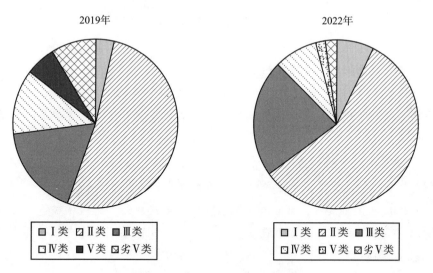

图7-4　黄河流域水质变化情况

资料来源：历年《中国生态环境状况公报》。

3. 净土保卫战稳步推进

实施土壤污染源头管控重大工程项目，强化土壤污染重点监管单位的环境监管。严格建设用地准入管理，加强关闭搬迁企业地块土壤污染管控。

截至 2022 年底，累计将 2 万余家企业纳入土壤污染风险管控和修复名录。持续开展耕地土壤污染源排查整治，解决一批影响土壤生态环境质量的突出污染问题。生态环境部等五部门印发《农业农村污染治理攻坚战行动方案（2021 - 2025 年）》。截至 2022 年底，全国新增完成 1.6 万个行政村环境整治，农村生活污水治理水平持续提升，完成 900 余个较大面积农村黑臭水体整治。

专栏 2：中国历次环境保护会议

1973 年 8 月 5 ~ 20 日中国召开了第一次全国环境保护会议，审议通过了《关于保护和改善环境的若干规定》，这是中国第一个具有法规性质的环境保护文件。会议正式提出"全面规划，合理布局，综合利用，化害为利，依靠群众，大家动手，保护环境，造福人类"的环境保护方针。

1983 年 12 月 31 日至 1984 年 1 月 7 日，第二次全国环境保护会议召开，会议正式确立了环境保护是国家的一项基本国策。会议提出，经济建设、城乡建设和环境建设要同步规划，同步实施，同步发展。

1989 年 4 月 28 日至 5 月 1 日，第三次全国环境保护会议召开，会议提出要加强制度建设，深化环境监管，向环境污染宣战，促进经济与环境协调发展。

1996 年 7 月 15 ~ 17 日，第四次全国环境保护会议召开，提出保护环境是实现可持续发展战略的关键，保护环境就是保护生产力。

2002 年 1 月 8 日，第五次全国环境保护会议召开，提出环境保护是政府的一项重要职能，要按照社会主义市场经济的要求，动员全社会的力量做好这项工作。

2006 年 4 月 17 ~ 18 日，第六次全国环境保护大会召开，会议提出了"三个转变"：一是从重经济增长轻环境保护转变为保护环境与经济增长并重；二是从环境保护滞后于经济发展转变为环境保护与经济发展同步；三是从主要用行政办法保护环境转变为综合运用法律、经济、技术和必要的行政办法解决环境问题，提高环境保护工作水平。

　　2011 年 12 月 20～21 日，第七次全国环境保护大会召开，会议强调，推动经济转型，提升生活质量，为人民群众提供水清天蓝地净的宜居安康环境。

　　2018 年 5 月 18～19 日，第八次全国生态环境保护大会召开，中共中央总书记、国家主席、中央军委主席习近平出席会议并强调，生态文明建设是关系中华民族永续发展的根本大计。生态环境是关系党的使命宗旨的重大政治问题，也是关系民生的重大社会问题。会议提出，加大力度推进生态文明建设、解决生态环境问题，坚决打好污染防治攻坚战，推动中国生态文明建设迈上新台阶。

　　2023 年 7 月 17～18 日，第九次全国生态环境保护大会召开，中共中央总书记、国家主席、中央军委主席习近平出席会议并发表重要讲话强调，今后 5 年是美丽中国建设的重要时期，要深入贯彻新时代中国特色社会主义生态文明思想，坚持以人民为中心，牢固树立和践行绿水青山就是金山银山的理念，把建设美丽中国摆在强国建设、民族复兴的突出位置，推动城乡人居环境明显改善、美丽中国建设取得显著成效，以高品质生态环境支撑高质量发展，加快推进人与自然和谐共生的现代化。

　　资料来源：根据生态环境部微信公众号资料整理。

（二）区域环境保护和治理存在的问题和挑战

1. 环境质量距离美丽中国建设要求仍有差距

　　大气环境质量提升进入瓶颈期且波动较大。从空气质量优良率来看，2022 年指标与 2021 年相比未见明显提升，京津冀及周边区域空气质量仍然不高。当前复合型大气污染特征逐渐显现，O_3 和 $PM_{2.5}$ 是影响空气质量的主要污染物，但 O_3 的影响更大，是空气质量的重要短板。如图 7-5 所示，我国 $PM_{2.5}$ 平均浓度远高于世界主要发达国家，改善空间还比较大。水质提升难度较大，松花江流域和海河流域仍为轻度污染，部分支流污染仍然比较严重，存在总磷、氨氮等指标不稳定的情况，农业面源污染仍需进一步加强整治。黑臭水体治理成果不稳固，返黑返臭现象突出。

（微克/立方米）

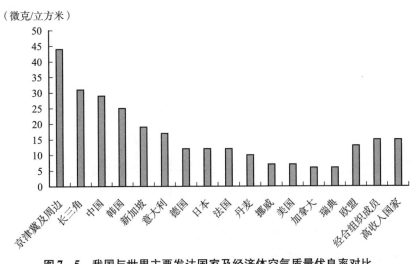

图7-5　我国与世界主要发达国家及经济体空气质量优良率对比

2. 环境治理体系和治理能力现代化水平有待提升

一是环境基础设施建设仍存在短板。城乡接合部和乡村的设施建设普遍落后于中心城区，特别是农村环境基础设施更为薄弱。城镇污水管网建设"历史欠账"较多，大部分地区目前以截流式合流制排水体制为主，仍未实施雨污分流，农村生活污水处理设施进水量和进水浓度不稳定，无法完全发挥处理效能。另外，城市污水处理厂产生的污泥缺乏配套的处置设施。二是智慧环保水平仍然较低。生态环境监测预警系统等数字化应用仍然有待加强，数据的整合分析能力尚显不足，无法支撑环境污染预警及突发状况研判，精准治污的水平还需提升。三是环境管理欠缺高效的联动机制。生态环境保护涉及生态环境、农业、水务、自然资源等多个职能部门，管理职能相互交叉，部门协调联动机制尚不完善，导致环境管理上存在真空和漏洞，部分联动工作成效不佳。四是尚未形成多方共同参与的治理体系。部分企业治污主体责任落实不到位，市场和社会组织的参与度仍不高，全民生态环境素养有待提升，绿色出行、垃圾分类和绿色消费等绿色生活方式尚未完全转化为公众的自觉行动。

3. 区域环境治理合作机制仍待健全

依托推动长江经济带、黄河流域生态保护和高质量发展、京津冀协同发展、长三角地区一体化发展、粤港澳大湾区建设等区域重大战略，初步建立了区域环境联防联控机制。但当前环境治理合作仍处于"点"的阶段，生态环境联防联控机制效率仍然不高，长江、黄河等大江大河流域协同治理机制有待进一步完善，在数据共享、联防联治、监督执法以及利用绿色金融资源、人才资源、技术资源等推动区域环境治理的机制还没有理顺，在非区域重大战略地区以及省际交界地区的区域环境治理合作机制还不健全。

（三）区域环境保护和治理的重点任务和举措

1. 强化突出问题整改

扎实做好中央和省级环保督察查出问题以及长江、黄河生态环境警示片披露问题整改工作，摸清污染来源及成因，排查同类问题及风险隐患，补齐污染治理短板弱项，推动系统整改。强化举一反三，以点带面推进问题整改，分类开展专项整治，防止同类型问题反复出现。完善问题发现机制，强化问题整改全过程执法监管，逐步消除问题存量，持续巩固整改成效。

2. 深入开展水环境系统治理

坚持标本兼治，统筹末端治理和源头防控，在长江流域持续实施城镇污水垃圾处理、化工污染治理、农业面源污染治理、船舶污染治理和尾矿库污染治理等污染治理"4＋1"工程，在黄河流域推动城镇污水垃圾处理、化工污染治理、农业面源污染治理和尾矿库污染治理等污染治理"3＋1"工程，增强治理措施关联性，提高多污染要素协同治理能力，有效控制流域主要污染物排放总量。加强点源、面源和流动源综合治理，减少污染负荷。加强入河排污口溯源整治，规范排污口标识，开展排污口监测。加大赤水河流域、三峡库区、乌江、沱江、嘉陵江、汉江等长江主要支流，湟水、黑河、洮河、汾河、渭河等黄河主要支流，以及太湖、洞庭湖、鄱阳湖、扎陵湖、鄂陵湖、乌梁素海和东平湖等重点湖泊综合保护治理力度，推动大江大河全流域水质整体改善。

3. 扎实推进大气防治

编制并动态调整区域大气污染源排放源清单，制定重污染期间管控措施和减排清单，不断优化防控重点，加快改善空气质量。坚持问题导向，加强细颗粒物和臭氧污染协同控制，深化氮氧化物和挥发性有机物（VOCs）来源解析和综合治理，探索臭氧及其前体物减排动态调控机制，落实氮氧化物、VOCs 协同减排动态调控方案。全面推进北方清洁供暖改造工程，实施农村清洁取暖。建立移动源监测体系，实行严格的机动车排放标准和油品标准，推广新能源汽车。构建全方位建筑施工扬尘治理体系，建设绿色智慧工地，加强扬尘防治。

4. 强化土壤污染安全管控

强化土壤污染防治基础能力建设，开展电子废物拆解、废旧塑料回收、历史遗留工业废渣堆存场点等土壤环境问题集中区域风险排查，建立污染地块名录和开发利用负面清单和风险管控名录。建立用地土壤环境质量强制调查评估制度，强化建设用地环境管理，严格建设用地准入和风险管控，构建土壤环境质量状况、污染地块修复与土地再开发利用协同一体的管理与政策体系。针对典型受污染农业用地和工业污染地块，开展土壤污染治理与修复试点，稳步提升土壤环境安全水平。

5. 加强区域环境联防联治

（1）建立高层次跨省生态环境治理协调机制。建立健全区域生态环境治理联席会议机制，定期研判区域生态环境保护问题并部署推进有关工作。建立规划和重大项目环评会商机制，将上下游、左右岸、相邻地区的意见作为参考依据。

（2）强化统一监测和信息共享。建立统一协同的区域生态环境标准和监测体系，增加设置交界地区的监测点，共同构建区域生态环境监测网络。推动生态环境、自然资源、水利等现有数据管理和监测平台的共建共享，推动大气、水环境和水情雨情应急处置的信息共享、研判共享、资源共享，建设区域统一的生态环境信息发布和共享平台。

（3）加强区域生态环境联动监管。协调开展区域联合执法、异地执法，推动流域生态环境联防联治。深化环境执法部门共同排查、处置跨区域、流域的环境污染问题和环境违法案件，加大对重点地区、重点行业的执法检查力度。打破行政区划治理模式，建立河湖全流域系统执法体系。加大重污染天气和重大水污染事件联合治理力度，提高空气重污染预警期联动执法行动频次。

三、区域资源开发与安全保障

2022 年，我国能源保供能力稳步提升，其他资源供给总体保持增长。为应对严峻的国内外经济社会形势，粮食、能源资源、重要产业链供应链安全保障放在突出位置。总体来看，我国资源开发与安全保障取得积极进展，但也存在粗放利用、外部压力加大、自身保障能力不足及管理水平待提升等问题，未来将在能源资源自主保障、节约集约利用、粮食安全、技术及管理能力提升等方面进一步发力。

（一）区域资源开发与安全保障现状

1. 资源开发

能源方面，2022 年，我国生产原煤 45.0 亿吨，创历史新高，同比增长 9.0%。生产原油 20467 万吨，同比增长 2.9%。生产天然气 2178 亿立方米，同比增长 6.4%。发电量 8.4 万亿千瓦时，同比增长 2.2%。另外，全国可再生能源新增装机 1.52 亿千瓦，占全国新增发电装机的 76.2%。其他资源方面，2022 年，国有建设用地供应 76.6 万公顷，同比增长 10.9%。全国批准建设项目用地预审 344.43 万亩，批准农用地转用和土地征收 613.31 万亩。铁矿石产量 9.7 亿吨，同比减少 1.0%。粗钢产量 10.1 亿吨，同比减少 2.1%。十种有色金属产量 6774 万吨，同比增长 4.3%。其中，原铝（电解铝）产量 4021 万吨，同比增长 4.5%。磷矿石（折含五氧化二磷30%）产量 1.0 亿吨，同比增长 0.7%。

2022 年是新一轮找矿突破战略行动开局之年。全国地质勘查投资约 1100 亿元，同比增长 10% 以上；其中，油气矿产地质勘查投资同比增长约 10%，非油气矿产增长约 20%。本年度，共办理油气采矿权登记 246 个；400 多家保供煤矿和新增列保供煤矿取得采矿许可证。新发现非油气矿产地 132 处，数量排名前 5 位的矿种依次为：水泥用灰岩、建筑用花岗岩、建筑用灰岩、饰面用花岗岩、煤炭。实施完成南海重点海域天然气水合物地球物理、钻探和环境调查航次任务，基本查明试采目标矿体天然气水合物空间展布特征。

分省份来看，新疆持续成功出让油气探矿权。宁夏加大煤层气等清洁能源勘查和开发力度。贵州新一轮找矿行动已完成重要成矿区带的比选论证。江苏大力开展煤炭、水泥用灰岩、铁矿、建筑石料、凹凸棒石黏土、芒硝、岩盐、地热、金红石、石榴子石等资源勘查和开发。河南确立重点建设 14 个国家规划矿区目标。青海、新疆两省份作为钾盐重点产区，本年度新完成 2 个转采登记，新划定 2 个矿区范围，另有 2 个拟转采项目即将完成。青海共和盆地干热岩勘查试采取得突破，成功实施国内首个干热岩分支井。山东成功实施全国首个"海上风电＋海洋牧场"融合发展研究试验项目且顺利并网发电。在雄安新区，超长重力热管取热试验获得成功。在广州南沙区，全球首艘新一代 2000 吨级海上风电安装平台"白鹤滩"号交付投运，另外，由我国自主设计建造的首艘面向深海万米钻探的超深水科考船同样在南沙区实现主船体贯通。2022 年，省级人民政府批准农用地转用和土地征收项目 23156 个，同比增加 30%；批准用地面积 320.04 万亩，同比增加 10%。截至 2022 年，我国已有 29 个省份实行"标准地"出让。

政策方面，矿产资源全面节约和高效利用持续推进，124 种矿产资源合理开发利用"三率"最低指标陆续发布。我国已建成 1100 多家国家级绿色矿山，创建了 50 家绿色矿业发展示范区。贵州、青海、山东、内蒙古、宁夏等制定了符合地方特点的绿色勘查标准。用地"两平衡一冻结"制度基本形成，即建设占用耕地实行占补平衡，农业结构调整使用耕地实行进出平衡，违法占用耕地先行冻结储备补充耕地指标。海南省创建"土地超市"平台，开展闲储置换行动。深圳创新性改变原先二、三产业用地分开供地的方式，试点均衡配置包括产业、商业、宿舍、酒店在内的连片公共服务设施供地方式。杭州创新复合用地方式，探索"一地多用、三维确权"。除上述政策外，为应对国内外复杂环境、支持经济社会平稳发展，本年度强化自然资源要素供给支撑等政策持续出台，如表 7－2 所示。

表 7 - 2 　　　　　　　　　　2022 年自然资源要素供给支撑政策

日期	政策名称	主要内容
2022 年 5 月	《关于切实做好稳经济保民生建设项目使用林地工作的通知》	各级林草主管部门依法依规做好涉林保障工作，确保稳经济大盘用林项目高效落地
2022 年 7 月	《关于加强沿海和内河港口航道规划建设进一步规范和强化资源要素保障的通知》	充分发挥水运比较优势，加快建设交通强国，服务构建新发展格局，保障国家经济安全与资源安全，维护产业链、供应链稳定
2022 年 8 月	《关于积极做好用地用海要素保障的通知》	切实做好建设项目用地用海保障，推进有效投资重要项目尽快形成实物工作量，促进经济社会平稳健康发展
2022 年 8 月	《关于加强用地审批前期工作积极推进基础设施项目建设的通知》	全面加强基础设施建设，强化用地要素保障，做实做细做优交通、能源、水利等项目前期工作，提升用地审批质量和效率
2022 年 9 月	《关于用地要素保障接续政策的通知》	在守住法律底线和资源安全红线的前提下，加快推进有效投资重要项目及时开工，尽早形成实物工作量，助力巩固经济恢复发展基础
2022 年 11 月	《关于做好采矿用地保障的通知》	多途径、差别化保障采矿用地合理需求，保障能源资源供应安全，针对建立采矿项目新增用地与复垦修复存量采矿用地相挂钩的机制提出六项具体措施
2022 年 12 月	《关于完善工业用地供应政策支持实体经济发展的通知》	从供应方式、供应程序、明晰权能、地价措施、用途转换和履约监管六个方面，对工业用地供应政策进行了完善和创新

2. 安全保障

粮食安全保障方面，截至 2022 年，我国粮食播种面积稳定在 17.5 亿亩左右，已建成 10 亿亩高标准农田，粮食作物良种基本实现全覆盖，口粮自给率在 100% 以上，谷物自给率在 95% 以上。全国共有粮食应急加工企业 6584家、应急储运企业 4846 家、应急配送中心 3542 家、应急供应网点 56495 个。应急加工能力每天可达到 164 万吨，能满足全国人民 2 天的需要。2022 年，耕地进出平衡监管系统正式启动，通过卫星遥感等现代信息技术、实地巡查等方式促进耕地全方位监管。能源资源安全保障方面，立足以煤为主的基本国情，有效稳定了电价。通过多措并举，天然气价格基本稳定。油气资源勘探开发和增储上产力度加大，进口基本稳定，储备项目建设进程加快。以沙漠、戈壁、荒漠地区为重点的大型风电光伏基地建设强力推进。

分省份来看，省级层面部署开展了自然保护区、河流湖泊、湿地、草原、森林以及探明储量的矿产资源等 3000 多个重点区域自然资源确权登记工作。各省份涉及新增农村乱占耕地建房、"大棚房"、侵占耕地挖湖造景、永久基本农田"非粮化"、补充耕地不实等突出问题得到切实整治。浙江创新性推出"耕地智保"应用场景，建设包括耕地空间账本、田长责任体系、铁塔高位探头、田长巡查处置四大功能模块，形成"发现—核实—处置—销号"全流程闭环管理处置体系。浙江省湖州市，完善"加工企业 + 国家粮库 + 农户"机制，实现合作收粮、共享储粮。

政策法规方面，2022 年 3 月，《关于建立行政检察与自然资源行政执法衔接工作机制的意见》印发，有利于推动行政检察与土地执法沟通衔接。4月，《自然资源部关于加强自然资源法治建设的通知》印发，该文件是全面推进自然资源法治建设的重要文件。6 月，第十三届全国人民代表大会常务委员会第三十五次会议通过《中华人民共和国黑土地保护法》，作为"小快灵"立法的成功实践，《黑土地保护法》不分章，共三十八条。9 月，《耕地保护法（草案）》向社会公开征求意见，这标志着我国耕地保护领域立法迈上了一个新的台阶。9 月，《自然资源违法行为立案查处工作规程（试行）》印发，有利于提升自然资源行政执法规范化水平。10 月，第十三届全国人民代表大会常务委员会第三十七次会议通过《中华人民共和国黄河保护法》，有利于保障黄河安澜，推进水资源节约集约利用。

（二）区域资源开发与安全保障存在的问题

1. 用地规模扩张与粗放利用并存

一直以来，我国存在突出的土地城镇化快于人口城镇化问题。即在城镇化进程下，我国城镇用地向外规模性扩张幅度高于城镇人口增长程度。近年来，该问题并没有得到有效改善。2011 年，全国城镇建成区面积 43603.2 平方千米；2020 年，建成区面积增长到 60721.3 平方千米，增长了 39.3%。与之相对，2011～2020 年，我国城镇人口、城镇化率的增长率分别为 29.0%、

23.27%，均远低于城镇建成区面积增长。同期，全国城镇建成区面积年均增长3.8%，城镇人口年均增长2.9%，建成区面积年均增长幅度高于人口。年增长率中，除2020年外，城镇建成区面积年增长率均远高于城镇人口年增长率。总体来看，城镇建成区面积扩张仍然大于城镇人口、城镇化率的增长，这意味着用地的规模性扩张超出实际需要，反映出用地扩张存在粗放、低效问题。除此之外，随着城镇化进程的推进，大批农民弃农从商或进城务工，农村居住人口降低，农村建设用地粗放无效利用问题突出。以乡一级行政单位统计为例，1990~2020年，全国居住在乡的人口从0.72亿人逐年下降至0.24亿人，与此同时，人均住宅建筑面积从19.1平方米逐年增至35.4平方米。2020年，乡一级行政单位的人均住宅建筑面积为城镇人均居住用地面积的1.5倍。另外，根据第三次全国土地调查数据，城镇常住人均建设用地面积为117.1平方米，乡村常住人均建设用地面积为417.2平方米，乡村常住人均建设用地面积是城镇的3.56倍（见图7-6）。

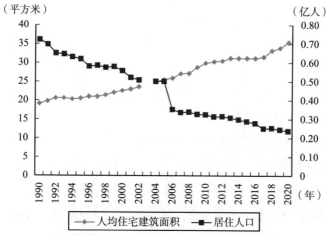

图7-6　居住在乡一级行政单位的人口及人均住宅建筑面积

资料来源：各年度《城乡建设统计年鉴》。

2. 能源资源安全面临较大挑战

受中美贸易争端、新冠疫情、俄乌冲突等影响，自然资源领域原材料保障能力被进一步强化。以俄乌冲突为例，冲突爆发后，全球石油、粮食、部分金属矿产等关键性资源受到较大影响，我国从俄罗斯进口的能源、金属矿产、渔林产品，以及从乌克兰进口的以玉米、大麦、初榨葵花籽油等为主的农产品及铁矿石供给一定程度受到影响。俄乌在全球供给占比较高的金属和稀有气体是制造芯片、半导体、锂电池、汽车线束等的关键原料，其价格上涨及供应链断裂风险既导致生产成本攀升，进一步压缩全球工业品利润，也阻碍我国正在经历的产业转型升级进程。除此之外，俄乌冲突引发的高油价和高运输成本进一步助推全球通货膨胀，叠加某些发达国家采取的加息措施，加大了全球经济滞胀态势。总体来看，全球资源开发利用布局开始由成本主导向成本、安全、市场等多因素并重转变，"以我为主"的格局进一步强化。

3. 战略资源安全保障能力仍需提升

长期以来，我国对矿产资源的需求较强，但国内有效供应能力偏低。研究显示，我国矿产资源储量占全球的 7%，但战略性矿产资源消费量占全球的 32%。我国矿产资源进口额占货物进口总额的 26%，21 种战略性矿产对外依存度超 40%，其中 10 种对外依存度超过 80%。截至 2021 年底，我国镍、钽、铌、铪等金属的对外依存度超过 90%，铬、钴的对外依存度甚至接近 100%。当前需求旺盛的铁、铜、铝等工业金属资源安全保障问题仍然较为突出，铁矿石对外依存度仍在 80% 左右，铜矿原材料对外依存度超过 80%，另外，铝土矿进口矿占比逐年上升，目前对外依存度超过 50%。能源方面，虽然目前我国油气对外依存度发生下降，但 2022 年我国原油对外依存度仍然高达 71.2%，天然气对外依存度为 40.2%。在当前国内外经济社会形势下，我国战略资源安全保障能力亟须提升。

4. 管理体系和能力仍有待完善强化

近年来资源管理体系不断完善，但是法律、行政法规、行政规章、规划、标准等在细化、协调、完备等方面仍需强化。管理能力不断提升，但在具体工作特别是地方工作中，仍暴露出人力、技术、设备等能力不足问题。以闲置及存量土地清理工作为例，从前端来看，土地报批周期长一定程度导致延期开竣工。目前土地出让涉及部门多，例如，土地出让手续须规划部门出具规划设计条件，发改部门出具产业准入条件，环保部门出具环保约束条件，财政部门负责每一宗地成本审核，缺一不可。除此之外，一些法律法规和政策约束较多。例如，土地挂牌出让过程中，出让人应当至少在挂牌开始前20日发布公告，挂牌时间不得少于10日，这就需要一个月的时间。上述程序客观上造成供地周期较长继而影响开发商开竣工。从中端来看，对土地市场动态监测与监管需要精准高效的动态巡查系统和能力具备的人员力量，这对于一般基层而言难度较大。从后端来看，闲置土地的查处关乎重大利益关系调整，涉及政府、社会、企业等多方面，而政府内部又涉及自然资源、发改、建设、财税、司法等多部门，导致闲置及存量土地清理实施存在困难。

（三）促进区域资源开发与安全保障展望

1. 提升重要能源资源自主供应能力

大力开展页岩油气（致密油气）、煤层气和近海油气勘探。以四川盆地、塔里木盆地、鄂尔多斯盆地及邻区下古生界为重点，深化海相碳酸盐岩油气勘探。加快南海北部深水油气勘探与开发。加强东部高含水、高采出程度油田和成熟探区挖潜增产，以及鄂尔多斯盆地、塔里木盆地、准噶尔盆地等新兴基地和新增天然气储量区块开发建设。完善油气勘探开发法律法规。加快以市场化方式推进油气矿权流转。鼓励和规范国有石油企业与其他企业合作勘探开发。明确油气勘探开发合作的报备要求和程序，规范适用于混合所有制改革的油气勘探开发合作方式。研究减免深层、深水矿区使用费、资源税、关键技术设备进口税款等，增强企业勘探开发积极性。持续推进以沙漠、戈壁、荒漠地区为重点的大型风电光伏基地建设。

2. 持续完善用地节约集约利用制度体系

完善城市建设用地节约集约利用评价更新制度，将评价结果作为规划修改（调整）、安排新增建设用地计划指标和盘活存量土地任务的依据。健全亩均产出、单位GDP建设用地使用面积下降率、单位GDP和固定资产投资规模增长的新增建设用地消耗考核体系。建立健全存量土地盘活与规划建设用地规模指标奖励、年度新增建设用地计划指标安排、能耗指标和林地指标奖励挂钩制度。建立健全存量土地定期清查、上图入库和数据库动态更新管理机制，推动实现"以图管地"。建立和完善建设用地"批、征、供、用"

全流程监管体系。完善产业园区建设用地节约集约评价制度，评价结果作为开发区升级、扩区的重要依据。在产业园区间实行"增存挂钩"机制，对消化存量土地工作显著的园区，在安排新增建设用地计划指标上予以适当倾斜。建立以单位土地面积投资强度、产出效益、创造税收为指标的分区域、分行业的工业标准用地体系。

3. 高效保护耕地维护粮食安全

严守耕地红线，稳定粮食播种面积，持续抓好高标准农田建设。完善粮食产购储加销体系。全面落实国家粮食安全战略，压实"菜篮子"市长负责制。鼓励各地结合自身实际因地制宜制定耕地非农化、非粮化工作方案。大力推进田间基础设施改善工作，提升耕地旱涝保收能力。加快中低产田改造，全面开展酸化与盐渍化耕地治理，加强黑土地保护。推广普及永久基本农田和粮食功能区保护标志，做到"四至"标志清晰，增强农民保护意识。研究按实际粮食播种面积或产量对生产者进行农业补贴。建立健全融合大数据、遥感、地理信息系统、全球定位系统等的数字化监管模式，严格土地用途管制。

4. 强化资源安全科技保障和防控体系建设

加大高成熟度页岩油和致密油、深水油气等勘探开发关键技术攻关力度，积极推动干热岩地热开发、低成熟度页岩油开发原位改质、高密度储能等技术。加快完善中低产田改良、退化耕地修复等技术。持续开展关键矿产形成机制和成矿规律研究，攻克关键金属强化分离理论瓶颈。探索构建"贸易—生产—循环"产业链资源流动监测系统。加大人工智能、云计算、大数据、三维建模、全球定位系统及工业互联网等技术在资源安全保障中的综合集成应用。建立关键矿产供应链安全风险防控体系。在前端强化识别，制定精准靶向的关键矿产风险管控清单，通过监测、识别、评估、预警系统，及时识别关键矿产供应链在开采、冶炼、加工、利用、回收和再加工等环节来自政治、经济、技术、法律、资源等方面的风险因素，从标准、方法、指标等层面构建风险预警体系，尽可能避免或者降低关键矿产供应链安全风险发生。在中端强化应对，对于无法避免的供应链安全风险，采取应急响应、风险控制等应对措施，力求将风险损失降到最低。在终端强化反馈，在供应链风险解除后，开展跟踪观察和反馈。

四、碳达峰碳中和

2020 年 9 月，我国提出 2030 年碳达峰、2060 年碳中和的目标。我国实现"双碳"目标时间短、任务重，各地区要根据自身发展定位，梯次有序实现推进碳达峰、碳中和。城市群作为我国经济社会发展水平较高的区域，有条件也有责任率先实现碳达峰、碳中和，为其他地区提供宝贵的发展空间，形成示范引领效应。

（一）我国应对气候变化的举措成效

1. 气候变化战略的演进

为减缓气候变化，控制温室气体排放，我国做出了一系列的努力。我国的气候变化战略主要包含三个方面：国际承诺、体制机制建设和相关配套政策。

国际承诺方面，中国政府于 2002 年 8 月批准了《联合国气候变化框架公约的京都议定书》，并启动了清洁发展机制（clean development mechanism，CDM）下的国际合作，标志着中国正式开始参与全球气候治理。2009 年 12 月，中国政府在哥本哈根联合国气候变化大会上宣布，到 2020 年，单位 GDP 二氧化碳排放量将在 2005 年的基础上减少 40% ~ 45%。中国于 2017 年提前实现了这一目标，单位 GDP 二氧化碳排放较 2005 年下降 46%。2014 年 11 月，在第九届 G20 峰会上，习近平主席提出中国计划于 2030 年左右实现碳达峰。中国政府在 2016 年签署《联合国气候变化框架公约的巴黎协定》时提交的国家自主贡献方案中再次强调争取尽早实现 G20 峰会上承诺的碳达峰目标，并进一步提出，到 2030 年，单位 GDP 二氧化碳排放量将在 2005 年的水平上下降 60% ~ 65%。2020 年 9 月，习近平主席在第 75 届联合国大会一般性辩论上宣布提高国家自主贡献力度，力争在 2030 年前实现碳达峰，努力争取在 2060 年前实现碳中和。2020 年 12 月，习近平主席在气候雄心峰会上宣布强化国家自主贡献目标，到 2030 年，中国单位 GDP 二氧化碳排放将比 2005 年下降 65% 以上。

　　体制机制建设方面，我国从京都时代起就一直致力于建立健全应对气候变化的相关体制机制。1990 年，国务院环境保护委员会下设了国家气候变化协调小组，负责统筹协调国际气候变化谈判和国内政策措施。1998 年，国家发展计划委员会（现为国家发展和改革委员会）牵头成立了国家气候变化对策协调小组，作为部门间的议事协调机构。2006 年，国家气候变化对策协调小组委托组建了专家委员会，主要致力于为我国政府制定应对气候变化相关战略方针、政策措施提供科技咨询和政策建议。2007 年，国务院成立了国家应对气候变化及节能减排工作领导小组，负责研究制定国家应对气候变化的重大战略、方针和对策，统一部署相关工作，研究审议国际合作，协调解决相关工作中的重大问题。2008 年，国家发展改革委新设应对气候变化司，主要负责应对气候变化和温室气体减排工作，综合分析气候变化对经济社会发展的影响。进入哥本哈根时代后，我国进一步完善了体制机制建设。2010 年，国家气候变化领导小组下设协调联络办公室，旨在加强各部门应对气候变化机构和能力建设。进入巴黎时代后，在 2018 年国务院机构改革中，将国家发展改革委的应对气候变化和减排职责并入生态环境部，应对气候变化司也随之调整至生态环境部。2021 年 5 月，中央层面成立了碳达峰碳中和工作领导小组，作为指导和统筹做好碳达峰碳中和工作的议事协调机构，领导小组办公室设在国家发展改革委。至此，碳达峰碳中和相关工作再次并入国家发展改革委，由资源节约和环境保护司履行领导小组办公室的日常工作职能，并承担应对气候变化和节能减排方面的具体工作。

　　相关配套政策方面，我国初步形成了包含发展战略规划、碳交易市场和低碳试点示范等多方面构成的低碳发展配套政策体系。发展战略规划包括党中央、国务院印发的《中共中央 国务院关于完整准确全面贯彻新发展理念做好碳达峰碳中和工作的意见》《2030 年前碳达峰行动方案》《中国应对气候变化的政策与行动》等宏观纲领性规划和国务院各部门发布的关于工业、交通、建筑和能源等领域控制温室气体排放或节能减排相关的计划规划。碳交易市场的建设经历了三个阶段：2002～2010 年，中国处在探索建立碳交易市场的基础准备期。2011 年底，国家发展改革委确定北京、上海、重庆、天津、深圳、湖北、广东作为碳交易试点地区，并于 2013～2014 年开始逐步启动 7 个试点的碳交易市场。2017 年底，中国开始建设覆盖电力行业的全国碳排放交易体系，并随后发布了《全国发电行业碳排放交易市场建设规划》和《全国碳排放权交易管理办法（试行）》。2021 年 7 月，全国碳交易市场正式启动。国家发展改革委先后启动了三批国家低碳试点城市。2010 年 7 月，国家发展改革委发布了《国家发展改革委关于开展低碳省区和低碳城市试点工作的通知》，确定在 5 省 8 市开展低碳试点示范工作。2012 年 11 月，国家发展改革委下发了《国家发展改革委关于开展第二批低碳省区和低碳城市试点工作的通知》，将低碳试点示范省市扩大至 6 省 36 市。2017 年 1 月，国家发展改革委印发《国家发展改革委关于开展第三批国家低碳城市试点工作的通知》，将试点示范范围进一步扩大至 6 省 81 市。

2. 2022 年度政策进展

2022 年，我国经济增长下行压力较大，经济恢复的基础尚不牢固，需求收缩、供给冲击、预期转弱三重压力仍然较大，外部环境动荡不安。2022 年中央经济工作会议提出，优化产业政策实施方式，狠抓传统产业改造升级和战略性新兴产业培育壮大，着力补强产业链薄弱环节，在落实碳达峰碳中和目标任务过程中锻造新的产业竞争优势。党的二十大报告指出，积极稳妥推进碳达峰碳中和。2023 年经济工作重点在于稳增长、稳就业、稳物价，为全面建设社会主义现代化国家开好局起好步。实现碳达峰碳中和是一场广泛而深刻的经济社会系统性变革。立足我国能源资源禀赋，坚持先立后破，有计划分步骤实施碳达峰行动。完善能源消耗总量和强度调控，重点控制化石能源消费，逐步转向碳排放总量和强度"双控"制度。推动能源清洁低碳高效利用，推进工业、建筑、交通等领域清洁低碳转型。深入推进能源革命，加强煤炭清洁高效利用，加大油气资源勘探开发和增储上产力度，加快规划建设新型能源体系，统筹水电开发和生态保护，积极安全有序发展核电，加强能源产供储销体系建设，确保能源安全。完善碳排放统计核算制度，健全碳排放权市场交易制度。提升生态系统碳汇能力。积极参与应对气候变化全球治理。

碳达峰碳中和工作领导小组贯彻落实党中央、国务院决策部署，基本建立碳达峰碳中和"1＋N"政策体系，各领域重点工作有序推进，碳达峰碳中和工作取得良好开局。《中共中央 国务院关于完整准确全面贯彻新发展理念做好碳达峰碳中和工作的意见》和《2030 年前碳达峰行动方案》作为统筹引领和顶层设计，共同构成了碳达峰碳中和政策体系中的"1"。《中共中央 国

务院关于完整准确全面贯彻新发展理念做好碳达峰碳中和工作的意见》明确
了 10 方面 31 项碳达峰碳中和相关工作，《2030 年前碳达峰行动方案》则提
出了能源绿色低碳转型行动、节能降碳增效行动、工业领域碳达峰行动、城
乡建设碳达峰行动、交通运输绿色低碳行动、循环经济助力降碳行动、绿色
低碳科技创新行动、碳汇能力巩固提升行动、绿色低碳全民行动、各地区梯
次有序碳达峰行动等碳达峰 10 大重点任务。同时，各部门针对能源、工业、
交通运输、城乡建设等 10 大重点任务分领域、分行业制定出台一系列碳达峰
实施方案，以及科技、财政、标准、考核等相关保障政策措施，构成了碳达
峰碳中和政策体系中的"N"（见表 7 - 3）。

表 7 - 3　　　　　　　碳达峰碳中和 "1 + N" 政策体系

"1 + N"政策体系	政策名称	颁布时间	颁布部门
统筹引领、顶层设计	《中共中央 国务院关于完整准确全面贯彻新发展理念做好碳达峰碳中和工作的意见》	2021 年 9 月 22 日	中共中央、国务院
	《2030 年前碳达峰行动方案》	2021 年 10 月 24 日	国务院
能源绿色低碳转型	《氢能产业发展中长期规划（2021 - 2035）》	2022 年 3 月 23 日	国家发展改革委、国家能源局
	《"十四五"现代能源体系规划》	2022 年 1 月 29 日	国家发展改革委、国家能源局
节能降碳增效	《"十四五"节能减排综合工作方案》	2021 年 12 月 28 日	国务院
	《高耗能行业重点领域节能降碳改造升级实施指南（2022 年版）》	2022 年 2 月 3 日	国家发展改革委、工业和信息化部等
工业领域碳达峰	《"十四五"工业绿色发展规划》	2021 年 11 月 15 日	工业和信息化部
	《关于促进钢铁工业高质量发展的指导意见》	2022 年 1 月 20 日	工业和信息化部、国家发展改革委等
	《关于"十四五"推动石化化工行业高质量发展的实施意见》	2022 年 3 月 28 日	工业和信息化部、国家发展改革委等
	《关于化纤工业高质量发展的指导意见》	2022 年 4 月 12 日	工业和信息化部、国家发展改革委
	《关于产业用纺织品行业高质量发展的指导意见》	2022 年 4 月 12 日	工业和信息化部、国家发展改革委

续表

"1 + N"政策体系	政策名称	颁布时间	颁布部门
工业领域碳达峰	《有色金属行业碳达峰实施方案》	2022 年 11 月 10 日	工业和信息化部、国家发展改革委等
	《建材行业碳达峰实施方案》	2022 年 11 月 2 日	工业和信息化部、国家发展改革委等
	《工业领域碳达峰实施方案》	2022 年 7 月 7 日	工业和信息化部、国家发展改革委等
	《贯彻落实碳达峰碳中和目标要求推动数据中心和 5G 等新型基础设施绿色高质量发展实施方案》	2021 年 11 月 30 日	国家发展改革委、中央网信办等
城乡建设碳达峰	《关于推动城乡建设绿色发展的意见》	2021 年 10 月 21 日	中共中央、国务院
	《"十四五"住房和城乡建设科技发展规划》	2022 年 3 月 11 日	住房和城乡建设部
	《"十四五"建筑节能与绿色建筑发展规划》	2022 年 3 月 11 日	住房城乡建设部
	《农业农村减排固碳实施方案》	2022 年 5 月 7 日	农业农村部、国家发展改革委
	《城乡建设领域碳达峰实施方案》	2022 年 6 月 30 日	住房城乡建设部、国家发展改革委
交通运输绿色低碳	《交通运输部国家铁路局中国民用航空局国家邮政局贯彻落实〈中共中央国务院关于完整准确全面贯彻新发展理念做好碳达峰碳中和工作的意见〉的实施意见》	2022 年 6 月 24 日	交通运输部、国家铁路局等
循环经济助力降碳	《"十四五"循环经济发展规划》	2021 年 7 月 1 日	国家发展改革委
绿色低碳科技创新	《"十四五"能源领域科技创新规划》	2021 年 11 月 29 日	国家能源局、科学技术部
碳汇能力巩固提升	《海洋碳汇经济价值核算方法》	2022 年 2 月 21 日	自然资源部
	《林草产业发展规划（2021 - 2025 年)》	2022 年 2 月 10 日	国家林业和草原局

续表

"1 + N" 政策体系	政策名称	颁布时间	颁布部门
绿色低碳 全民	《加强碳达峰碳中和高等教育人才培养体系建设工作方案》	2022 年 4 月 19 日	教育部
	《深入开展公共机构绿色低碳引领行动促进碳达峰实施方案》	2021 年 11 月 16 日	国家机关事务管理局、国家发展改革委等
各地区梯次 有序碳达峰	各地区碳达峰行动方案		
保障政策	《关于做好 2022 年企业温室气体排放报告管理相关重点工作的通知》	2022 年 3 月 10 日	生态环境部
	《支持绿色发展税费优惠政策指引》	2022 年 5 月 31 日	国家税务总局
	《财政支持做好碳达峰碳中和工作的意见》	2022 年 5 月 25 日	财政部
	《关于推进中央企业高质量发展做好碳达峰碳中和工作的指导意见》	2021 年 11 月 27 日	国务院国有资产监督管理委员会
	《建立健全碳达峰碳中和标准计量体系实施方案》	2022 年 10 月 18 日	市场监管总局、国家发展改革委等
	《能源碳达峰碳中和标准化提升行动计划》	2022 年 9 月 20 日	国家能源局
	《科技支撑碳达峰碳中和实施方案（2022 – 2030 年)》	2022 年 6 月 24 日	科学技术部、国家发展改革委等

3. 气候变化政策的成效

《BP 世界能源统计年鉴 2021》显示，2021 年我国碳排放量越过百亿吨大关，高达 105.23 亿吨，较 2020 年增长 5.48 亿吨；碳排放占全球比重的 31.1%，较 2020 年增长 0.2 个百分点。2021 年碳排放增长 5.8%，高于 2011 ~ 2021 年均增长率 1.8%。2022 年度，全国碳交易市场运行 50 周、242 个交易日，碳排放配额年度成交量高达 5088.95 万吨，年度成交额 28.14 亿元，碳排放配额成交均价为 45.61 元/吨。其中，挂牌协议交易年度成交量 621.9 万吨，年度成交额 3.58 亿元；大宗协议交易年度成交量 4467.05 万吨，年度成交额 24.56 亿元。

《2023年政府工作报告》总结了过去5年节能减排方面的重点工作及成效，稳步推进节能降碳。统筹能源安全稳定供应和绿色低碳发展，科学有序推进碳达峰碳中和。优化能源结构，实现超低排放的煤电机组超过10.5亿千瓦，可再生能源装机规模由6.5亿千瓦增至12亿千瓦以上，清洁能源消费占比由20.8%上升到25%以上。全面加强资源节约工作，发展绿色产业和循环经济，促进节能环保技术和产品研发应用。提升生态系统碳汇能力。加强绿色发展金融支持。完善能耗考核方式。积极参与应对气候变化国际合作，为推动全球气候治理做出了中国贡献。

（二）实现碳达峰碳中和的困难挑战

1. 多地运动式碳达峰影响正常生产生活

一方面，部分地区为在2030年窗口期之前抢抓传统产能的最后发展机遇，盲目启动"两高"项目，将碳排放提升到相当高的水平达峰，但这一做法违背了统筹有序做好碳达峰、碳中和工作的基本原则，并对后续实现2060年碳中和带来了巨大压力和挑战。另一方面，部分地方和企业在未统筹好能源安全保障、经济社会发展和人民群众生活的前提下有过度行动的倾向，对能耗和碳排放的趋紧约束，超过了当前发展阶段所能承受的范围。2021年9月，受煤炭紧缺、煤价高企、煤电价格倒挂等因素影响，叠加各地兴起的运动式碳达峰，部分南方省份火电厂停产限产，逐步形成供电紧张的局面，并最终出现了拉闸限电的现象。2022年8月，四川地区大旱促使水电出力不足，超前布局碳达峰导致火电供应短缺，能源电力系统无法满足生产生活需求，出现大规模停电现象。

2. 碳达峰路径模式受制于传统行政区划体系

目前，全国已有20多个省、自治区、直辖市制定并出台了碳达峰行动方案，明确了各省（区、市）碳达峰重点领域和任务，各地级行政区依据省级行政区的行动方案开展碳达峰相关工作，并承担压实责任、接受监督考核。但是，在传统行政单元内，各城市的资源环境禀赋、产业布局、经济水平、发展阶段等大相径庭，整齐划一的碳达峰碳中和时间表、路线图、施工图并不一定适用于各地区，只有经济社会发展阶段、水平、结构类似的城市，才可以制定一致的碳达峰行动方案。城市群是城市高度一体化的空间形态，内部各城市的社会经济发展特征高度相似，产业发展内在联系紧密，自然资源、交通设施等发展条件相当，以城市群为主体设计的碳达峰碳中和路径模式，可在城市群内各地区进行复制推广。

3. 各地区目标一致未考虑区域发展不均衡

我国幅员辽阔、人口众多，各地区发展条件差别之大在世界上少有，长期以来依赖的发展路径也各不相同。在碳达峰碳中和目标下，各地区相继出台了碳达峰时间表，且都将目标定为 2030 年前实现碳达峰，并未考虑不同地区间的发展差距。一方面，对于创新要素集聚、人才高地建设走在全国前列的东部地区，其发展基础较好、科创水平先进、产业结构发达，是我国经济增长的主要动力源，碳达峰碳中和能够增强区域高质量发展动力，推动经济质的有效提升和量的合理增长，率先实现中国式现代化。另一方面，对于资源型地区、西部欠发达地区等，经济发展主要依靠资源开采加工、重化工等传统"两高"行业带动，产业结构和能源结构与传统化石能源高度相关，短期内限制其碳排放，将压缩发展空间，加大转型发展难度，并进一步扩大区域间的发展差距。各地区步调一致在 2030 年前实现碳达峰，既与各地区的发展实际不符，也与"各地区梯次有序碳达峰"的要求背道而驰。

（三）推动区域碳达峰碳中和的展望

1. 探索重点城市群碳达峰碳中和行动方案

党的十八大以来，党中央、国务院高度重视城乡区域协调发展，并在"十三五"和"十四五"《规划纲要》中明确建设 19 个城市群。其中，11 个重点城市群的发展规划由党中央、国务院或国家发展改革委制定颁布，包括京津冀、长江三角洲、珠三角、哈长、中原、长江中游、呼包鄂榆、关中平原、兰州—西宁、成渝以及北部湾等城市群。这些重点城市群是我国经济和人口高度集聚地区，是带动和支撑国家城乡区域发展的增长极，同时也是温室气体集中排放的空间单元，更是推动区域碳达峰碳中和的"排头兵"和

"领头雁"。重点城市群实现"双碳"目标意味着全国七成以上的碳排放得到有效控制,对实现全国"双碳"目标具有决定性作用。作为社会经济发展联系紧密、高度一体化的区域,重点城市群要打破区域和行政限制,制定区域内碳达峰碳中和行动方案,探索重点城市群内部可复制推广且行之有效的碳达峰碳中和路径模式,协同推进区域一体化碳达峰碳中和。

2. 因地制宜制定差异化的碳达峰碳中和目标

推动实现碳达峰碳中和要坚持"全国一盘棋"思想,各地区根据"共同但有区别责任"的原则,因地制宜制定碳达峰碳中和时间表。对于 11 个重点城市群,京津冀、长三角和珠三角城市群是我国经济增长三大动力源地区,承担着全国经济压舱石的重要作用,是我国科创策源地和要素聚集地,在碳达峰碳中和方面也应走在全国前列,要率先实现碳达峰碳中和,为较晚达峰中和地区提供宝贵的发展空间。哈长城市群经济社会发展和能源消耗逐步放缓,也应率先实现碳达峰碳中和。成渝、长江中游、中原、北部湾、兰州—西宁和关中平原城市群尚处于经济高速增长阶段,承接了东部发达地区转移的碳排放密集产业,对碳排放仍有较大需求,要力争在 2030 年前实现碳达峰、2060 年前实现碳中和,为实现全国碳达峰做出应有贡献。呼包鄂榆城市群属于能源资源富集地区,是我国能源资源综合开发利用基地,主要承担维护国家能源安全的战略功能。为保障全国其他地区用煤、用油、用气、用电等需求,能源消耗和碳排放将长期维持增长态势,短期内难以实现碳达峰碳中和。

3. 推动同类地区探索同质化碳达峰路径模式

各区域要根据各自不同的发展阶段、自然条件、资源禀赋、产业结构等,制定各具特色的碳达峰行动方案,探索区域间差异化、区域内同质化的碳达峰路径模式,实现各地最优效率的碳达峰。综合考虑 11 个重点城市群的碳排放特征,分为五类分别提出差异化的碳达峰碳中和路径模式。呼包鄂榆和关中平原城市群属于减排动力源城市群,需要重点关注"两高"行业生产工艺的绿色低碳改造,引入先进技术,实现能源的高效利用。中原和兰州—西宁城市群属于低碳培育型城市群,需要重点关注清洁能源开发利用,加强储能应用场景,构建"风光储一体化"现代能源系统,鼓励发展碳汇项目,加快碳捕获、利用与封存（CCUS）的应用示范，加强碳中和储备。京津冀、长三角和珠三角属于碳达峰示范城市群，需要重点关注建筑、交通、生活等领域的全方位减排，积极发展零碳建筑，构建低碳交通网络体系，引导低碳生活消费方式，加大低碳科技创新研发投入力度，突破现有技术瓶颈，通过技术溢出效应支持全国其他地区尽快实现碳达峰碳中和。成渝、长江中游和北部湾城市群属于高质量转型城市群，需要重点关注培育战略性新兴产业，推动制造业数字化绿色化转型，提升产业电气化水平，延伸产业链向"微笑曲线"两端延伸、价值链向高端化攀升，实现产业低碳发展和高质量转型。哈长城市群经济社会发展趋缓，需要在保障人口和产业不断聚集的前提下，加快实现碳达峰碳中和。

五、生态产品价值实现

习近平总书记高度重视生态产品价值实现工作，将建立健全生态产品价值实现机制作为中央重大改革任务加以部署推进，并多次发表重要讲话指出，要积极探索推广绿水青山转化为金山银山的路径，选择具备条件的地区开展生态产品价值实现机制试点，探索政府主导、企业和社会各界参与、市场化运作、可持续的生态产品价值实现路径；要加快建立生态产品价值实现机制，让保护修复生态环境获得合理回报，让破坏生态环境付出相应代价。2018 年4 月，习近平总书记在深入推动长江经济带发展座谈会上强调，"要积极探索推广绿水青山转化为金山银山的路径，选择具备条件的地区开展生态产品价值实现机制试点，探索政府主导、企业和社会各界参与、市场化运作、可持续的生态产品价值实现路径"[①]。2020 年 11 月，习近平总书记在全面推动长江经济带发展座谈会上强调，"要加快建立生态产品价值实现机制，让保护修复生态环境获得合理回报，让破坏生态环境付出相应代价"[②]。习近平总书记的系列重要讲话和指示精神，为建立健全生态产品价值实现机制提供了思

---

① 宋鑫. 积极探索生态产品价值实现路径［EB/OL］. www. people. com. cn，人民网，2022 – 04 – 01.
② 霍中和. 保护绿水青山，实现价值转化［N］. 中国经济导报，2021 – 05 – 18（08）.

想指引和根本遵循。党的十九届五中全会和党的二十大都明确要求建立生态产品价值实现机制。

2021年4月，中共中央办公厅、国务院办公厅印发了《关于建立健全生态产品价值实现机制的意见》（以下简称《意见》），对生态产品价值实现机制作出顶层设计，是我国首个将绿水青山就是金山银山理念落实到制度安排和实践操作层面的纲领性文件。《意见》印发以来，各部门、各地区积极贯彻落实，建立生态产品价值实现初见成效。

（一）生态产品价值实现机制的基本情况

生态产品及其价值实现机制是具有中国特色的概念，随着我国生态文明建设的理论和实践逐步深入，生态产品价值实现机制的内涵外延也逐步成熟清晰。

生态产品是我国生态文明建设的一个独特概念。2010年国务院印发《全国主体功能区规划》，将生态产品的概念界定为维系生态安全、保障生态调节功能、提供良好人居环境的自然要素，包括清新的空气、清洁的水源、宜人的气候等。经过多年来的理论研究和实践探索，生态产品的内涵外延也在不断深化延伸。目前，生态产品主要是指生态系统为经济活动和其他人类活动提供且被使用的货物和服务贡献，可分为物质供给、调节服务和文化服务三类产品。物质供给类生态产品主要是指，生态系统为人类提供并被使用的物质产品，如水产品、中草药、牧草、花卉等生物质产品；调节服务类生态产品主要是指，生态系统为维持或改善人类生存环境所提供的惠益，例如，水源涵养、土壤保持、防风固沙、海岸带防护、洪水调蓄、空气净化、水质净化、固碳、局部气候调节、噪声消减等；文化服务类生态产品主要是指，生态系统为提高人类生活质量所提供的非物质惠益，例如，精神享受、灵感激发、休闲娱乐和美学体验等。

生态产品价值实现主要有政府和市场两条路径。市场路径主要应用于产权明晰、具备私人物品属性的生态产品，政府路径主要应用于集体所有、具备公共物品属性的生态产品。具体来说，针对物质供给、调节服务和文化服务等三类生态产品，其价值实现路径主要可以分为以下三个方面：一是关于物质供给类生态产品。该类生态产品主要依靠现行的有效市场，通过交易直接实现生态产品价值。二是关于调节服务类生态产品。该类生态产品具有明显的正外部性，主要依靠政府发挥主导作用，通过纵向转移支付、横向生态保护补偿、生态环境损害赔偿等方式，让生态产品受益者向生态产品提供者付费，实现生态产品价值。三是关于文化服务类生态产品。该类生态产品主要依靠政府和市场双轮驱动，由政府加强生态环境保护修复、完善配套基础设施和基本公共服务设施，以及采取直接投资、智力支持、税收优惠等政策，鼓励引导市场主体在严格保护生态环境的前提下，通过合理配置辅助资源要素，因地制宜发展多元化经营模式，吸引生态系统游览者消费，实现生态产品价值。

推动生态产品价值实现需要建立健全"六大机制"，包括建立生态产品调查监测等"三大机制"和健全生态产品经营开发等"三大机制"。具体来说，一是建立生态产品调查监测机制，包括推进自然资源确权登记、开展生态产品信息普查等，这是价值实现的重要前提；二是建立生态产品价值评价机制，包括建立生态产品价值评价体系、制定生态产品价值核算规范、推动生态产品价值核算结果应用等，这是价值实现的关键基础；三是健全生态产品经营开发机制，包括推进生态产品供需精准对接、拓展生态产品价值实现模式、促进生态产品价值增值、推动生态资源权益交易等，这是充分发挥市场在资源配置中的决定性作用的价值实现路径；四是健全生态产品保护补偿机制，包括完善纵向生态保护补偿制度、建立横向生态保护补偿机制、健全生态环境损害赔偿制度等，这是更好发挥政府作用的价值实现路径；五是健全生态产品价值实现保障机制，包括建立生态产品价值考核机制、建立生态环境保护利益导向机制、加大绿色金融支持力度等，这是价值实现的重要支撑；六是建立生态产品价值实现推进机制，包括加强组织领导、推进试点示范、强化智力支持、推动督促落实等，这是价值实现的组织保障。

（二）建立生态产品价值实现机制的进展

各地区依据主体功能定位、生态本底条件和自然资源禀赋，各有侧重地推进生态产品价值实现机制，取得显著成效。

1. 生态地区依托良好生态本底探索生态产品价值实现路径

黑龙江省大兴安岭地区结合制定生态产品目录清单探索生态产品价值实现路径。大兴安岭地区地处黑龙江省西北部,拥有我国面积最大、纬度最高、国有林最集中、生态地位最重要的森林生态功能区,森林覆盖率近80%,生态产品类型丰富、质量上乘。近年来,大兴安岭地区立足自然资源禀赋优越、生态环境优美、生态产品富集的优势,选择了典型且最具大兴安岭地区特色的蓝莓、偃松仁、黄芪为先行产品,通过制定"一个认证标准"、编制"一张目录清单"、建立"一套追溯体系",系统设计推进集"认证标准＋目录清单＋精深加工＋质量追溯"为一体的生态产品价值实现路径。

青海省海南州治沙与光伏融合发展。青藏高原地区是我国太阳能资源的富集区。近年来,青海省海南州积极探索"光伏＋治沙"发展模式,充分利用共和县境内的塔拉滩、切吉滩荒漠化土地,规划了面积达609平方千米的光伏园区,累计完成投资940亿元,建成216平方千米、总装机1316万千瓦的新能源基地。通过采用"光伏＋治沙"发展模式,有效改善了园区生产生活环境,荒漠化土地和沙化土地呈现出"双下降"趋势,大大减缓了土地沙化、草场退化的速度。"牧光互促"的光伏生态畜牧业发展模式有效带动了周边养殖产业发展。目前已在40个电站养殖"光伏羊"达15000余只,按照规划园区内草场70%可利用率测算,年产草量可达11.8万吨,能满足养殖近8万羊单位饲草需求,按每年出栏25%计,估算一年内养殖10万羊单位,群众增收近1亿元,此模式在降低饲养成本、带动群众获得稳定收益的同时,还能够降低光伏企业秋冬季割草成本和防火隐患。

陕西省秦岭山区柞水县打造木耳首位产业促进农民增收致富。柞水县地处秦岭南麓,全境位于秦岭生态环境保护规划区,生态环境优良、自然资源丰富,植被覆盖率达78%、森林覆盖率达75%。近年来,立足独特资源优势,将木耳产业作为县域经济高质量发展的首位产业,通过实施木耳精深加工持续延伸产业链条,致力形成以木耳为主的绿色食品产业集群。2022年,全县木耳产业产值达到16.5亿元,带动近4000户耳农大户户均增收1.5万元以上,带动1.4万户小规模农户户均增收3600元,木耳产业收入占农村居民人均可支配收入的比重超过20%。

内蒙古呼伦贝尔探索林草湿碳汇价值实现路径。呼伦贝尔市拥有森林、草原、湿地等多样生态系统，在巩固生态涵养功能、构筑我国北方生态安全屏障进程中具有重要的战略作用。呼伦贝尔市积极探索林草湿碳汇价值实现路径，率先在大兴安岭重点国有林区推进林业碳汇开发交易，并向全市森林、草原、湿地等领域拓展。

2. 城市化地区结合技术、资金、知识优势探索生态产品价值实现路径

广东省深圳市建立国内首个"1 + 3"GEP 核算制度体系。近年来，深圳生态环境局、统计局、发展改革委联合中国科学院生态环境研究中心、深圳市环科院等技术单位，深入开展 GEP 核算技术攻关和管理应用探索。2021 年3 月，深圳市发布"1 + 3"（一个统领，一项标准、一套报表、一个平台）GEP 核算制度体系，即以 GEP 核算实施方案为一个统领、以 GEP 核算地方标准为一项标准、以 GEP 核算统计报表为一套报表、以 GEP 核算平台为一个平台，开创了国内首个较为完整的 GEP 核算制度体系。在此基础上，推动将GEP 核算结果纳入各区生态文明建设考核重要内容，极大地提升了各区生态保护的积极性。

北京市门头沟区探索特定地域单元生态产品价值实现机制。门头沟区位于北京西部，因盛产煤炭，自辽代以来就是燃料重镇。千年采煤史塑造了门头沟经济的总体轮廓，也决定了门头沟绿色转型发展难度巨大。面对煤矿关停后生态保护修复资金缺口大、产业转型难度高、集体经济薄弱等问题，门头沟区政府联合专家智库、金融机构、评估公司等，加快开展特定地域单元生态产品价值市场化路径探索，通过推动生态产品"使用价值"转为"市场价值"并最终形成"交易价格"，实现"绿水青山"向"金山银山"的价值转化。

重庆市开展森林覆盖率指标交易。重庆市将 38 个区县到 2022 年底的森林覆盖率目标划分为三类，允许其在重庆市域内向森林覆盖率已超过目标值的区县购买森林面积指标，计入本区县森林覆盖率。林业局要建立相应的监测制度与考核制度。在购买方与出售方协商出售价格与面积后，签订相关协议，双方需要向市林业局汇报协议的履行情况。

浙江省杭州市青山村依托"善水基金"构建生态保护补偿机制。青山村位于浙江省杭州市余杭区黄湖镇，具有丰富且保存良好的自然资源，森林覆盖率近80%，主要产业为毛竹、水稻和苗木种植，总人口近 3000 人。自 20

世纪80年代起，村民大量使用化肥和除草剂以增加毛竹和竹笋的产量，造成青山村和赐壁村的龙坞水库氮磷污染超标。近年来，青山村在积极探索打造"绿色浙江实践地"和"未来乡村试验区"过程中，通过建立"善水基金"信托，构建市场化、多元化、可持续的生态保护补偿机制，实现生态环境显著改善、生态产业初具规模、社会影响逐步扩大，成为绿色浙江和美丽杭州的未来乡村样板。

3. 农业地区依托生态、农业和农村探索生态产品价值实现路径

吉林省延边州推进人参产业高质量发展。延边朝鲜族自治州自然环境优越，土地资源丰富，具有盛产优质特色野山参的独特优势，其人参产量占吉林省总产量的67%。近年来，延边州依托野山参精深加工推进种植规范化、质量标准化、加工精细化、产业集约化，在技术攻关、新产品开发等方面取得了长足进步，不断挖掘放大良好生态环境蕴含的经济价值。

辽宁省盘锦市探索生态产品经营开发"小二"模式。盘锦市位于辽河三角洲核心地带，拥有2165平方千米自然湿地，各类野生动物699种，被誉为"黑嘴鸥之乡""湿地之都"。由于所处地区拥有适宜的温度、光照、水质以及偏碱性的土壤等综合环境，连绵成片的稻田与自然湿地相伴，形成了160万亩人工湿地。盘锦市近年来依托良好的生态环境，以小二认养、小二农场、小二米酒等为代表的"小二"系列生态品牌为切口，探索政府主导、企业和社会各界参与、市场化运作、可持续的生态产品价值实现路径，有效促进了农民增收、产业增值、生态增绿，在建立特色生态产品经营开发机制等方面探索形成了经验。

江西省金溪县游垫村探索"古村＋"生态产品价值实现路径。游垫村是江西省金溪县一个具有代表性的生态古村，村落融自然山水、道德传统、民俗民风、建筑艺术为一体，是赣文化的重要传承载体和标志性符号。在2平方千米范围内涵盖山、水、林、田、湖草等生态要素，并有40余栋明清代老屋，生态资源和文化资源本底较好。但长期以来粗放的生产生活方式，造成区域生态环境破坏严重，传统文化面临遗失风险，生态优势未被转化为经济优势。2019年8月，深圳文交所中国古建民居资产管理计划正式启动，作为全国唯一具有古村古建资产合法交易资质的平台，使金溪一百多个古村落活化利用成为可能。同时，金溪抓住抚州市获批全国生态产品价值实现机制试

点市契机，通过古村落活化利用为生态产品价值实现赋能，创新探索古村落及周边生态环境系统保护修复协同推进的生态产品价值实现路径。

（三）建立生态产品价值实现机制存在的问题

总的来看，尽管我国建立健全生态产品价值实现机制取得了明显成效，但仍处于起步探索阶段，还面临不少问题和挑战。一是思想认识还不统一。各方对生态产品价值实现机制在我国生态文明建设领域中的重要作用认识尚不深刻，对《意见》大多处于消化、研究和摸索阶段，尚未形成系统性的改革成果。二是基础支撑还不牢固。生态产品认证标准尚未系统建立，生态产品目录清单尚未形成，难以系统掌握生态产品数量、质量等底数，影响供需精准对接和溢价增值。三是路径模式还不畅通。政府层面，GEP 核算尚未全面铺开，例如，云南仅普洱开展了 GEP 核算，阻碍了省级层面进行核算结果应用；参照 GEP 核算结果开展生态保护补偿仍存在部门阻力。市场层面，绿色金融产品和服务尚不完善，VEP 核算及结果应用还不成熟，难以支持市场主体开展生态产品经营开发。四是制度创新力度不够。各地实践探索重产业化轻机制化，尚未真正破解制约生态产品价值实现的深层次体制机制障碍和制度藩篱，例如，公益性和准公益属性生态产品价值实现路径缺乏政策设计和制度保障，其蕴含的经济价值难以像土地一样变现。

（四）建立生态产品价值实现机制的重点任务和举措

党的二十大报告明确提出，建立生态产品价值实现机制。为贯彻落实党的二十大决策部署，未来建立生态产品价值实现机制，将重点推进八个方面任务。

1. 加强生态产品调查监测

加强生态产品动态监测，以建立开放共享的信息云平台为核心，及时跟踪掌握生态产品数量分布、质量等级、功能特点、权益归属、保护和开发利用情况等信息。生态产品信息云平台通过对生态产品各类相关信息进行动态监测，并将数据加以系统集成，有利于提升生态产品基础信息的时效性、开放性、规范性，促进生态产品价值保值和有效转化。

2. 建立 GEP 核算体系并推动应用

随着《生态产品总值核算规范（试行）》（以下简称《核算规范》）的印发实施，下一步要加快推动具备条件的行政区域参照《核算规范》全面开展 GEP 试算，重点对核算模型、核算参数、权重配置等方面进行校验。探索将 GEP 核算结果纳入地方高质量发展综合绩效评价，研究参照 GEP 核算结果开展生态领域转移支付资金分配。

3. 探索建立 VEP 核算评估体系

鉴于该核算体系主要针对市场应用层面，核算的是生态环境保护修复和生态产品合理化利用成本以及相关生态产业经营开发未来可预期市场收益，还没有成熟的算法模式。因此，未来一些政策、技术、资金等条件相对丰富的地区，要率先开展 VEP 核算探索，在划定特定地域单元、确定最优开发模式、核算市场价值等方面积累经验做法。

4. 完善生态产品相关技术标准

由于生态产品面临标准缺失、目录清单不明等问题，未来将研究制定分级分类的生态产品认证评价标准和合理规范的认证程序，形成生态产品目录清单。生态产品的认证标准可借鉴国际可持续农产品领域相关认证标准，按照具有中国特色的生态产品分级分类原则，科学合理设计生态产品认证指标体系。在认证标准基础上，相应制定认证规范，以及认证审核受理、现场审核等认证程序，对各类生态产品数量和质量进行摸底调查，逐步构建形成有效覆盖物质供给、调节服务、文化服务等三类生态产品的目录清单。

5. 拓展市场化生态产品价值实现模式

拓展市场化生态产品价值实现模式，是健全生态产品经营开发机制的关键，直接关系着生态产品价值实现的效果。要在严格保护生态环境的前提下，有针对性地对物质供给类、调节服务类和文化服务类生态产品的特点谋划价值实现路径，鼓励采取生态产品原生态种养、精深加工、发展环境敏感型产业、推动生态旅游开发等多样化模式，科学合理推动生态产品价值实现。

6. 加大对生态产品保护补偿力度

生态产品保护补偿作为政府主导的生态产品价值实现重要路径。要以生态产品数量、质量和价值为基础，坚持正向激励和负向惩罚双向发力，积极引导社会各方参与，通过纵向转移支付、横向生态保护补偿、生态环境损害赔偿等多元化方式，实现优质生态产品可持续和多样化供给，确保生态环境保护修复获得合理回报，生态环境破坏付出相应代价。

7. 创新绿色金融产品和服务

创新绿色金融产品，是满足生态产品价值实现资金多样化需要的必然要求。要坚持精准性和区域性，全面分析所在地区生态环境本底条件、辅助要素资源等各类客观条件，立足地方特色创新绿色金融产品，支持区域内生态环境系统整治及其基础上的生态产业发展。根据各地探索经验，在依法依规的前提下，也可以围绕生态信用、环境权益、企业经营数据等创新多元抵质押融资金融产品。

8. 加强生态产品价值实现智力支撑

智库是生态产品价值实现机制改革创新的思想库和创新源。未来，要在总结现有智库服务生态产品价值实现机制情况的基础上，依托高等院校、科研机构，同时注重发挥好企业智库和行业协会等各类主体作用，培育形成一批跨领域、跨学科的生态产品价值实现高端智库，支撑生态产品价值实现机制理论与实践研究，为建立健全生态产品价值实现机制做出更大贡献。

参 考 文 献

[1] 2022 年中国生态环境状况公报（摘录）[J]. 环境保护，2023，51（Z2）：64 - 81.

[2] 推动长江经济带发展领导小组办公室. 2020 年长江经济带发展报告[M]. 北京：人民出版社，2021.

[3] 刘峥延. 未来一段时期促进生态退化地区振兴发展的重点举措[J]. 中国经贸导刊，2021（20）：51 - 54.

[4] 李忠，刘峥延，金田林. 未来一段时期推动长江经济带绿色高质量发展的政策建议[J]. 中国经贸导刊，2021（9）：54 - 57.

[5] 国家发展和改革委员会.《关于建立健全生态产品价值实现机制的意见》辅导读本 [M]. 北京：人民出版社，2023.

[6] 一条红线维系"国之大者"——2022 年自然资源工作系列述评之耕地保护篇 [EB/OL]. http：//www. mnr. gov. cn/dt/ywbb/202301/t20230103_2771990. html, 中国自然资源报，2023 - 01 - 03.

[7] 为国家能源资源安全保驾护航——2022 年自然资源工作系列述评之矿产资源篇 [EB/OL]. http：//www. mnr. gov. cn/dt/ywbb/202301/t20230110_2772449. html, 自然资源部，2023 - 01 - 10.

[8] 强化要素保障为高质量发展蓄势赋能——2022 年自然资源工作系列述评之要素保障篇 [EB/OL]. http：//www. mnr. gov. cn/dt/ywbb/202301/t20230104_2772074. html, 中国自然资源报，2023 - 01 - 04.

[9] 郭娟，崔荣国，周起忠，等. 2022 年中国矿产资源形势回顾与展望 [J]. 中国矿业，2023，32（1）：1 - 6.

[10] 谢吉东. 重视矿产资源安全保障能源稳定供应 [N]. 中国煤炭报，2023 - 03 - 11.

[11] 左更. 我国战略性金属矿产资源保供形势分析 [J]. 中国价格监管与反垄断，2022（10）：70 - 73.

[12] 2022 年《中国自然资源统计公报》。

[13]《中国矿产资源报告 2022》。

[14] 国家统计局. 2022 年 12 月份能源生产情况 [EB/OL]. http：//www. stats. gov. cn/sj/zxfb/202302/t20230203_1901714. html.

[15] 国家统计局. 2022 年 12 月份规模以上工业增加值增长 1.3% [EB/OL]. http：//www. stats. gov. cn/sj/zxfb/202302/t20230203_1901710. html.

[16] 国家发展和改革委员会. 全力推动构建新发展格局取得新突破 [EB/OL]. https：//www. ndrc. gov. cn/fzggw/wld/wh/zyhd/202304/t20230417_1353663. html.

[17] 国家发展改革委负责同志出席国新办新闻发布会介绍"保障粮食安全端牢中国饭碗"有关情况并答记者问 [EB/OL]. https：//www. ndrc. gov. cn/fzggw/wld/cl/lddt/202305/t20230512_1355662. html.